语言资源与语言规划丛书

方小兵　徐大明　主编

语言政策与规划研究方法：
实践指导

Research Methods in Language Policy and Planning:
A Practical Guide

［瑞典］弗朗西斯·胡尔特（Francis Hult）
［美］戴维·约翰逊（David Johnson）　编著

方小兵　马　嫣　译
赵蓉晖　审订

国家"双一流"建设学科"南京大学中国语言文学"资助项目
江苏省2011协同创新中心"中国文学与东亚文明"资助项目
国家语委研究型基地"中国语言战略研究中心"资助项目

外语教学与研究出版社
FOREIGN LANGUAGE TEACHING AND RESEARCH PRESS
北京 BEIJING

京权图字：01-2024-2505

图书在版编目（CIP）数据

语言政策与规划研究方法：实践指导 ／（瑞典）弗朗西斯·胡尔特（Francis Hult），（美）戴维·约翰逊（David Johnson）编著；方小兵，马嫣译．-- 北京：外语教学与研究出版社，2024.8．--（语言资源与语言规划丛书／方小兵，徐大明主编）．-- ISBN 978-7-5213-5684-7

Ⅰ. H002

中国国家版本馆 CIP 数据核字第 2024SA4958 号

语言政策与规划研究方法：实践指导

YUYAN ZHENGCE YU GUIHUA YANJIU FANGFA: SHIJIAN ZHIDAO

出 版 人	王　芳
责任编辑	张立萍
责任校对	崔　超
封面设计	高　蕾
出版发行	外语教学与研究出版社
社　　址	北京市西三环北路 19 号（100089）
网　　址	https://www.fltrp.com
印　　刷	北京盛通印刷股份有限公司
开　　本	710×1000　1/16
印　　张	19.5
字　　数	332 千字
版　　次	2024 年 8 月第 1 版
印　　次	2024 年 8 月第 1 次印刷
书　　号	ISBN 978-7-5213-5684-7
定　　价	59.00 元

如有图书采购需求，图书内容或印刷装订等问题，侵权、盗版书籍等线索，请拨打以下电话或关注官方服务号：
客服电话：400 898 7008
官方服务号：微信搜索并关注公众号"外研社官方服务号"
外研社购书网址：https://fltrp.tmall.com

物料号：356840001

献给南京大学文学院一百一十周年院庆

"语言资源与语言规划丛书"已出版书籍

[1] 丹尼斯·埃杰. 2012.《语言规划与语言政策的驱动过程》. 吴志杰译. 北京：外语教学与研究出版社.

[2] 罗伯特·卡普兰，小理查德·巴尔道夫. 2014.《太平洋地区的语言规划和语言教育规划》. 梁道华译. 北京：外语教学与研究出版社.

[3] 詹姆斯·托尔夫森. 2014.《语言教育政策：关键问题（第二版）》. 俞玮奇译. 北京：外语教学与研究出版社.

[4] 米克洛什·孔特劳，罗伯特·菲利普森，托弗·斯库特纳布-坎加斯，蒂博尔·瓦劳迪. 2014.《语言：权利和资源——有关语言人权的研究》. 李君，满文静译. 北京：外语教学与研究出版社.

[5] 戴维·约翰逊. 2016.《语言政策》. 方小兵译. 北京：外语教学与研究出版社.

[6] 约翰·约瑟夫. 2017.《语言与政治》. 林元彪译. 北京：外语教学与研究出版社.

[7] 吉布森·弗格森. 2018.《语言规划与语言教育》. 张天伟译. 北京：外语教学与研究出版社.

[8] 弗洛里安·库尔马斯. 2018.《文字与社会导论》. 阎喜译. 北京：外语教学与研究出版社.

[9] 艾拉娜·肖哈米. 2018.《语言政策：隐意图与新方法》. 尹小荣译. 北京：外语教学与研究出版社.

[10] 弗朗索瓦·格兰. 2020.《语言政策评估与〈欧洲区域或小族语言宪章〉》. 何山华译. 北京：外语教学与研究出版社.

[11] 托马斯·里森托. 2021.《语言政策与政治经济：全球化背景下的英语》. 林洁译. 北京：外语教学与研究出版社.

[12] 安妮·波维尔斯. 2023.《语言保持与语言转用：社会语言学中的重要论题》. 李艳红译. 北京：外语教学与研究出版社.

[13] 弗朗西斯·胡尔特，戴维·约翰逊. 2024.《语言政策与规划研究方法：实践指导》. 方小兵，马嫣译. 北京：外语教学与研究出版社.

和谐语言生活　减缓语言冲突

——序"语言资源与语言规划丛书"

语言（也包括文字）职能主要分工具和文化两大范畴，且这两大范畴又都有显隐二态。就工具范畴看，语言作为显性的工具是用于交际，作为隐性的工具是用于思维。就文化范畴看，语言既是文化的重要组成部分，同时也是文化最为重要的承载者，这是语言的显性文化职能；语言的隐性文化职能是起到身份认同、情感依存的作用。

百余年来，中国因语言国情所定，一直侧重于从显性工具的角度规划语言，要者有四。其一，统一民族语言和国家语言，消减因方言、语言严重分歧带来的交际障碍。其二，进行汉字的整理与改革，为一些少数民族设计文字或进行文字改革；当年还为这些文字全力配置印刷设备，近几十年专心于进行面向计算机的国际编码，使中华语言文字进入电子时代。其三，探索给汉语拼音的各种方法，最终制定了《汉语拼音方案》，使国家通用语言有了优越的拼写和注音工具。其四，大力开展外语教育，以期跨越国家发展中的外语鸿沟。这些语言规划，保证了国家政令畅通，为各民族、各地区甚至为海内外的相互交流提供了方便，为国家的信息化奠定了基础，为建设中华民族共有的精神家园作出了贡献。

这些语言规划主要是改善语言的工具职能，当然也兼及语言的文化职能，比如一些少数民族的语音、文字规范化工作等。当今之时，普通话作为国家通用语言，已经成为毋庸置疑的强势语言，全国已有70%左右的人口能够使用；文化大发展大繁荣已是响彻大江南北的时代强音。当此之时，当此之世，语言规划也应当以时以势逐渐调适：国家通用语言文字的工作重心应由"大力推广"向"规范使用"转变；语言规划在继续关注语言工具职能的同时，要更多关注语言的文化职能。

规划语言的文化职能，首先要坚持"语言平等"的理念。语言平等是民族平等的宪法精神在语言政策、语言观念上的体现。要尊重各民族的语言文字、珍重各民族的方言，同时也要平心对待外国语言文字。

其次要具有"语言资源"意识。中华民族的语言文字（包括方言土语），贮存着中华民族的历史过程和"文化基因"，镌刻着"我是谁？我从哪里来？"的文化身世说明书，滋养着弥足珍贵的非物质文化遗产，必须科学卫护她，传承研究她，开发利用她。

再次要理性规划"语言功能"。由于历史上的多种原因，各语言的发育状态和能够发挥的语言职能是有差异的，比如，在使用人口多少、有无方言分歧、有无民族共同语、有无文字、拥有的文献资料、适用的社会领域等方面，都各不相同或者大不相同。因此，应在"语言平等"理念的基础上，根据语言的实际状态进行合理有序的语言功能规划，使各种语言及其方言在语言生活中各自发挥其应当发挥的作用。

最后要遵循"自愿自责，国家扶助"的方针。民族区域自治制度是中国的基本政治制度之一，宪法规定"各民族都有使用和发展自己的语言文字的自由"，各民族如何规划自己的语言，民族自治地方如何规划自己的语言生活，应当按照本民族本地方的意愿进行决策，并为这些决策负责。当在进行和实施这些决策而需要国家帮助时，国家应依法提供智力、财力等方面的援助与扶持。

中国是多民族、多语言、多方言、多文字的国度，拥有丰富的语言文字资源，但也存在着或显或隐、或锐或缓的多种语言矛盾。对这些语言矛盾认识不足，处理不当，就可能激化矛盾，甚至发生语言冲突，语言财富变成"社会问题"。语言矛盾是社会矛盾的一种，也是表现社会矛盾的一种方式，甚至在某种情况下还是宜于表现社会矛盾的一种方式。近些年，中国的各项改革都进入了"深水区"，语言矛盾易于由少增多、由隐转显、由缓变锐，许多社会矛盾也可能借由语言矛盾的方式表现出来，因此，中国也可能进入了语言矛盾容易激化甚至容易形成语言冲突的时期。

在这一新的历史时期，科学地进行语言规划，特别是重视对语言文化职能的规划，重视从语言的隐性文化职能上进行语言规划，就显得尤其重要。这就需要深入了解语言国情，工作做到心中有数，规划做到实事求是；这就需要着力研究语言冲突的机理，透彻剖析国内外语言冲突的案例，制定预防、处理语言冲突的方略，建立解决语言矛盾、语言冲突的有效机制；这就需要密切关注语言舆情，了解社会的语言心理及舆论动向，见微知著，提高对语言冲突的防范应对能力。当然从根本上来说，还是要提高全社会的语言意识，树立科学的语言观，特别是树立科学的语言规范观和语言发展观，处理好中华各语言、各方言之间的关系，处理好本土汉语与域外汉语的关系，处理好母语与外语的关系，构建和谐的语言生活，并通过语言生活的和谐促进社会生活和谐。

中国的改革开放表现在方方面面，但更重要的是思想上、学术上的改革开放。语言规划是社会实践活动，同时又是一门科学。徐大明先生具有中外语言学背景，不仅自己学有专攻，而且数年来一直致力于中外的学术交流与合作，具有学力、眼力和行动力。他所主持的"语言资源与语言规划丛书"此时出版，恰得其时，相信能为新世纪的中国语言规划起到重要的学术借鉴作用。

李宇明

2012 年 12 月 12 日

序于北京惧闲聊斋

中文版前言 [1]

我们两人于 2001 年在宾夕法尼亚大学的教育语言学博士项目中相识。
南希·霍恩伯格教授（Nancy Hornberger）是我们两人共同的导师，我们选
修了很多相同的课程，尤其是哈罗德·希夫曼教授（Harold Schiffman）的
语言政策研讨会，这一实践课程对我们俩都产生了影响。在宾夕法尼亚
大学期间，我们编辑了两期《教育语言学工作论文集》（Hult and Johnson
2003；Johnson and Hult 2003），其中的内容至今令我们引以为豪。2007 年，
我们完成了博士学业，各奔前程，但由于我们对语言政策和语言规划有着
共同的兴趣，因此仍保持了知识纽带和日常联系。

当我们开始讨论编撰这本书时，我们的想法是要出版一本语言政策与
规划领域欠缺的书——一本我们在宾夕法尼亚大学读研究生时就希望拥有
的书。对于不同领域的研究者如何利用该学科的基础理论和方法工具来研
究语言政策这一共同的主题，我们一直很着迷。

当然，本书也从其他重要的语言政策与规划著作中得到了启发，其中
不少已经或正在译成中文，包括《语言政策》（Spolsky 2004）、《规划语言，
规划不平等》（Tollefson 1991）、《语言文化与语言政策》（Schiffman 1996）
以及《民族志和语言政策》（McCarty 2011）。本书出版之后，陆续出现了
一些以方法论创新为特色的出版物，包括《语言政策的话语路径》（Barakos
and Unger 2016）、《语言政策与规划中的能动性》（Bouchard and Glasgow
2019），让我们深受鼓舞。

斯波斯基（Spolsky）说："语言政策研究是应用语言学的典范，因
为它必须借鉴一系列学术领域"（Spolsky 2005：31）。应用语言学作为
一个整体可以说是一种跨学科的研究（Halliday 2001；Douglas Fir Group
2016），这意味着它是多种理论和方法的结合体，具有各种学科的知识根
源，综合起来大于其各部分的总和。在应用意义上研究语言，意味着要从
多个角度、沿着广泛的社会尺度对语言进行研究；也就是说，要研究个人

---

① 本书所有脚注均为译者注，下文不再注明。

和集体在不同时空使用语言来表达意义的所有不同方式。一个学科甚至几个学科的理论和方法都不足以完成这项任务。语言政策作为应用语言学的一个专业也是如此。与语言本身一样，政策也是一种多维现象，需要多学科的理论和方法。一般来说，应用语言学要求我们从人类学、语言学、哲学、心理学、社会学等不同学科中获取营养。具体到语言政策，我们还需要经济学、历史学、法学、国际关系学和政治学等学科，以便洞察人类行为的本质和社会管理的机制。

在编撰本书时，我们受到了这种跨学科取向的启发。虽然我们不可能囊括所有可能与语言政策研究相关的概念或方法论视角，但我们努力将广泛内容纳入其中，以期为读者提供一块理论和方法的调色板——这些理论和方法可以通过各种方式组合，以创造出能够描绘人类语言政策经验的细微差别，从而进行复杂性研究。

我们编写的这本书适用于任何国情下的语言政策研究。自它首次出版以来，世界各地的学生和老师对该书的评价一直很高。我们很高兴该书在中国受到如此强烈的关注，以至于需要推出中文版。

我们两人都曾在中国，特别是在教育部，举办过讲座（线上或线下），中国院校蓬勃发展的各类语言政策研究项目给我们留下了深刻印象。在与中国语言战略研究中心、中国外语战略研究中心的合作中，我们发现一批学者和学生在理论、方法和实证方面都作出了创新性贡献。看到中国的语言政策学术研究不断发展和成熟，我们备受鼓舞。希望这本中文版图书能激励下一代的语言政策研究人员。

南京大学中国语言战略研究中心决定将本书纳入"语言资源与语言规划丛书"，我们对此深感荣幸。非常感谢方小兵教授和马嫣博士承担本书的翻译工作，本书内容涉及多个学科，一些研究方法的描述比较琐碎，翻译过程必然十分艰辛。同时，我们也衷心感谢审订专家和外语教学与研究出版社的编辑为本书中文版付出的辛劳。

弗朗西斯·胡尔特
美国马里兰州巴尔的摩
戴维·约翰逊
美国爱荷华州爱荷华市
2024 年 6 月

参考文献

Barakos, E., and Unger, J.W. 2016. *Discursive Approaches to Language Policy.* Basingstoke, UK: Palgrave Macmillan.

Bouchard, J., and Glasgow, G.P. 2019. *Agency in Language Policy and Planning: Critical Inquiries.* New York: Routledge.

Douglas Fir Group. 2016. A transdisciplinary framework for SLA in a multilingual world. *Modern Language Journal* 100(s1), 19–47.

Halliday, M.A.K. 2001. New ways of meaning: The challenge to applied linguistics. In A. Fill and P. Mühlhäusler (Eds.), *The ecolinguistics reader: Language, ecology, and environment*, 175–202. New York: Continuum.

Hult, F.M., and Johnson, D.C. 2003. *Working Papers in Educational Linguistics* 19(1). Available from https://wpel.gse.upenn.edu/archive/f2003

Johnson, D.C., and Hult, F.M. 2003. *Working Papers in Educational Linguistics* 18(2). Available from https://wpel.gse.upenn.edu/archive/s2003

McCarty, T.L. 2011. *Ethnography and Language Policy.* New York: Routledge.

Schiffman, H.F. 1996. *Linguistic Culture and Language Policy.* London: Routledge.

Spolsky, B. 2004. *Language Policy.* New York: Cambridge University Press.

Spolsky, B. 2005. Is language policy applied linguistics? In P. Bruthiaux, D. Atkinson, W.G. Eggington, W. Grabe, and V. Ramanathan (Eds.), *Directions in applied linguistics*, 26–36. Clevedon, UK: Multilingual Matters.

Tollefson, J.W. 1991. *Planning Language, Planning Inequality: Language Policy in the Community.* London: Longman.

撰稿人名单

（按照原著撰稿人名单顺序排列）

阿德南·阿杰西克（Adnan Ajsic）北亚利桑那大学（美国）

拉瓦·阿瓦斯蒂（Lava Awasthi）教育部（尼泊尔）

苏雷什·卡纳加拉贾（Suresh Canagarajah）宾夕法尼亚州立大学（美国）

香农·菲茨西蒙-杜兰（Shannon Fitzsimmons-Doolan）得克萨斯农工大学（美国）

丽贝卡·菲尔德（Rebecca Field）卡森出版社（美国）

弗朗索瓦·格兰（François Grin）日内瓦大学（瑞士）

南希·霍恩伯格（Nancy Hornberger）宾夕法尼亚大学（美国）

阿里·胡塔（Ari Huhta）于韦斯屈莱大学（芬兰）

弗朗西斯·胡尔特（Francis Hult）隆德大学（瑞典）

戴维·约翰逊（David Johnson）爱荷华大学（美国）

海伦·凯利-霍姆斯（Helen Kelly-Holmes）利莫瑞克大学（爱尔兰）

肯德尔·金（Kendall King）明尼苏达大学（美国）

迪米特里·科切诺夫（Dimitry Kochenov）格罗宁根大学（荷兰）

练美儿（Angel Lin）香港大学（中国）

约瑟夫·楼必安可（Joseph Lo Bianco）墨尔本大学（澳大利亚）

玛丽莲·马丁-琼斯（Marilyn Martin-Jones）伯明翰大学（英国）

斯蒂芬·梅伊（Stephen May）奥克兰大学（新西兰）

特蕾莎·麦卡蒂（Teresa McCarty）加利福尼亚大学（美国）

玛丽·麦克罗蒂（Mary McGroarty）北亚利桑那大学（美国）

莎拉·摩尔（Sarah Moore）应用语言学中心（美国）

阿萨·帕维亚宁（Åsa Palviainen）于韦斯屈莱大学（芬兰）

托马斯·里森托（Thomas Ricento）卡尔加里大学（加拿大）

约翰·里克福特（John Rickford）斯坦福大学（美国）

菲奥娜·斯坦利（Phiona Stanley）新南威尔士大学（澳大利亚）

詹姆斯·托尔夫森（James Tollefson）华盛顿大学（美国）

弗朗索瓦·瓦扬古（François Vaillancourt）蒙特利尔大学（加拿大）

费尔南·德瓦伦斯（Fernand de Varennes）比勒陀利亚大学（南非）、香港大学（中国）、维陶塔斯–马格纳斯大学（立陶宛）

特伦斯·威利（Terrence Wiley）亚利桑那州立大学（美国）

周明朗（Minglang Zhou）马里兰大学（美国）

目　录

前　言

我在《语言政策导论：理论与方法》（Ricento 2006b）一书中写道："作为一个跨学科的领域，语言政策与规划需要了解和使用多种方法来探索语言地位、语言认同、语言使用以及本领域内的其他重要问题。"（Ricento 2006a：129）我也同意詹姆斯·保罗·吉（Gee 1999：5）的观点，他指出"任何方法都有理论依据。方法和理论是不可分离的，然而在现实中，方法的教学往往就像它们可以独立存在一样"。此外，由于语言政策与规划倾向于关注实际的、"现实世界"的语言问题，研究人员在处理工作时需要考虑到战略目标。例如，以下问题可能成为一个研究目标，即解释美国公立学校的重大考试是如何成为事实上的语言政策，并往往导致语言上的少数群体学生产生严重失衡的负面结果（Menken 2008）。选择这一课题的研究人员在诸如学校教育的性质和目的、语言习得和学习理论、评估实践中公平性和有效性的伦理问题等方面，已经有了坚定的观点，这些观点往往受到自身经验的影响，同时影响研究者提出的问题以及回答这些问题所采用的特定方法。简言之，语言政策研究人员在提出研究问题时，通常会考虑到战略目标，这些目标受到他们对一系列现象的特定信念和（通常是未阐明的）理论的强烈影响。因此，研究者使用的方法论工具，即便不是由他们对调查"对象"的理论倾向所决定，也会受到这些理论倾向的强烈影响。这些"对象"被仔细审查以发现值得研究的特定"属性"和关系。研究者先验地相信这些是最重要的"属性"，这往往受到他们的理论和信念的引导。此外，不管我们从工具箱中选择何种研究方法，最终，所有的社会科学研究都是解释性的：尽管我们的最佳意图是通过精心选择研究方法来达到"客观性""中立性"或"有效性"，但作为社会科学家，我们总是解释复杂的现象，这些现象超出了我们的能力，无法以明确的方式来理解和描述。

这些观察绝不意味着削弱语言政策研究的重要性或实用性。相反，它指出了一个重要事实，即好的研究，从假设的产生，到数据收集和分析，再到对发现的讨论，以及对政策和未来研究的启示，都是价值负载的。这是一件好事，也是必要的。有价值的社会科学研究绝不可能在社会真空中收集事实和报告观察结果。最好的语言政策研究是清楚地知道我们为什么要提出这些问题，为了谁的利益而研究，以及个人和社会将如何从我们的研究中受益。

我们的研究对象来自社会环境（包括信仰体系）——我们在其中社会化和受教育，尤其是通过特定的学科训练获得认识论视角，并不断受到质疑和修正。由于语言政策是一个跨学科领域，研究人员必须掌握其专业领域以外的学科知识。这是一项艰巨的任务，因为要获得这样的知识，并以非临时性的方式将其纳入研究问题和方法中是非常困难的。由于理解复杂社会现象（涉及语言、社会、政策制定和评估）会面临固有的挑战，因此关于如何界定我们的研究内容和研究动机往往引起长期的争论和争议。人们花费大量的精力来定义语言政策究竟"是什么"，抑或"不是什么"，便不足为奇。约翰·彼得罗维奇（Petrovic 2015）提出，思考"语言政策"的有效方式不是将其作为一个简单概念，而是作为"语言"和"政策"，每一个都视为独立的概念。根据彼得罗维奇的说法，这是因为对"语言"的不同解读决定了"政策"所采取的形式，而政策通常以特定的方式构建语言。这一构想的含义是，我们的语言理论先于并指导我们的研究问题，这些问题又涉及对社会语言政策的调查。但是，正如彼得罗维奇所指出的，如果"政策"意味着一种政治理论，那么若想在研究上行稳致远，我们就必须承认自己的政治属性。这意味着，我们不能简单地宣称自己是"自由主义者"，而不考虑我们究竟信奉什么样的自由主义，也不考虑这对我们在特定背景或社会领域中分析特定政策或政策方法可能意味着什么。彼得罗维奇对"语言政策"的解构只是一个例子，说明在"语言政策与规划"的标题下，发展一个有活力的、连贯的、实证经验丰富的学术研究领域将面临的挑战。为了应对这些挑战，一些学者（包括弗朗索瓦·格兰、彼得·艾夫斯、斯蒂芬·梅伊、耶尔·佩利德、约翰·彼得罗维奇和我本人）正在努力促成跨学科的对话和合作，以期开发出更好的可经验证或反驳的理论和解释模型。[1]

总而言之，在社会科学中没有真正"幼稚"的研究问题。相反，我们提出的问题和我们选择的调查方法是对广泛现象的根深蒂固的信念产物，这些信念来自理论构建，而理论声称能够解释事物如何以及为何"在这个世界上"。在语言政策研究的案例中，人们希望通过应用从实证研究中获得的知识来改善世界。戴维·约翰逊（Johnson 2013：95）指出："虽然语言政策研究领域理论丰厚，但是从历史上看，在语言政策制定、阐释、援用和实施方面，实证数据的收集与其理论和概念的厚重并不匹配。在某种程度上，这是该领域初创阶段的一种自然结果。"我要补充的是，我们的实证研究结果肯定会导致更好的理论化和概念化，这不仅需要适当使用本书中描述的各种社会科学研究方法，而且同样重要的是，需要加强对不同学科（包括政治理论、政治学、经济学、社会理论和相关政策科学）中的适当理论和概念框架的认识和使用。

本书是对尚处于早期发展的语言政策与规划领域的有益补充。但在我看来，现在需要的是一本对理论进行更新和扩充的专著，[2] 其内容涵盖上述诸学科。在语言政策研究历史上，社会语言学和民族志比政治学、经济学或社会学更受关注，本书可以通过跨学科研究，在理论上提供更好的平衡性和连贯性。

托马斯·里森托

加拿大 卡尔加里

2014 年 9 月

尾注

1 《语言政策》期刊的"语言政策与政治理论"专题（Ricento et al. 2014）和里森托（Ricento 2015）中，都有许多跨越学科边界的例子。

2 里森托（Ricento 2006b）涵盖了这一领域的部分内容，但需要在该主题的一些领域进行更广泛的讨论。

参考文献

Gee, J.P. 1999. *An Introduction to Discourse Analysis: Theory and Method.* London: Routledge.

Johnson, D.C. 2013. *Language Policy.* Basingstoke, UK: Palgrave Macmillan.

Menken, K. 2008. *English Learners Left Behind: Standardized Testing as Language Policy.* Clevedon, UK: Multilingual Matters.

Petrovic, J. 2015. *A Post-Liberal Approach to Language Policy in Education.* Bristol: Multilingual Matters.

Ricento, T., ed. 2006a. Methodological perspectives in language policy: An overview. In T. Ricento, ed., *An Introduction to Language Policy: Theory and Method*, 129–134. Malden, MA: Blackwell.

Ricento, T., ed. 2006b. *An Introduction to Language Policy: Theory and Method.* Malden, MA: Blackwell.

Ricento, T., ed. 2015. *Language Policy and Political Economy: English in a Global Context.* New York: Oxford University Press.

Ricento, T., Peled, Y., and Ives, P., eds. 2014. Language policy and political theory. *Language Policy* 13(4). (Thematic issue.)

第1章 概述：语言政策研究实践

弗朗西斯·胡尔特，戴维·约翰逊

应用语言学是跨学科的知识体系，其中包括许多与语言相关的来自多领域的理论和方法（Halliday 2001）。正如斯波斯基（Spolsky）所指出的，语言政策是"应用语言学中的典范，因为它必须利用一系列的学术领域来制定切实可行的方案，以完善语言实践和语言信念"，同时，还要对政策进程进行实证性研究（Spolsky 2005：31）。这些理论和方法不仅仅是从这一系列学术领域引进的，还经过了适当提炼和策略融合，以此来开展问题的研究，或者是以话题为中心的研究（Hult 2010a）。语言政策与规划方面的专家学习和吸收了一系列研究方法，这些方法植根于人类学、法学、语言学、政治学、社会心理学和（语言）社会学等不同学科，以便对与政策制定、政策阐释、政策执行、政策抵制和政策评估相关的问题或话题进行研究。

20世纪60年代初，早期的语言规划只是少数学者在做的一项研究，直到后来才成为明确的研究对象（Spolsky 2005）。这些早期学者为语言规划行动制定了研究策略和框架，而他们也确实提出了许多我们今天仍在使用的理论框架，特别是区分了地位规划（侧重语言功能）和本体规划（侧重语言形式），以及后来提出的习得规划（侧重语言学习）（见 Hornberger 2006 的综述）。

20世纪80年代和90年代，越来越多具有批判思维的学者明确地将语言规划理解为一种霸权机制，潜在地影响着主流话语和边缘化话语（如 Ruiz 1984；Tollefson 1991）。例如，托尔夫森（Tollefson）提出了历史—结构法，该方法侧重于研究语言政策发展的历史进程和社会政治进程。大约在同一时间，社会语言学研究者开始对利用民族志研究语言政策与规划产生兴趣。霍恩伯格（Hornberger 1988）对秘鲁语言规划和双语教育的民族志调查是第一批考察语言规划影响学校和社区语言使用方式的研究。

自20世纪90年代以来，尤其是21世纪初，越来越多的研究人员利用民族志和话语分析的方法来实地考察语言政策与规划进程，并重点关注政策文本和政策话语如何与学校和社区的语言实践相联系（如 Davis 1994；Freeman 1998；King 2001）。这条研究路线很突出，最近出版的许多编著也证明了这一点（如 McCarty 2011；Menken and García 2010），但是也有许多学者利用各自领域内广泛使用的方法来研究语言政策与规划，包括经济学（Grin 2003）、政治学（May 2001）、法学（Leibowitz 1984；de Varennes 1996），等等。

在过去半个世纪的探索中，这些研究方法已经超越其学科基础，在语言政策与规划研究领域得到了完善。因此，学者们越来越多地关注语言政策与规划研究方法的多样性和批判性，以及随之而来的严谨性，语言政策与规划领域也逐渐走向成熟（Johnson 2013；Menken and García 2010；Ricento 2006）。因此，我们认为此时出版一本整合语言政策与规划研究方法的文献正逢其时。

我们编写这本书的初心源于两个截然不同的经历：（1）在撰写博士论文进行田野调查期间，我们发觉需要类似本书这样的资源；（2）在指导学生期间，我们认为他们会从此类著作中受益，从而帮助他们设计和开展语言政策研究。虽然学生在攻读硕士和博士学位期间，大多选修了定性和定量研究方法的课程，但它们在语言政策与规划研究中的应用往往没有得到检验。当然，对于任何一个学院或院系来说，针对学生论文可能涉及的每一个领域提供先进的研究方法课程，都是十分困难的。事实上，开展独立研究的部分进程是建立一般性研究方法的基础，以便进一步发展具体研究细节。为此，在撰写硕士论文或博士论文的早期阶段，学生们只有大量阅读方法论文献以及相关主题和理论的文献，才能开始构建他们自己的原创性研究。

我们在指导学生论文时发现，相对容易的是推荐一些符合语言政策基本原则的社会理论文献（如 Cooper 1989；Kaplan and Baldauf 1997；Ricento 2006；Shohamy 2006；Spolsky 2004，2009）。然而，要给学生推荐关于语言政策研究设计方面的基础性文献则相对不易。在各种期刊和论文集中，涉及一般性研究方法的优秀文献比比皆是，如话语分析、民族志、社会语言学、语言政策实证研究。然而，从一般的研究方法到设计自己的语言政策研究，对于新手来说可能是一个漫长的概念飞跃——本书的目的就是成为两者之间的跳板。

正如南希·霍恩伯格（Hornberger 2013，见本书第 2 章）指出的那样，由理论构建或学科建设驱动的研究通常更为直接地遵循某些方法，而从事以问题或话题为中心的研究则必须依靠"方法论关键点"。这些都是研究过程中各个阶段的反思点。在这个阶段，人们会考虑自己是否有机会使用与自己的研究问题最相关的恰当方法。这样的反思需要对方法选择、研究问题以及数据和分析类型具有批判性认知。如果没有这样的方法论概述，刚进入语言政策领域的研究者在设计研究时，有可能只使用他们在方法论课程中接触过的方法，然而这些方法不一定适合研究问题，或者更糟糕的是，会导致修改研究问题以适应方法。另外，学生必须投入大量的时间和精力，才能自主获得选择方法所需的视角，并将这些可能的方法应用于语言政策与规划研究中。

因此，我们在设计本书时，试图让读者可以纵览一系列可应用于语言政策研究的方法。本书的灵感来自我们的学生对此类书籍的需求，因此我们在编写过程中始终将新手读者的需求放在首位。在挑选研究话题时，我们既考虑了语言政策研究领域的基本原则，也考虑了设计和开展此类研究的具体方法。本书所有章节均由语言政策研究领域的重要学者撰写，他们以注重方法的严谨性而闻名，能够为对该领域知之较少或零基础的读者提供入门知识。从严格意义上说，本书旨在为读者提供核心方法和方法论，因此并没有覆盖该领域的方方面面，其目的是帮助读者在确定研究方法时作出明智选择，从而对语言政策与规划研究进行概念化，以进一步深入地探讨特定研究方法。

本书第一部分包括五个章节，阐述了开展语言政策研究的基本思路，包括在概念化阶段和研究实施阶段出现的问题，例如，在选择研究方法时要有审慎的批判性思维过程，在研究设计语言政策的社会政治问题时，要对研究者定位和研究伦理进行反思。因此，前三章指导研究者如何开展语言政策研究，以及如何负责任地进行研究。这一部分还有两章介绍了两个学术领域，分别与政治和政策紧密相关，即政治学和法学。虽然这些绝不是处理语言政策的唯一学术视角，但政治学和法学理论都将政治和政策作为重点研究内容（这两个领域也是政治家和立法者所要学习的领域）。无论是政治学还是法学取向，或是遵循其他某种研究传统，理解这两章的内容都是大有裨益的。

第二部分由 13 个章节组成，从不同的认识论和学科传统出发，集中讨论了不同的语言政策研究方法。这些章节旨在为准备和实施研究提供基本操作指南。每一章都采用相同的篇章结构，以便于比较，帮助读者轻松了解每种方法的核心内容，以及不同方法如何相互补充。读者很快就会注意到，许多方法都可以协同使用，我们也尝试通过在全书中的交叉引用来指示这些联系。每一章首先对该方法进行简要介绍，并解释其与语言政策的相关性。随后，在提出研究问题时，会重点关注适合该方法的问题类型，然后讨论数据收集和分析方法，强调如何开展研究。每一章最后都会提供一个简短的研究案例，说明该方法是如何应用于语言政策与规划研究的。除此以外，每一章还会提供一个简短的资料阅读清单，以供进一步学习。

本书的最后一部分是附录，提供了关于公众参与语言政策倡议和辩论的若干建议。语言政策研究人员通常希望其研究（或者研究的一部分）能产生积极的社会影响。作为学者，我们接受了研究方面的训练，但对成功参与公共政策所需的专业技能知之甚少。考虑到这一点，附录的四位撰稿人基于自己的经验和兴趣，针对语言政策与规划研究者特别感兴趣的几个领域提供了建议，即社区和学校、政治辩论、政府和媒体。每位专家都提供了一些实践技巧，涉及如何参与以及如何有效地与政策利益相关方互动。

随着语言政策领域越来越多元化，该领域的优势取决于方法论是否严谨、概念化是否成功。只有这样，语言政策与规划领域才能通过研究作出最有意义的社会贡献，为制定和健全实施公平的语言政策提供信息。总而言之，我们希望本书能为刚接触语言政策的学生提供一个实用的方法论工具包，并为现有的研究人员提供参考，从而提升相关研究成为严谨的科学领域。

参考文献

Cooper, R.L. 1989. *Language Planning and Social Change*. New York: Cambridge University Press.

Davis, K. 1994. *Language Planning in Multilingual Contexts: Policies, Communities, and Schools in Luxembourg*. Philadelphia: John Benjamins.

de Varennes, F. 1996. *Languages, Minorities and Human Rights*. The Hague: Martinus Nijhoff.

Freeman, R. 1998. *Bilingual Education and Social Change*. Clevedon, UK: Multilingual Matters.

Grin, F. 2003. Language planning and economics. *Current Issues in Language Planning* 4(1): 1–66.

Halliday, M.A.K. 2001. New ways of meaning: The challenges to applied linguistics. In A. Fill and P. Mühlhäusler, eds., *The Ecolinguistics Reader: Language, Ecology, and the Environment*, 175–202. New York: Continuum.

Hornberger, N.H. 1988. *Bilingual Education and Language Maintenance*. Dordrecht, Holland: Foris Publications.

Hornberger, N.H. 2006. Frameworks and models in language policy and planning. In T. Ricento, ed., *An Introduction to Language Policy: Theory and Method*, 24–41. Malden, MA: Blackwell.

Hornberger, N.H. 2013. Negotiating methodological rich points in the ethnography of language policy. *International Journal of the Sociology of Language* 219: 101–122

Hult, F.M. 2010a. Theme-based research in the transdisciplinary field of educational linguistics. In F.M. Hult, ed., *Directions and Prospects for Educational Linguistics*, 19–32. New York: Springer.

Johnson, D.C. 2013. *Language Policy*. Basingstoke, UK: Palgrave Macmillan.

Kaplan, R.B. and Baldauf, R.B. 1997. *Language Planning: From Practice to Theory*. Clevedon, UK: Multilingual Matters.

King, K.A. 2001. *Language Revitalization Processes and Prospects: Quichua in the Ecuadorian Andes*. Clevedon, UK: Multilingual Matters.

Leibowitz, A.H. 1984. The official character of language in the United States: Literacy requirements for immigration, citizenship, and entrance into American life. *Aztlan* 15(1): 25–70.

May, S. 2001. *Language and Minority Rights: Ethnicity, Nationalism, and the Politics of Language*. Harlow, UK: Longman.

McCarty, T.L., ed. 2011. *Ethnography and Language Policy*. London: Routledge.

Menken, K., and García, O. eds. 2010. *Negotiating Language Policies in Schools: Educators as Policymakers*. New York: Routledge.

Ricento, T. ed. 2006a. *An Introduction to Language Policy: Theory and Method*. Malden, MA: Blackwell.

Ruiz, R. 1984. Orientations in language planning. *NABE Journal* 8(2): 15–34.

Shohamy, E. 2006. *Language Policy: Hidden Agendas and New Approaches*. London: Routledge.

Spolsky, B. 2004. *Language Policy*. New York: Cambridge University Press.

Spolsky, B. 2005. Is language policy applied linguistics? In P. Bruthiaux, D. Atkinson,

W.G. Eggington, W. Grabe, and V. Ramanathan, eds., *Directions in Applied Linguistics*, 26–36. Clevedon, UK: Multilingual Matters.

Spolsky, B. 2009. *Language Management*. New York: Cambridge University Press.

Tollefson, J.W. 1991. *Planning Language, Planning Inequality: Language Policy in the Community*. London: Longman.

拓展阅读

Hult, F.M. 2010b. Analysis of language policy discourses across the scales of space and time. *International Journal of the Sociology of Language* 202: 7–24.

Johnson, D.C. 2013. *Language Policy*. Basingstoke, UK: Palgrave Macmillan.

Kaplan, R.B., and Baldauf, R.B. 1997. *Language Planning from Practice to Theory*. Clevedon, UK: Multilingual Matters.

Ricento, T. ed. 2006b. *An Introduction to Language Policy: Theory and Method*. Malden, MA: Blackwell.

Rubin, J., Jernudd, B.H., DasGupta, J., Fishman, J.A., and Ferguson, C.A., eds. 1977. *Language Planning Processes*. The Hague: Mouton.

第一部分

基本问题

第 2 章　语言政策与规划研究方法的选择：
方法论关键点

南希·霍恩伯格

2.1 引言

　　语言政策与规划问题每天都在发生，且无处不在。在媒体和日常的人际交往中，一些问题反复受到关注，例如，人们的受教育水平是否满足工作场所的需求，广告语言和政府语言是否通俗易懂，语言多样性与学校的多语教育状况，学校、城市、州和国家层面的"唯英语政策"，英语作为全球语言的现象，以及土著和移民群体在使用、教授、维持或振兴自己语言方面的权利。人们经常通过语言政策来采取一些创新举措，试图解决问题，以实现平等准入和承认少数民族语言权利，但这些尝试往往过早夭折。有关语言政策与规划的一些关键性问题的答案仍然是五花八门且难以预测，例如：

　　　　人们基于什么原因选择使用（或停止使用）特定语言和变体来实现不同语域的特定功能？这些选择如何影响机构语言政策的决策进程（从地方到国家和超国家层面）？机构语言政策如何影响个人的语言选择？（Ricento 2000：208）

　　所有这些，语言政策与规划研究人员都试图研究和阐明。他们这样做是基于广泛的跨学科基础和所有的社会领域。

　　那么，语言政策与规划研究人员如何选择合适的方法来研究这些问题呢？从数据收集方面看，调查问卷、人口普查和人口数据、语料库、访谈、政策文件、参与者观察和参与式行动组成了数据收集工具包；从数据分析方面看，统计、实验、民族志、语言和话语分析方法及其众多分支组成了数据分析工具包。未来的语言政策与规划研究人员似乎面临着一系列令人眼花缭乱的选择。而当我们将研究方法与我们提出或正试图解决的研究问题相关联时，这些选择可能会更加令人困惑。

本书的后半部分讨论了特定方法论和概念。在此，笔者试图提出更一般的方法论，以指导我们选择合适的方法，并借此引发对上述"方法论关键点"的关注，即：

> 当研究者了解到他们对研究开展方式的假设以及所拥有的概念工具不足以理解他们正在研究的世界时，研究实践与研究人员所处的不断变化的科学世界和社会世界之间便会存在压力和张力，而这种关系会经由"方法论关键点"进一步凸显。(Hornberger 2013：101)

虽然我的经验和例子大多来自教育领域中语言政策民族志工作，但我相信它们所阐述的丰富观点指向了语言政策与规划所有领域的类似关注点。我们首先简要回顾语言政策与规划研究的演变，然后在费什曼（Fishman 1971：219）首先提出的社会语言学分析框架的启发下，提出方法论关键点：在语言政策与规划中，何人在何地，如何、为何研究何人、何事。[1]

2.2 语言政策与规划：一个理论和方法不断发展的领域

里森托（Ricento 2000）分别从社会政治、认识论、战略三个方面（我将补充方法论方面）追溯了二战以来语言政策与规划研究演变的三个阶段：20 世纪 50 至 60 年代是去殖民化和国家形成的阶段，当时语言政策与规划研究主要在结构主义范式下进行，以解决问题为导向；20 世纪 70 至 80 年代是现代化普遍失败的阶段，伴随着批判性研究范式的兴起，批判性语言政策研究开始关注受教育机会和社会经济流动性的不平等现象；20 世纪 90 年代后是世界新秩序形成阶段，该阶段以大规模人口迁移、地方民族认同的重现和资本主义全球化为特征，伴随而来的还有后现代研究范式的兴起和语言政策与规划对语言人权的关注。

方法论的演变与这一轨迹是平行的。随着时间的推移，语言政策与规划的研究方法也发生了一系列变化。最初出现的是大规模全国人口普查、人口调查和自我报告形式的语言使用 / 语言态度调查问卷，这些方法旨在为语言决策提供信息，以解决国家或地区层面的问题。之后，研究者们开始纳入经济、法律和政治分析，以期改变不平等准入的现象。再后，民族志实地研究方法开始增多，旨在阐明在当地环境下制定语言政策的复杂性。然而，这并不是说早期的方法在这一进程中已被抛弃，相反，这意味着语言政策与规划领域的方法论工具箱正在稳步扩大。

约书亚·费什曼（Joshua Fishman）是早期跨国比较研究、国际会议论文集发表和语言政策与规划成果出版方面的巨匠。同时，他的杰出贡献还在于对语言人权孜孜不倦的追求以及对他亲切地称之为全世界"小语言"的全身投入，这主要源于他本身就是一名意第绪语①使用者和活动家。《国际语言社会学杂志》和"语言社会学"系列丛书（都由费什曼创立）是该领域的象征，它们以百科全书的形式记录了多语言国家的背景和语言政策的命运，以及早年采用的大规模人口普查、调查和问卷研究方法。费什曼与伊约提琳德拉·达斯古普塔（Jyotirindra Das Gupta）、琼·鲁宾（Joan Rubin）和比约恩·颜诺（Björn Jernudd）一道，被称为早期语言政策与规划的"四巨头"（笔者与琼·鲁宾的个人通信，1988 年 10 月 6 日）。他们分别承担了 1969—1972 年福特基金会资助的以色列、印度、印度尼西亚和瑞典的语言规划进程国际研究项目（Fishman et al. 1968），并引领该领域几十年，直至今日仍有重要影响。1977 年出版的《语言问题与语言规划》（*Language Problems and Language Planning*）是相对较早推出的期刊，它的标题清楚地表明了当时语言政策与规划研究中解决问题的方向。这一方向至今仍然伴随着我们，但我们现在可以说是在用更微妙和更复杂的方式来理解这些问题及寻求解决方案（参见本书第 7 章）。到 20 世纪 80 年代和 90 年代，随着现代化发展范式的失败和社会科学中批判性研究视角的兴起，人们普遍感觉到，语言政策与规划领域在理论和方法上处于漂浮不定的状态（Cooper 1989；Ricento 2000；Schiffman 1996；Tollefson 1991），直到千年之交才出现真正的替代方案。

2000 年，由著名的语言政策与规划研究人员编辑的三本新的语言政策与规划期刊先后问世：《语言政策》（*Language Policy*），起初由伯纳德·斯波斯基（Bernard Spolsky）主编，后来由肯德尔·金（Kendall King）和艾拉娜·肖哈米（Elana Shohamy）主编；《语言规划的当前问题》（*Current Issues in Language Planning*），由罗伯特·卡普兰（Robert Kaplan）和理查德·巴尔道夫（Richard Baldauf）主编；《语言、身份和教育杂志》（*Journal of Language, Identity and Education*），由托马斯·里森托（Thomas Ricento）和特里·威利（Terry Wiley）共同主编。这些期刊为该领域注入了新的思想活力，增加了对批判性、后现代、复杂性和全球化视角下的理论关切，

---

① 意第绪语（Yiddish）是一种日耳曼语，主要由德国犹太人使用。

并展现了民族志和话语分析方法对该领域的贡献，为与语言政策与规划相关的语言生态、语言意识形态和语言认同方面的思考提供了新的概念，使理论和方法洞察力得以发挥作用。为了反映这些发展，本书涵盖了在语言政策与规划研究的几十年轨迹上出现的广泛的方法论和具体的研究方法，从人口普查和语言态度调查方法到法律、经济、历史—结构、意识形态和政治分析，再到课堂民族志、语料库语言学、媒体分析和互文性分析。如果一个领域的学术关切和方法是如此多样化，那么研究人员该选择哪种方法论？又该选择使用哪一种方法呢？

2.3 方法论关键点

在费什曼（Fishman 1971：219）最先提出的社会语言学分析的框架下思考这一问题十分有效，是一种启发式研究范式，在此意为：在语言政策与规划中，何人在何地，如何、为何研究何人、何事？

在接下来的内容中，我将介绍一些与这一启发式研究范式相关的丰富的方法论观点，我认为这些观点可以指导语言政策与规划研究人员不断地选择和重新审视研究方法。

在语言政策与规划中谁来研究谁？

在最基本的层面上，语言政策与规划的研究人员将注意力集中在语言使用者上，包括个人和群体，教师和学生，社区成员和政策制定者等。毕竟，正如库珀曾经明智地观察到的那样，语言政策与规划的核心是"有意识地影响他人在语言代码的习得、结构或功能分配方面的行为"（Cooper 1989：45）。参与者是语言政策与规划的核心，在研究者与参与者之间的合作和代表性方面，有着丰富的方法论。

从本质上讲，语言政策与规划研究人员在这里需要考虑的是在"研究"参与者的同时，也要充分尊重他们，将其视为自己的同伴。教育民族志学者佩奇写道，越来越多的人认可"研究人员 [可以] 充分、准确地记录和解释另一个人的生活世界"这一定性观点的局限性（Page 2000：5），这既是一个政治挑战也是一个美学挑战，既与谁的立场该被提出有关，也与知识如何在文本中表现有关。

卡梅隆等人（Cameron et al. 1992）提出了"为研究对象而研究、与研究对象一起研究、通过研究对象进行研究"的口号，在研究者与参与者进行合作并表征他们的生活和语言使用时，这一口号充分捕捉了两者间的紧张关系。在讨论了权力问题和实证主义、相对主义和现实主义的研究范式之后，作者介绍了一个方法连续统，即从基于伦理的方法（针对研究对象做研究）到基于宣教的方法（针对研究对象做研究，为了研究对象而研究），再到赋权为导向的方法（针对研究对象做研究，为了研究对象而研究，与研究对象一道研究）。基于伦理的方法试图平衡学科知识追求需要和研究对象自身利益之间的关系。在这种方法中，研究对象在设定议程方面不起真正的作用。基于宣教的方法，尽管它对参与者作出了承诺，但仍然倾向于一种实证主义的观念，认为存在一种客观真实的解释。最后是以赋权为导向的方法，它使用交互式对话的方法，试图考虑研究对象的议题，让他们参与反馈和分享知识，在报告研究结果时考虑代表性和可控因素，并认真对待研究对决策的意义。

要在语言政策与规划研究中更多地关注协作和代表性问题，可以采取多种形式，如与多位成员组成的研究团队（包括被研究社区成员在内）进行合作；处理好研究人员与研究对象之间的关系，包括从顾问角色到充分参与角色时采用的方法和体现的关系。这可能涉及数据收集和分析，也可能涉及撰写和报告调查结果。毫无疑问，我们应该批判性地反思所有这些问题，反思我们与研究对象关系之间的伦理问题（卡纳加拉贾，见本书），以及我们作为研究者的定位（练美儿，见本书）。

语言政策与规划研究人员研究什么？

语言政策与规划研究人员关注的是特定语境下与语言地位、本体或习得相关政策的创建、解释和使用。我们试图理解、阐明和影响政策形成的文本、话语和实践。我们不仅关注显性和明确的政策，也关注隐性或隐秘的政策，即"隐意图"（Schiffman 1996；Shohamy 2006）；不仅关注国家或机构层面的政策，也关注地方课堂、家庭或社区政策（King and Mackey 2007；McCarty 2011；Ricento and Hornberger 1996）；不仅关注自上而下的规定，也关注自下而上的过程和互动（Canagarajah 2005；Hornberger 1996）；不仅关注自上而下的话语，还关注自下而上的交际实践、语库，甚至是"语言片段"（Blommaert 2010）。也许随着时间的推移，我们或许会越来越热衷于揭示特定语境下语言政策中模糊的声音、隐蔽的动机、嵌入的意识形态、看不见的实例或意想不到的后果等（Hornberger and

Johnson 2011）。我们往往需要对政策进行充分"语境化"，并拥有对隐藏的声音、意识形态和政策的后果进行解释的"权威"，方法论关键点很可能围绕着上述两点产生（Hornberger 2013）。

"语境化"意味着重视"语境很重要"这一常识。语言政策与规划的研究人员经常关注语言政策在教育中的"作用"——专注于语言教学和学习的政策和规划，或语言在学习和教学中的规划。例如，我们可以调查小学、中学或大学课堂上关于语言学习和教学实践的政策；关于课堂互动中的语言习得和使用的政策；或者有关语言学习者知道什么和能做什么的评估方法。在任何情况下，无论背景是什么，语境对于分析、解释和概括研究结果都是至关重要的。

权威是指研究人员对数据进行解释的权力，即在报告研究结果时，研究者具有声称自己"正确"的权利。研究人员在什么基础上有代表研究对象发言的权力？这个问题是"研究人员、研究过程和研究成果之间的复杂的辩证关系"（May 1997：200）的一部分，它不仅涉及研究者对研究的构想和数据收集，也涉及调查资料提供者的构想，而且还与个人的意识形态偏见以及塑造研究背景的社会历史结构有关。

越来越多的语言政策与规划民族志学者采取了一种社会建构主义的观点，即"人类现实在日常生活的特定社会和历史活动中被广泛复制和重新创造"（Rampton 2000：10）。这对我们如何研究语境以及如何在语境中解释政策产生了影响。多语课堂和社区一直是研究地方如何实施和解释语言教育政策的良好场所；许多研究记录了语言使用和社会关系的模式，这些模式有时用来维持社会权力关系的现状，有时又用来挑战它们（例如，Blackledge and Creese 2010；Heller and Martin-Jones 2001；Hornberger 2003；Jaffe 1999）。

语境化和权威性的问题可能出现在语言政策与规划研究人员的研究实践及其呈现环节，这些实践超出了他们自己的研究问题以及语言政策或教育改革的明确意图。研究人员的类别可能需要重新定义，因为他们在课堂上的研究经验使概念之间呈现出显著的差异，这可能是基于他们之前的经验或政策定义，以及他们在语境中描述的教师实践。对语境化以及当地行动者和观点权威性的深入关注，使语言政策与规划民族志学者能够记录地方因素对学校里不同语言历来不平等的现实带来的挑战，否则，政策现实将会继续被隐藏（Canagarajah 2005；Hornberger 1996，2013）。

语言政策与规划研究人员在哪里开展研究？

各级工作和教学场所都是语言政策与规划研究的场景，包括国家、地区、部委和行政办公室、职业发展场所、正规和非正规教育机构，以及更普遍的机构、家庭和社区环境等。人们越来越明确地关注多语言、多文化以及多语言的工作场所。在这些环境中，语言学习、教学和使用时刻发生着。这里成为方法论关键点与场所或案例的典型性和异质性有关。

尽管人们往往试图从他们的研究中得出"典型性"，但他们的目标也不仅如此。研究人员也可能会刻意寻找非典型、独特、有弹性或极端的案例或实例，因为他们可能会由此获得深刻的洞察。在这里，方法论关键点在于研究人员对情境的选择和对其典型性和非典型性的解读。对于语言政策案例研究或民族志来说，一个案例可能在特定的因素下是非典型的，但也可认为是"典型的"。这是因为语言、社会语言、社会历史和社会文化身份以及从属关系存在复杂的张力、模糊性和悖论。这些身份和关联对政策的采纳与否产生影响。

语言政策的创建、解释和实施场所的异质性是另一个方法论关键点所在。对于语言政策与规划民族志学者来说，这里的症结在于言语社区作为语言政策、语言使用和语言学习的民族志研究的情境，其性质不断变化，或者更准确地说，对其理解不断加深。长期以来，我们一直强调对交际资源的整体理解，以应对日益加剧的资本、商品、人员、形象和话语的全球化流动。对言语社区的民族志分析已经朝着一种新的认知迈进，即"移动语言资源的社会语言学"。语言资源被认为是跨层级移动的，随着功能、结构和意义发生变化，并通过不同的指示顺序，在多中心系统中分层呈现 (Blommaert 2010：22)。自 20 世纪 90 年代以来，人们已经从只关注言语社区转变为同时关注实践社区 (communities of practice) 和交际实践，产生了"关于强加、勾结共谋和斗争的精细而复杂的描述"(Rampton 2000：12)，其中随机性和无序性比系统性和连贯性更重要，反常的社会差异被视为中心而非边缘 (Rampton 2000：9，18)。

方法论关键点围绕着语言政策研究场景的异质性、流动性、多语言性展开，也围绕着语言（教育）政策民族志的不同场所产生，这些场所适合进行阐述性研究。得益于这些场所中民族志研究的贡献，人们越来越认识到，语言规划与政策制定既发生在微观层面，如工作场所或课堂，也发生在宏观层面，如政府 (Martin-Jones，本书；Hult 2010；Ricento and

Hornberger 1996）。人们也更多地认识到语言政策和实践间的矛盾，特别是在后殖民背景下，去殖民化和全球化这两个矛盾同时存在（Lin and Martin 2005）。

方法论关键点因研究地点的异质性、流动性、多样性、层次性、指示性和多中心性而产生。与此同时，语言政策民族志也朝着更加本土化的方向发展，关注语言忠诚度和社会语言认同之间的张力、模糊和悖论，以便自下而上地理解（和构建）政策（Canagarajah 2005；另见 Hornberger 1996）。特别是生态方法，是实现上述目标的一种方式（Canagarajah 2005；Hornberger 2003）。语言政策与规划民族志的这种发展趋势，直接回应了研究人员在自我视角和研究模式与他们所描述的世界之间遇到的显著差异，对更广泛的语言政策与规划研究也是如此。

语言政策与规划研究人员如何收集、分析和解释数据？

对于语言政策与规划研究人员，收集的数据形式包括调查问卷回复、人口普查和人口统计数据、语言数据库、访谈记录、政策文件、田野笔记、录音和录像、照片等。

在许多情况下，我们的主要数据是口语或书面语的片段，它们构成文本、话语和语言政策实践。这些数据主要通过观察、记录、诱导和文件收集获得；通常以某种方式分析其形式、功能和意义；并在各种概念框架内（从高度明确到较为松散的框架）进行解释。

无论采用何种数据收集和分析方法或概念框架，方法论关键点经常围绕着数据作为推理基础的充分性，以及理论和数据之间的推断关系而展开，这些都是研究中的关键性问题。研究者需要多少数据才能得出可信的推论？如何从理论推导出数据，又如何从数据回溯到理论？推理的基础和过程是语言政策与规划研究中一个经久不衰的方法论关键点。

对于语言政策与规划民族志研究来说，在寻找模式和理解时无疑是解释性和归纳性的，对上述问题的一系列答案在于民族志的主位视角和整体方法。这种方法之所以是主位视角的，是因为民族志学者试图推断当地人的观点：描述他们的存在、认知和行动方式，以及他们所处的情景和事件，并试图以当地成员的身份去理解、去参与。它是整体性的，因为民族志学者试图创造一幅整体的画面，其中任何事物都可以被解释，所有组成部分间的相互联系都可以被揭示。民族志的关键是民族志学者在理论和数据之间进行调解，发挥主观参与作用；而实现整体和主位视角的关键是推理、解释和归纳的过程。

在一篇关于民族志研究概念范畴发展的文章中，塞普和吉索强调了解释过程的矛盾本质，即"理论框架对于构建一项研究和解释数据是必不可少的，但我们读到的观点越多，过度确定概念范畴和我们看待数据方式的危险就越大"（Sipe and Ghiso 2004：473）。"归纳和演绎在不断对话中"——塞普和吉索揭开了这一过程的神秘面纱（Erickson 1986：121）。他们提供了一个详细的例子：塞普在其课堂数据发展类别方面取得了突破，这一灵感正是来自他当时阅读的巴赫金的作品。埃里克森（Erickson）在对他们文章的评论中强调了这一点。他指出，如果塞普阅读的是其他人，如菲什、福柯或哈贝马斯，那么分析可能会朝着不同的方向进行（Erickson 2004：489）。

促使塞普首先寻找另一个类别的部分原因是，数据与他之前使用的分类不符——他不愿意简单地将其归类为"跑题"的异常数据（Sipe and Ghiso 2004：480）。这是一个充分性的问题，与其说是关于数据的数量，不如说是关于数据类型，因为它们对塞普的推理构成了挑战。埃里克森也对此发表了评论，他指出定量首先考虑的总是"多少？"；而定性考虑的是"什么样的？"（Erickson 2004：487）。在处理异常数据时，塞普实现了解释性的突破，因为他意识到，这些异常的数据实际上是巴赫金式（Bakhtinian）的"狂欢化"的例证。埃里克森强调了这一点，指出塞普的例子表明，民族志数据本身或解释性主题和模式并非简单地浮现出来，而是必须由研究人员去发现的（Erickson 2004：486）。这个例子还说明，研究人员围绕数据的充分性以及面对理论与数据之间的推理关系的方法论难题时，需要应对挑战。

埃里克森称赞这种简明阐释的方法，并考虑采用"对定性数据详尽分析"的替代方法，从而进一步推动了这一过程。他将塞普的自下而上的方法与自上而下的方法进行了对比，这种方法将"从整体到部分进行分析，然后再向下反复分析，在对比的层次上，依次识别下一个层次及其构成要素，而不是首先试图去识别部分，然后从那里开始进行分析"（Erickson 2004：491）。他本人更喜欢自上而下的方法，部分原因是他认为这是社会行为者应该做的，部分是因为它会"在分析鸿沟的两边一直向下分析"（Erickson 2004：491）。无论是自下而上还是自上而下，追求的都是整体论。

归根结底，民族志学者叙述的整体性和主位性奠定了解释的基础，并使其具有普适性。这就把我们带到了开篇提出的启发式问题的最后一部分。

为什么要进行语言政策与规划研究？

　　语言政策与规划研究的最基本目标是理解、影响和改变语言使用、学习和教学的政策与实践。在所有研究中，普适性是一个重要的考虑因素，某些研究传统通过使用大样本量、随机或代表性抽样或严格的统计控制来实现这一点。相反，语言政策与规划民族志学者倾向于在可转移性和特殊性方面努力解决普适性问题。可转移性将这个责任让渡给读者，让他们确定研究结果是否适用于另一种语境（Duff 2006：75）；尽管不同语境之间的差异性是理所当然的，但如果民族志学者对一种地方语境提供了足够丰富和详细的描述和分析，熟悉另一种地方语境的读者应该可以理清哪些研究结果可以转移，哪些不可以转移。从这个意义上说，描述和解释的特殊性越强，读者就越有可能确定这些特定的发现是否适用于另一种语境。研究的目标不是泛化或预测，而是寻找特殊性，这就是格尔茨（Geertz 1973）的著名观点——"深描"（thick description）。然而，方法论关键点在于人们希望或需要多少以及什么样的特殊性和可转移性。

　　例如，一位语言政策民族志学者在研究马普切知识如何融入当地学校时解释道 [1]，教师可能无意识地将马普切知识系统化于非马普切文化中，甚至违背马普切文化习俗的特殊性，并不是说这种情况在所有马普切学校都会发生，而是这种情况有可能会发生，教育工作者应该保持警惕，我们的政策和实践实际上像我们希望的那样改变了课程（Sepúlveda 2006）。另一位阿根廷人民党民族志学者研究了阿根廷北部的一所学校和社区，考察当地人如何以及在多大程度上构建了土著身份，在那里即使土著语言已经不再使用，但土著的痕迹、根基、传统和实践可以绵延数代。他指出，这一案例的具体情况可能不会出现在其他地方，但他们使用的资源和策略会出现（Machaca 2006）。这些民族志研究中的可转移性和普适性，也许并不在于其案例的代表性或随机性，而在于它们提供了具体的、"深描"的叙述。这些叙述基于更广泛的研究文献，并有助于关注学校实践中的土著语言及身份边缘化和语言复兴进程。

---

[1] 马普切（Mapuche）是智利和阿根廷最大的印第安人部落，使用马普切语，人口100多万，拥有自己独特的语言、历史和社会结构。

2.4 结论

我们考察了方法论关键点得以出现的多种因素，包括与研究参与者相关的协作和代表性、与研究主题相关的情境化和权威性、与研究背景相关的典型性和异质性、与分析相关的充分性和推导性，以及与研究意义相关的可转移性和特殊性等。支撑以上这些方法论观点的是一些关键性议题，它们超越了分析和解释研究结果，更关注如何改变它们所描述的现实。在语言政策与规划研究中，人们越来越明确地关注权力和不平等，以及研究和研究人员在其中的作用。随着语言研究越来越多地将交际实践视为更大的社会不平等系统中的一部分，人们自然会问，作为语言政策与规划研究人员，我们可以做些什么来改变这些实践和不平等。

当我们在语言政策与规划的多样化研究中设定以上任务时，在我看来，还有两个方法论关键点对初学者以及该领域的专业研究者来说都是非常基本的，那便是谦逊和尊重。面对丰富多样的语言使用、学习、教学实践和情境，我们需要观察并试图理解、尊重语言使用者、教师、学习者和政策制定者，无论是个人还是社区，他们日复一日地不懈地、有洞察力地发挥他们的语言（和教学）知识和技能。如果我们在这个不断发展的全球社会中选择并不断重新审视我们的研究主题、背景、分析和影响时，始终保持自我的谦逊和对他人的尊重，那么我们的语言政策与规划研究会因此而更加强大。

尾注

1. 费什曼提出的描写语言社会学的最初问题是："谁为了什么目的并以何种语言（或语言变体）在何时对何人说了（或写了）什么？"（Fishman 1971：219）。

参考文献

Blackledge, A., and Creese, A. 2010. *Multilingualism: A Critical Perspective*. London: Continuum.

Blommaert, J. 2010. *The Sociolinguistics of Globalization*. New York: Cambridge University Press.

Cameron, D., Frazer, E., Harvey, P., Rampton, M.B.H., and Richardson, K. 1992. *Researching Language: Issues of Power and Method*. London: Routledge.

Canagarajah, A.S., ed. 2005. *Reclaiming the Local in Language Policy and Practice*. Mahwah, NJ: Lawrence Erlbaum.

Cooper, R.L. 1989. *Language Planning and Social Change*. Cambridge: Cambridge University Press.

Duff, P. 2006. Beyond generalizability: Contextualization, complexity, and credibility in applied linguistics research. In M. Chalhoub-Deville, C.A. Chapelle, and P. Duff, eds., *Inference and Generalizability in Applied Linguistics: Multiple Perspectives*, 65–95. Philadelphia: John Benjamins.

Erickson, F. 1986. Qualitative methods in research on teaching. In M.C. Wittrock, ed., *Handbook of Research on Teaching*, 119–161. New York: Macmillan.

Erickson, F. 2004. Demystifying data construction and analysis. *Anthropology and Education Quarterly* 35(4): 486–493.

Fishman, J.A. 1971. The sociology of language: An interdisciplinary social science approach to language in society. In J. Fishman, ed., *Advances in the Sociology of Language*, 217–258. The Hague: Mouton.

Fishman, J.A., Ferguson, C.A., and Gupta, J.D. eds. 1968. *Language Problems of Developing Nations*. New York: Wiley & Sons.

Geertz, C. 1973. *The Interpretation of Cultures: Selected Essays*. New York: Basic Books.

Heller, M., and Martin-Jones, M., eds. 2001. *Voices of Authority: Education and Linguistic Difference*. Norwood, NJ: Ablex.

Hornberger, N.H., ed. 1996. *Indigenous Literacies in the Americas: Language Planning from the Bottom Up*. Berlin: Mouton.

Hornberger, N.H., ed. 2003. *Continua of Biliteracy: An Ecological Framework for Educational Policy, Research and Practice in Multilingual Settings*. Clevedon, UK: Multilingual Matters.

Hornberger, N.H., 2013. Negotiating methodological rich points in the ethnography of language policy. *International Journal of the Sociology of Language* 219: 101–122.

Hornberger, N.H., and Johnson, D.H. 2011. The ethnography of language policy. In Teresa L. McCarty, ed., *Ethnography and Language Policy*, 273–289. New York: Routledge.

Hult, F.M. 2010. Analysis of language policy discourses across the scales of space and time. *International Journal of the Sociology of Language* 202: 7–24.

Jaffe, A. 1999. *Ideologies in Action: Language Politics on Corsica*. Berlin: Mouton.

King, K., and Mackey, A. 2007. *The Bilingual Edge: Why, When, and How to Teach Your Child a Second Language*. New York: Harper Perennial.

Lin, A.M.Y., and Martin, P.W. eds. 2005. *Decolonisation, Globalisation: Language-in-Education Policy and Practice*. Clevedon, UK: Multilingual Matters.

Machaca, R. 2006. *La escuela en la celebración del encuentro con el "nosotros indígena": Hacia la reconstrucción intercultural de la identidad entre los kollas de la Quebrada de Humahuaca, Jujuy (Argentina)*. [The school in celebration of the encounter with the "Indigenous we": Toward the intercultural reconstruction of identity among the Kollas of Humahuaca, Jujuy (Argentina).] MA thesis, University of San Simón, Cochabamba, Bolivia.

May, S.A. 1997. Critical ethnography. In N.H. Hornberger and D. Corson, eds., *Research Methods in Language and Education*, 197–206. Dordrecht: Kluwer Academic.

McCarty, T.L., ed. 2011. *Ethnography and Language Policy*. New York: Routledge.

Page, R. 2000. The turn inward in qualitative research. In B.M. Brizuela, J. Pearson Stewart,

R.G. Carrillo, and J. Garvey Berger, eds., *Acts of Inquiry in Qualitative Research*, 3–16. Cambridge, MA: Harvard Educational Review.

Rampton, B. 2000. Speech community. In J. Verschueren, J.-O. Östman, J. Blommaert, and C. Bulcaen, *Handbook of Pragmatics 1998*, 1–34. Amsterdam: John Benjamins.

Ricento, T. 2000. Historical and theoretical perspectives in language policy and planning. *Journal of Sociolinguistics* 4(2): 196–213.

Ricento, T.K., and Hornberger, N.H., 1996. Unpeeling the onion: Language planning and policy and the ELT professional. *TESOL Quarterly* 30(3): 401–428.

Schiffman, H.F. 1996. *Linguistic Culture and Language Policy*. New York: Routledge.

Sepúlveda, P. 2006. *La transmisión de conocimientos medicinales herbolarios mapuche en la escuela*. [The transmission of Mapuche herbal medicinal knowledge in school.] MA thesis, University of San Simón, Cochabamba, Bolivia.

Shohamy, E. 2006. *Language Policy: Hidden Agendas and New Approaches*. London: Routledge.

Sipe, L.R., and Ghiso, M.P. 2004. Developing conceptual categories in classroom descriptive research: Some problems and possibilities. *Anthropology and Education Quarterly* 35(4): 472–485.

Tollefson, J.W. 1991. *Planning Language, Planning Inequality: Language Policy in the Community*. London: Longman.

拓展阅读

Blackledge, A., and Creese, A., eds. 2014. *Heteroglossia as Practice and Pedagogy*. New York: Springer.

Conteh, J., and Meier, G., eds. 2014. *The Multilingual Turn in Languages Education: Opportunities and Challenges*. Bristol, UK: Multilingual Matters.

Hornberger, N.H., ed. 2008. *Can Schools Save Indigenous Languages? Policy and Practice on Four Continents*. Basingstoke, UK: Palgrave Macmillan.

Johnson, D.C., ed. 2013. Ethnography of language policy: Theory, method and practice. *International Journal of the Sociology of Language* 219. (Special issue.)

Spolsky, B., Inbar-Lourie, O., and Tannenbaum, M., eds. 2015. *Challenges for Language Education and Policy: Making Space for People*. New York: Taylor & Francis/ Routledge.

第3章　研究者定位

练美儿

3.1　引言

语言政策与规划作为 20 世纪 50 至 60 年代兴起的一个研究领域，在很大程度上是"以问题为导向"的，旨在对新成立国家的需求作出回应，其中许多国家刚刚从前殖民势力中获得独立（Spolsky 2008：137）。早期语言政策与规划研究的取向是技术性的，研究者把他们的任务看成进行规划、标准化、调节、控制或管理语言多样性，以建构民族凝聚力（例如，规划推广标准化的国家语言）和促进现代经济发展（例如，培养具备经济发展所需的语言能力的劳动力）。语言政策与规划研究者认为他们的工作包括地位规划、本体规划（Kloss 1969）和习得规划/语言教育规划（Cooper 1989）。语言政策与规划的历史结构方法（Tollefson 1991）对这些早期技术取向进行了批评，试图揭示语言政策背后的意识形态。语言政策与规划的当前发展进一步集中于政策实施空间中当地社会行动者的能动性（Hornberger and Johnson 2007；Hult 2010；Johnson 2010）。每一种理论发展都带有不同的方法论和认识论立场。

随着新的研究人员进入语言政策与规划领域，学生们通常会面临不同的方法和认识论立场，因而需要一个路线图来理解这种差异。在这一章中，我将首先从三种构成知识的旨趣出发，讨论研究者的定位问题。我将以中国香港地区的语言政策与规划研究为例加以说明。然后，我将针对研究人员在进行学术研究计划时如何思考研究者定位的若干问题，给出一些建议。

3.2　知识构成性旨趣

在探讨研究者定位这一问题之前，我想请读者先问自己以下几个重要的问题：

- 你为什么做研究？什么样的动机驱使着你？
- 你会生产出什么样的知识？

- 你的研究（或你将生产的知识）可能会产生什么影响？对谁产生影响？
- 是否存在无价值或无利益取向的研究？为什么？

　　如何回答上述问题在很大程度上反映了一个人对研究的（隐含）旨趣。批判理论家哈贝马斯（Habermas 1979，1987）区分了推动研究和生成知识的三大人类兴趣。他称这些为"构成知识的旨趣"，因为它们提供了类别和标准（或本体论和认识论假设）来回答诸如以下问题：什么算作知识？如何证明知识是正确的？相对于被调查者，研究者是如何定位的？受过本学科方法论传统训练的研究人员，在没有经过批判性反思过程或没有接触到替代性范式和假设的情况下，可能意识不到其学科方法论的前提条件。

　　对某个研究传统背后的本体论和认识论假设进行反思性理解，有助于揭示该研究与其他研究传统之间的关系，以及为什么研究者在研究项目中选择这样的立场。要达到这样的自我理解，我们可以借鉴哈贝马斯（Habermas 1979，1987）在对知识与人类旨趣的关系进行的批判性反思。

　　哈贝马斯提出，有三种不同的人类旨趣构成了研究过程的基础，并塑造了由三种不同的研究传统或范式所产生的知识类型（表3.1）。他用三组不同的词来描述这三种"知识构成性人类旨趣"，即技术（工作）、实践（交际）和批评（解放）。他认为这三种不同的（隐含的）旨趣与人类社会存在的三个不同的基本方面——工作、语言和权力——密切相关。下面将对这些内容进行说明。

表 3.1　人类旨趣、知识和研究范式

旨趣类型	知识类型	研究范式
技术（工作）	工具性/描述性 （因果规律）	实证主义范式 例如，自然科学、实验心理学、认知科学解释
实践（交际）	实践性/描述性 （社会文化理解）	阐释范式 例如，交际民族志、互动社会语言学、民族方法论、会话分析、批评话语分析
批评（解放）	解放的/反身的/变革的 （自知、转变的意识/实践、思想批判）	批判范式 例如，批判民族志、批评社会语言学、文艺批评、批评教育学

* 基于哈贝马斯 1979 年和 1987 年的总结。改编自麦克艾萨克（MacIsaac 1996）。

技术（工作）旨趣

这种根深蒂固的兴趣与人类需要找到最有效的工具来解决日常生活中出现的问题有关。从严格控制的实验中，可以推断出能够预测和控制物理环境的规律，以便使人能够生存并建立安全、物质舒适的生活。这种技术旨趣在实证分析科学中形成了探究和知识生产的模式，其目标是产生可概括的普遍性规律。

实践（交流）旨趣

实践旨趣源于人类社会存在的一个基本方面：人类使用语言进行交流和创造意义，既针对自我也针对他人。人类通过语言符号创造意义和传达意义的独特能力标志着人类文化与自然的断裂。人类的孩童同时出生在一个物质世界和一个充满文化意义和社会规范的文化世界中，孩童被社会化到世界中。理解这些社会历史意义、规范、价值观、信仰、倾向或生存方式的关键，在于理解人类的实践旨趣，即如何通过诸如语言提供的符号（即意义创造）资源来创造意义和实现主体间性（即理解彼此的意义）。因此，人类的实践旨趣推动了对社会互动或交流行为的探究，以便了解（不同社会文化群体的）人们是如何做他们正在做的事情，以及为什么这么做（但是从人类的意义、动因，而不是物理因果关系的角度回答"为什么"）。学术研究的历史解释学传统（例如，解释性文化学、交际民族志、互动社会语言学、会话分析和话语分析）与这一实践旨趣有关。

批评（解放）旨趣

在明确不同的知识构成性旨趣时，研究者可以进行一种批判性的方法论反思，旨在使人们意识到其学科研究范式下隐含的各种意识形态假设和权力关系。这种反思体现了第三种构成知识的旨趣，即克服教条主义、强迫和支配的批评性或解放性兴趣。因此，批评性的旨趣强调自我认识或自我反省，涉及个人的经历如何塑造其世界观、价值观和信仰，这些通常被视为"常识"。通过批判性自我反思获得的洞察是解放性的，因为研究人员可以意识到他们目前的价值观、被视为理所当然的世界观或存在方式的来源，这些都（在其默许下）将他们置于既定的社会或制度等级体系中。

3.3 学科探究与研究者定位

这三种知识构成性旨趣对应着三种不同的研究范式：实证主义研究范式、阐释性研究范式和批判性研究范式。研究范式是由一群研究人员共享的一套信念、理论、经验方法论和交流实践，为该范式内的研究提供标准和规范。下面我将讨论每一种范式，以及它如何定位研究者与被研究者之间的关系。

实证主义研究范式

技术旨趣是实证主义（或物理主义）研究范式的基础，该范式认为社会现象与物理现象没有什么不同，即可以分析成客观化的构成实体（称为"变量"），它们以类似定律的方法相互作用。研究的目的是通过实验方法（通过匹配的实验组和对照组）或通过统计分析归纳（如相关分析、回归分析、路径分析）来发现和识别变量之间类似定律的因果关系。这些规律一旦被发现，就可以用来预测未来的社会事件，而不受社会文化或历史背景的影响。因此，技术旨趣旨在通过自然科学研究增加人类对自然的控制，以及通过社会科学研究增加人类对社会的控制。实证主义范式断言，唯一有效的知识是那些允许通过实验方法（或通过推论统计分析）对经验数据进行实证验证的知识。实证主义研究范式将研究者定位为研究对象之外的知识主体。

阐释性研究范式

实践性旨趣是阐释性研究范式（也称为符号学或解释学范式）的基础，它在一定程度上是从实证主义范式无法回答的问题发展而来的。在人类涉及理解的实践中，可以考虑的因素种类繁多，并且存在一种对语境的依赖，无法纳入一般性规则中。实证主义方法侧重于建立不同变量之间的因果关系，而阐释性方法侧重于理解社会行为者和社会行动的目的和意义。社会互动/社会实践是由积极参与意义解释和协商的社会行为者共同构建的，并利用他们（部分）共享的文化和语言（或符号）资源。这些象征性的交际资源包括社会文化规范、期望和意义，它们与不同符号资源（如语域、风格、语言变体或其他意义系统，如手势和视觉）的使用相关。阐释方法背后的实际旨趣在于产生知识，来丰富我们对人们如何做他们正在做的事情以及为什么这么做等问题的理解，即参与者为其行动赋予意义。研究者的目的是利用研究者和被研究者共享的一套社会文化解释资源（即成员分析），通过阐释性分析，揭示并描述意义，以及达成相互理解的方法。研究人员通常将自己定位为与研究对象相关的参与观察者。尽管研究者不像实证主义范式那样将研究对象客观化为一个实体，但研究对象仍然经常被定位为进行描述和分析的对象，无法与研究者进行对话。随着阐释方法和批评方法之间的界限日益模糊，上述研究者与研究对象之间的关系亦成为一个连续体。

批判性研究范式

实证主义范式和阐释性范式有一个共同的特点，即旨在发展对社会世界的描述性理论，而批判性研究范式要求研究人员解决"你的研究成果将如何影响被研究的人？"以及"你的研究成果将被用于哪些方面？"这两个重要问题。研究的目的不仅仅是描述世界，也是改变世界（Popkewitz 1984）。从批评的角度来看，研究人员需要思考"在一个不公正的世界里做实证研究意味着什么"（Lather 1986：256）。教育机构、实践和政策生产或再生产了某些群体在社会中的支配地位，而批判性（或解放性）的旨趣揭开了它们的神秘面纱，通过研究赋予社会弱势群体以权力（Soltis 1984）。在批判性研究范式中，研究者和被研究者都是认知主体，并在平等的基础上进行对话。在研究者也是被调查者的情况下（例如，当进行批判性自我反思时），研究者开始与自己对话。

3.4 香港的案例

在这一部分，我将概述香港的背景，并以在那里进行的三项研究为例，说明上述三种不同的方法论取向和研究者定位。

20 世纪 80 年代初，香港开始扩大高等教育体系，从原来的两所精英大学扩大到八所公立大学。鉴于香港大多数大学长期以英语作为教学语言，英语素养成为社会经济进步的关键，形成了一个象征性的市场（Lin and Man 2011）。这些力量极大地影响了香港语言教育政策和实践的社会经济环境。1997 年 7 月 1 日，香港成为特别行政区。英语在香港的地位仍然重要，而且公众经常就"英语水平下降"进行讨论。

语码混用和转换是"语言水平下降"的主要原因。因此，在 1998 年 9 月，香港推行了关于中学教学媒介语（MOI）的"强制性"指导方针，将所有公立中学分为英文授课中学（114 所）和中文授课中学（300 多所）。未被列为英语授课的中学，须从 1998 年 9 月起，由一年级开始，将教学语言由英文改为"中文"（书面教学语言为标准现代汉语，口语教学语言为粤语）。学校可自行决定高中课程的教学语言（即初中三年级以后的教学语言）。

研究 1：教学语言分流政策对英文教学（EMI）和中文教学（CMI）学生学业成绩和心理社会指标的影响

该研究以 100 所中学的两组学生为样本，定期对学生的自我形象和语言态度进行学业测试和问卷调查，以了解 1998 年教学语言分流政策对英文教学和中文教学学校学生的不同学业成绩和心理社会指标产生的影响。

这项研究的统计结果分别说明了英文教学和中文教学的利弊：中文教学的学生在科学和社会研究方面取得了更好的成绩，而英文教学的学生在英语方面取得了更好的成绩。然而，如果用双语考试来评估英文教学的学生，他们在科学和社会研究方面落后于中文教学学生的情况就会减少。调查结果总体上支持 1998 年教学语言分流政策的理由：母语教育比英语教育产生更好的内容学习效果。然而，内容学习的好处并不能抵消负面标签和自我实现期望对中文教学学生自我形象的影响，因为研究还发现，中文教学学生对学习英文的态度非常消极（例如，表现出恐惧，缺乏兴趣和信心），并伴有负面的自我形象（例如，表示如果有机会，想转到英文教学学校）。

该研究采用实证主义的研究范式，研究人员采用外部局外人的视角，考察了教学语言对学生学业成绩、自我报告态度和自我形象的影响。研究通过推论统计分析得出比较结果，并以此为基础对英文教学和中文教学对学生不同学科成绩和自我形象的影响进行了分析。研究的重点在于测量教学语言这一自变量（即英文教学或中文教学）对两组主要因变量的影响大小：（1）学生在学术科目上的考试成绩；（2）学生对自我形象测量和英语学习态度的问卷项目的回答。这些结果是抽象的概率规律，旨在作为客观的科学发现。例如，以中文为教学语言的教育在学科成绩上优于英文为媒介的教育；以英文为教学媒介的教育在英文学习方面产生更好的结果；以中文为教学媒介的教育在学生中产生负面的自我形象。在这一范式中，没有考虑中文教学和英文教学这两个具体的变量中社会行为者的能动性和变化潜力，以及当地社会主体（例如学生、教师）在改变这些确定性规律方面的可能性。

研究 2：从中文教学转变为英文教学的一个班级民族志研究

第二个例子是李(Lee 2002) 在一所中文中学(她曾经在那里担任教师)进行的民族志研究。从 2001 年 9 月开始，中学四年级（10 年级）一些中文授课的课程开始转变为全英文沉浸式教学模式。通过对学生和授课老师的采访以及课堂观察，李得出结论，由于英文水平有限，许多学生在全英文沉浸式教学中都感到非常吃力。李阐述道：

> 学生的英语基础薄弱是一个残酷的事实。从对学科教师的访谈中发现，教师的期望与学生的期望（和能力）并不很匹配。老师期望中学四年级的学生都要有很高的积极性，应该主动学习。然而，由于学生的英语和学术能力有限，他们就是达不到老师设定的要求。这样的不匹配只会导致更多的挫折——教师和学生都感到沮丧。
>
> 新的学校政策可以有它自己的"标签效应"。全校师生都期望中四 D 班的学生是"精英中的精英"——这是学校的传统，学习成绩较好的人会选择理科班。为了实现这一期望，学生们正承受着巨大的压力——来自老师、其他学生和他们的家人。整个过程是一段痛苦的经历。
>
> 正如学生们自己所表达的那样，他们在上课时变得更加安静。这主要有两个原因。第一，他们在课堂上更加专心，因为课程内容是用英语讲授的。如果他们不集中精神，就会错过一些重要的东西。第二，学生没有勇气用英语发言或回答。他们害怕犯错，害怕被别人取笑……
>
> 课堂上更多的投入和专注并不一定意味着更多的参与。从访谈中，学生们自己可以指出这个问题。我必须承认，我们已经在教导一群缺乏自信的孩子。在新的学校政策下，不断累积的失败（测验和考试）以及来自周围人的压力……他们剩下的自尊似乎几乎被摧毁殆尽。(Lee 2002：67-68；引用自 Lin and Man 2009：98)

在该研究中，研究者在阐释性研究范式下工作，试图描述学校参与者（教师、学生）的行为，并从他们自己的视角（即人类学主位视角）出发描述这些行为被赋予的意义。据描述，学校的参与者被困在制度安排中——学校的政策是选择一个最好的班级，让他们沉浸在英文教学的氛围中。研究者带着同情，对教师的行为（例如，对本班学生寄予厚望）和学生的行为（例如，因为害怕犯错以及被其他人取笑而变得安静）进行描述。然而，学校参与者仍然是研究者描述性分析的对象，而不是认识自己的对象。研究产生的知识在很大程度上反映了研究人员的心声。

研究 3：前中文学校"国际部"的阐释性和批判性民族志研究

2010 年，香港推进了中学教学语言指导方针的微调政策，取消了英文中学和中文中学之间的边界，以回应社会压力。现在，所有中学都可以选择用英语授课，最多可占课程时间的 25% 或初中课程中的两个科目，许多曾经的中文学校正在成为英文学校。一些学校还启动了面向少数民族学生的英文教学"国际分部"。这为下文概述的第三项研究提供了背景。

在这个合作的批判民族志研究（Perez-Milans and Soto 2014）中，一位大学研究员（M 博士）和一位学校教师兼研究员（C 教师）进行了对话，C 教师当时正在香港一所中学的"国际部"与少数族群学生试行批判性教育学课程。在这项研究中，M 博士在 C 教师的课堂上进行了定期的课堂观察、课堂录音和课堂话语分析。例如，M 博士详细分析了学生扎里夫（Zareef）是如何在同学和老师之间模棱两可地定位自己的。扎里夫对词汇学习任务不感兴趣，但对 C 教师让学生参与活动时遇到的困难表示了担忧（有关详细的课堂成绩单分析，请参阅 Perez-Milans and Sotos 2014）。如果仅仅进行描述性的课程分析，那么它应该与阐释性研究范式下的研究工作无异，研究者是认识主体，被研究对象是分析／描述对象。然而，M 博士和 C 教师进行了一次对话（包括录音对话和书面电子邮件交流），双方都有机会对研究中发生的事情表达他们的批判性反思。这一对话基于研究中他们共同产生的知识（Perez-Milans and Sotos 2014）。在反思这项合作研究后，M 博士和 C 教师写道：

> 我们还将这一章概念化为对话和自我反思的话语过程，这使得我们能够就以下问题进一步对话：(1) 我们从这次研究合作中学到了什么；(2) 这种经历在多大程度上可以超越宏大的学术叙述，这类学术

至多只能会促进我们的职业发展并对他人生活产生一定影响。

（Perez-Milans and Sotos 2014：230）

在这项合作研究中，C 教师兼研究员不仅是被研究者，同时也是与 M 博士平等的合作伙伴。在反思这一研究过程时，C 教师写道：

> 理解另一个人的主体性总是具有挑战。随着环境的多语言和多文化特征加强，这种挑战可能会更大。在我的课堂上，学生们使用了多种语域、文化参照和语言技能，这些可能无法被教师、其他参与者或观察者所理解。因此，如果我们要与学生进行批判性的对话，创造和重塑现实，那么我们如何解读他们建构意义的实践，以便为我们的学习定位？作为一名教师，我如何识别出现的"变革性张力"？我如何将它们与无法促成批判性反思或改变的课堂行为区分开来？如果我们要"开放进入的体裁，特别是那些由主流团体控制的体裁"（Martin 1999：124），并让学生从不擅长学习的状态，转变为精通学业，那么回答以上这些问题是至关重要的。克服这种内在的斗争需要关注日常课堂和社交生活。M 博士和我都呼吁其他人更仔细地倾听……因此，我们不再是仅仅在之前的课堂互动中听到课堂干扰，而是在一个充满张力的空间里，将学生的行为重新定位为协商合作的一部分。

（Perez-Milans and Soto 2014：224–254）

这篇反思是 C 教师和 M 博士对话的一部分，从中我们看到了 M 博士和 C 教师是如何将彼此定位为合作研究中的认识对象和研究伙伴的。在这样产生的知识中，我们看到了多声音和多视角，以及这些是如何交织在异质话语（Bakhtin 1981）中的，即在不利于这些学生的语言政策下，当地校方人员如何创造一个赋予少数族群学生权力的空间。

3.5 成为反思性"中间人"的必要性

上文回顾了不同研究范式背后不同类型的旨趣，以及这些范式下不同的研究者定位，其中我似乎偏向于批判性范式。然而，批判性范式也有其局限性。例如，在影响公共语言和教育政策方面，实证研究通常比批判研究更为突出。但是，事实也并非尽然如此，在语言政策与规划分析和倡导工作中，需要采取多种立场，在不同情境下与各方进行对话。虽然社会生活的技术化令人担忧，但无论有多么困难，致力于方法多元化和异质化（尽管处于紧张和多重声音之中）是必要的。然而，稍有不慎便有可能忽略每个研究（和研究人员）固有的片面性及其定位，它们都不可避免地处于一定的社会历史和认识论背景下。然而，与其仅仅消极地批评个别研究及其立场，人们可以更有效地主张成为反思性"中间人"（Luke 2002），在不同的认识论立场之间穿梭，并明确承认任何单一立场/研究/视角必然是片面的或有限的。第一步，让我们来重温本章开始时提出的一些问题：

- 你为什么做研究？什么样的动机驱使着你？
- 你会生产出什么样的知识？
- 你的研究（或你将生产的知识）可能会产生什么影响？对谁产生影响？
- 是否存在无价值或无利益取向的研究？为什么？

以上只是一些可能需要提出的问题，事实上，并不存在通用的实践指南，因为每一个语言政策与规划研究的情境都会让研究人员面临复杂的特殊性。然而，我认为，如果语言政策与规划研究想要促进社会正义，并挑战研究情境中经常出现的不平等权力关系，那么除了致力于明确和反思研究者定位问题之外，采取批判性立场也是非常重要的。

参考文献

Bakhtin, M.M. 1981. *The Dialogic Imagination: Four Essays by M.M. Bakhtin.* Trans. C. Emerson and M. Holquist. Austin: University of Texas Press.

Cooper, R. L. 1989. *Language Planning and Social Change.* Cambridge: Cambridge University Press.

Habermas, J. 1979. *Communication and the Evolution of Society.* Boston: Beacon Press.

Habermas, J. 1987. *Knowledge and Human Interests.* Cambridge: Polity Press.

Hornberger, N.H., and Johnson, D.C. 2007. Slicing the onion metaphorically: Layers and spaces in multilingual language education policy and practice. *TESOL Quarterly* 41(3): 509–532.

Hult, F.M. 2010. Analysis of language policy discourses across the scales of space and time. *International Journal of the Sociology of Language* 202: 7–24.

Johnson, J.C. 2010. Implementational and ideological spaces in bilingual education language policy. *International Journal of Bilingual Education and Bilingualism* 13(1): 61–80.

Kloss, H. 1969. *Research Possibilities on Group Bilingualism: A Report.* Quebec: International Centre for Research on Bilingualism.

Lather, P. 1986. Research as praxis. *Harvard Educational Review* 56(3): 256–277.

Lee, V.N.K. 2002. The new medium of instruction policy and its impact on secondary four students. MA dissertation. Department of English and Communication, City University of Hong Kong.

Lin, A.M.Y., and Man, E.Y.F. 2009. *Bilingual Education: Southeast Asian Perspectives.* Hong Kong: Hong Kong University Press.

Lin, A.M.Y., and Man, E.Y.F. 2011. The context and development of language policy and knowledge production in universities in Hong Kong. In K. Davis, ed., *Critical Qualitative Research in Second Language Studies: Agency and Advocacy on the Pacific Rim*, 99–113. Greenwich, CN: Information Age Publishing.

Luke, A. 2002. Educational futures. Plenary speech delivered at the 13th World Congress of Applied Linguistics, December 16–21, 2002, Singapore.

MacIsaac, D. 1996. *The Critical Theory of Jurgen Habermas.* http://physicsed. buffalostate.edu/danowner/habcritthy.html (accessed December 11, 2014).

Martin, J.R. 1999. Mentoring semogenesis: "Genre-based" literacy pedagogy. In F. Christie, ed., *Pedagogy and the Shaping of Consciousness: Linguistic and Social Processes*, 123–155. London: Cassell.

Perez-Milans, M., and Soto, C. 2014. Everyday practices, everyday pedagogies: A dialogue on critical transformations in a multilingual Hong Kong school. In J.B. Clark and F. Dervin, eds., *Reflexivity in Language and Intercultural Education: Rethinking Multilingualism and Interculturality*, 213–233. New York: Routledge.

Popkewitz, T.S. 1984. *Paradigm and Ideology in Educational Research: The Social Functions of the Intellectual.* Brighton: Falmer Press.

Soltis, J.F. 1984. On the nature of educational research. *Educational Researcher* 12(10): 5–10.

Spolsky, B. 2008. Language policy: The first half-century. In P. van Sterkenburg, ed., *Unity and Diversity of Languages*, 137–154. Amsterdam: John Benjamins.

Tollefson, J.W. 1991. *Planning Language, Planning Inequality: Language Policy in the Community*. London: Longman.

拓展阅读

Habermas, J. 1987. *Knowledge and Human Interests*. Cambridge: Polity Press.

Lemke, J.L. 2005. *Textual Politics: Discourse and Social Dynamics*. London: Taylor & Francis.

Lin, A.M.Y. 2005. Developing critical, trans-disciplinary approaches to research on language in education. In A.M.Y. Lin and P. Martin, eds., *Decolonisation, Globalisation: Language-in-Education Policy and Practice*, 38–54. Clevedon, UK: Multilingual Matters.

第 4 章　语言政策研究中的伦理问题

苏雷什·卡纳加拉贾，菲奥娜·斯坦利

4.1 引言

如果语言政策与规划是关于"为影响人们在语言习得、语言结构或者语言的功能分配三方面的行为而有意付出的努力"（Cooper 1989：45），那么伦理方面的考量就变得非常重要。研究人员必须考虑影响他人行为的原因和方式的伦理问题。语言政策与规划必须处理好社区间紧张的关系，以及处理好众人对这个国家首选语言政策的观点碰撞。在与少数族群有关的政策中，调和这些紧张关系的伦理问题尤其重要。

但是，语言政策与规划中占主导地位的理性主义或实证主义（参见 Ricento and Hornberger 1996）认为政策应该基于对语言关系的需求、过程和结果的客观评估，这可能会妨碍人们处理语言政策研究中的伦理问题。对语言身份、语言态度和语言忠诚的研究并不总是理性、务实或客观的。他们带有深厚的意识形态色彩。因此，语言政策是很难预测或管理的。此外，社区的需求和态度可能会模糊不清，实施政策的过程可能繁杂，并且政策实施的结果是不可预测的。在政策与实践的关系中，模棱两可、紧张和矛盾的现象并不少见。语言政策研究人员在解决这些问题并提倡替代方法时，需要先解决好伦理问题。

随着语言政策和其他学术探究领域的批判性转折，伦理道德因素在研究和政策制定中都变得越来越重要（见 Canagarajah 1996；Tollefson 本书）。实证主义传统采取客观、中立和不夹带个人情感的立场，而批判传统则涉及权力不平等、价值差异和主体地位等问题，因为它们都影响了知识表征、研究人员和参与者。即使在语言政策研究者进行文本分析时，也必须谨慎解读原作者、利益相关者和相关社区的"缺席"声音。

4.2 背景知识

针对少数族群的一些早期研究清楚地表明，所有研究活动都必须对伦理道德保持敏感。从 1932 年到 1972 年，美国公共卫生服务局对阿拉巴马州塔斯基吉的 412 名非裔美国人进行了一项未经治疗的梅毒病情状况研究。今天,这项研究因其极不道德的性质而被人们铭记——被边缘化的少数族群参与者没有被告知他们患有该疾病,没有被告知该研究的真实性质,并且被阻止寻求治疗,即使在 20 世纪 40 年代末青霉素出现后也是如此。到研究结束时,社区中许多其他人也被感染,许多人在本可以被治愈的情况下死去。另一个例子则是不道德地使用权力。20 世纪 60 年代,耶鲁大学心理学家斯坦利·米尔格拉姆(Stanley Milgram)进行了一项实验,志愿者被安排扮演"老师"的角色。他们被告知,他们的任务是向自愿的"学习者"教授单词,"学习者"给出的错误答案将导致越来越猛烈的电击。"学习者"实际上是一名合作研究者,他被安置在相邻的房间里。这项研究的真正目的是了解对权威的服从。志愿者"老师"被要求对"学生"进行电击,在这个过程中,他们听到了呼喊、尖叫、敲打墙壁的声音,然后是沉默。事实上,这些反应是预先录制的,实际上并没有进行电击。尽管在听到"学习者"明显的反应时,许多志愿者对实验提出质疑,虽然大多数人表现出很强的紧张感和压力,但绝大多数人仍继续进行所谓的电击,因为有权威人士告诉他们应该这样做。同样,该研究在伦理上存在很大问题:参与者在研究的真实性上受到欺骗,并遭受了严重的情感虐待。

由于这些以及其他研究中的伦理方面滥用问题,自 20 世纪 70 年代以来,所有涉及人类被试的学术研究都必须由机构审查委员会或伦理委员会进行审查(Blee and Currier 2011;Gil and Bob 1999;Haggerty 2004)。这些委员会根据道德研究实践的核心标准考虑详细的研究建议:即知情同意、最大限度减少伤害、保密、避免调查结果传播对参与者产生影响,以及保护弱势人群和个人(Ryan 年代不详)。

但这并不是说,道德只是为了填写一些必要文件,以满足道德审查委员会的要求。许多学者批评现有的道德审查程序不充分或不适合其目的(Barton 2011;Blee and Currier 2011;Haggerty 2004;Thomas and Byford 2003)。尽管道德审查委员会有助于确保进行有道德的研究,但仅此一项还不够。我们不应将"道德操守"仅仅视为填写表格并获得委员会批准,而应将"道德操守"视为一个迭代的、智慧的以及最重要的研究组成部分。因此,尽管有必要让研究项目通过委员会的批准,但我们也必须参与和管理在研究的各个阶段产生的伦理问题。例如,如何在数据收集以及随之而来的各种紧张和妥协过程中决定我们的研究内容,如何以符合道德的方式在文本中体现参与者的故事。

我们的目的不是像许多审查委员会那样提供"道德检查清单"，而是为研究人员提供必要的"原则"（principles），以便他们能够从头开始考虑其研究中的道德因素。因此，以下内容不是规则（rules）。相反，我们建议从一开始就在研究目标、研究问题、数据产生、数据分析、论文撰写等环节都进行重大以及重要的道德考量。我们相信，在这样的框架下，道德因素比一系列需要跨越的制度障碍更令人兴奋。我们从三个广泛的领域出发探讨这些问题：评估激发研究的兴趣、管理研究者身份、表征"研究对象"。这三个问题，与所有研究都相关，但在语言政策中的语言少数族群研究中尤为突出。本文围绕这三个问题进行讨论，希望能对研究实践起到一定的指导作用。

4.3 为谁而研究？

所有研究中的核心伦理问题是一个简单而又宏大的问题：进行研究的目的是什么？尽管诚实（和实用）的答案可能是自私的，即获得博士学位或发表论文，但是我们也希望研究人员能心怀更大的愿望。理想情况下，这可能意味着使研究参与者受益。例如，菲奥娜·斯坦利（Phiona Stanley 2013）通过对西方英语教师在中国的角色和身份的研究获得了博士学位，随后又出版了书籍，这也为研究参与者带来了不同类型的益处。在本书的最后一章中，斯坦利摘录了参与者对参与研究过程的反思，例如：

> 这个过程使我可以说说自己一直在注意的事情，看看它是否真有意义。……对我来说，这段时间是相当有影响的……我的生活正在改变。……当我把事情说清楚的时候，我就把事情想清楚了。……因此，我们的访谈非常有用，可以将其中的一些事情讲出来，弄清楚我对事情的看法以及我所投身的工作。（贝丝 [Beth]"访谈"，2011 年 1 月 18 日，见斯坦利 [Stanley 2013：248–249]）

这名参与者从参与和阅读研究中受益匪浅，包括专业和知识上的成长以及讨论、解决和思考更大问题的机会。

评估研究项目的目的和收益可以进行损益分析，这是"做伦理"的哲学基石之一。然而，一些研究提案很难通过伦理委员会的审查。当研究中提到参与研究的儿童、少数族群或在所研究国家中无确定法律地位的人群时，审查小组成员可能会格外警觉。跨语言进行的研究和可能使参与者再次受到创伤的研究也可能引发担忧。研究伦理学中这种"风险叠加"的例子可能是，研究举目无亲的未成年人以难民身份寻求庇护。然而，托马斯和拜福德写道："对难民儿童的需求进行研究，对于改善对他们的照料至关重要"（Thomas and Byford 2003：1400）。在这种情况下，成本效益分析表明，即使存在许多潜在的伦理问题，也迫切需要了解并改善对此类儿童的照料。因此，研究是合乎情理的。

上述情况可能并不意味着要直接采访孩子，但这是一个很好的例子，说明研究伦理与研究方法存在交叉点。在这种情况下，面谈可能无效，因为难民儿童，特别是那些有过被当局（包括警察在内）讯问的负面经历的孩子，可能会因受过"迷惑和恐吓"，无法表达他们的需求或经历（Thomas and Byford 2003：1401）。此外，如果参与者不完全了解研究的目的，或者他们感到参与是被迫的，也许他们认为这样做会增加他们获得庇护的机会，那么知情同意就有问题了。因此，咨询难民组织、社会工作者或卫生保健工作者，而不是直接采访难民儿童本身，可能会更有效，也更符合伦理。同时，我们应采用其他方法，例如成员检查或简短的参与者观察，以确保儿童自身的观点不会被忽视。

此外，学术界认为在伦理上适宜的东西可能并不被所研究的社区青睐。在研究人员带着保持本地语言是道德的立场假设进入田野时，他们就会惊讶地发现，当地社区支持有利于他们的社会和地理流动性的其他语言。例如，卡纳加拉贾发现，英国、美国和加拿大的泰米尔移民希望学习英语，而不是保留其祖语（Canagarajah 2011b）。

通常，研究者很难决定什么对被研究的社区有利，也永远无法轻易预测出社区的偏好。在社区对语言的偏爱中可能存在相互冲突的价值观。霍恩伯格（Hornberger 1988）在秘鲁普诺的盖丘亚语保持项目中发现，该国的新双语教育政策成功地发展了西班牙语和盖丘亚语的双语制（使土著儿童能够保持他们的语言，在教育上取得成功，并对自己的身份感到自豪）。但是，盖丘亚族的父母不支持该项目。当地流传着这样的观点，盖丘亚语应只在本地域使用（因此可以在家学习），而西班牙语应在公共域使用（应在学校学习），家长们也受到了这种思想的影响。他们误解了双语教育，认为双语教育只专注于土著语言的教学，而非同时致力于主流语言和少数族群语言。霍恩伯格发现，在社区内推广积极的语言意识形态很重要，这样父母就可以参与教育变革，为政策发展和实施作出自己的贡献。

　　某些发展机构的利益也可能与社区的利益相偏离。在某些情况下，语言规划与政策研究人员对于被委托进行研究以直接服务于决策者的利益并不满意。西方非政府组织要求罗宾逊–潘特制定一项扫盲政策，这将有助于尼泊尔女性的健康发展。她讨论了她工作的许多方面，指出这些不符合外部机构利益。她的结论是："在识字政策的背景下，与**利用**民族志研究成果为政策提供指导相比，**设计和开展**民族志研究要困难得多"（Robinson-Pant 2001：168；粗体为原文强调形式）。她发现，在研究过程中，研究者需要灵活地追求新出现的假设，同时对此进行批判和修改，然而，政策指令束缚了研究者，压缩了这种自我探索的空间。在识字方面，罗宾逊–潘特发现，委托方要求她将更多的精力放在易于量化的识字事件上，而不是更具解释性的扫盲实践上。换句话说，研究人员被期望客观地分析可测量的数据，而不是分析社区更模糊的意义和倾向。这种期望源自理性 / 实证主义传统，该传统认为客观性和量化会导致更有效的发现。在这种情况下，她发现政策小组的利益带有其自身的价值观和动机，这限制了研究人员以有意义的方式满足社区需求和偏好。

　　应该如何解决研究者和被研究人员之间的这种紧张关系？语言规划与政策研究人员有动力进行对话，双方都可以对此进行澄清（参见 Jaffe 1999）。例如，尽管出于维护语言生态学的目的而进行语言维护已成为许多语言学家的共识，但印度的拉巴里（Rabari）游牧民族（Dyer and Choksi 2001）和秘鲁的盖丘亚族（Quechua）（Hornberger 1988）并不一定致力于维护其语言。他们更愿意通过掌握主流语言来摆脱边缘化。这样，研究就可以成为不同观点之间的对话。研究人员可以帮助社区对他们语言的未来、权利和地位进行批判性思考。语言政策研究者不应该以客观性的名义保持独立，而应该帮助社区成员质疑关于语言关系的不同观点，并阐明他们的利益所在。这可以通过多种方式实现。一些学者将他们的研究设计为行动研究，共同构建研究问题和数据收集方式，从而帮助研究人员和参与者就本地相关的问题和发现进行对话。在其他情况下，研究人员发现，研究的整个过程鼓励参与者反思他们的计划选择并制定新的政策。例如，在访谈中，参与者不仅要表达过去的或预先构想的信念，而且要表达受研究者问题影响而出现的新可能性。因此，当受访人员因此与采访者的知识建构互动，访问者也应该基于对话重新配置其知识。

4.4 研究者身份

与语言少数群体研究有关的另一个重要的伦理问题是研究者的身份，即对于调查对象来说你是谁，你的身份对研究有何影响？这些都是研究人员必须不断协商的问题。在回答这些问题时，有必要回到身份交叉点的概念（Graham et al. 2009）。例如，研究者和研究对象可能都是孟加拉国妇女或斯里兰卡泰米尔跨国流动人员，但也可能有其他重要的身份标记造成社会和关系障碍。例如，研究人员是否受过良好教育？是否居住在美国、留着短发、穿着男性化？而研究参与者是否看起来更"女性化"？是否受教育程度低且很少离开他们的孟加拉国村庄？（Sultana 2007）还是这位受访者是新来的泰米尔洗车服务员，自豪地讲加拿大英语？而研究人员是居住在郊区的大学教授，试图用泰米尔语与受访者对话，请他清洗自己的运动型多功能轿车？（Canagarajah 2011a）

卡纳加拉贾（Canagarajah 2011a）描述了不同种族的斯里兰卡泰米尔侨民社区，发现它们之间有细微的身份标记和复杂的身份表现。他指出，不同时期的移民之间存在着身份差异，英语口语的不同变体也标志着不同的背景身份。这些身份交叉叠加在就业、阶级和其他差异之上，形成了一系列相互关联的社区，研究人员可能会在其中"穿梭"，形成并表现其身份，而不是假设某些共同的身份标签会构成共同身份。因此，研究人员不应将共性视为理所当然，而是有必要考虑自己相对于研究参与者的定位，尽可能多地考虑相关的交叉身份。

研究者定位和相对权力是研究中的伦理问题，也是有效性问题，因为它们决定了研究人员可以在多大程度上接近参与者的"真相"（参见 Lin，本书）。根据我们是谁，或者我们看起来是谁，我们必然会得出不同的参与者真相。然后，我们以此来分析参与者的数据并重新呈现他们的叙述。霍利迪（Holliday 2002：3–4）引用了他自己 1994 年的出版物，给出了研究人员身份如何影响数据完整性的一个例子：

> 我坐在埃及大学教职工休息室，听一位讲师回答调查问题。……一位美国采访者正在与她一起探讨这些问题。……后来这位讲师"向我透露，她告诉他的内容与现实关系不大，但她不想告知她不能回答他的大部分问题，不想让他失望"。……我不认为这位讲师觉得她在"撒谎"。我觉得她的回应是真诚的，她认为礼貌是一种社会责任，这

种想法超过了她没有研究员想要的所有信息这一事实。……她可能不希望向外界透露，官方课程表永远无法维持，因为讲师们需要花很多时间从首都坐公共汽车过来上课。

也许这是一个极端的例子，使生成的"数据"几乎毫无用处。但这也说明了一个严肃的道德和方法论问题：研究人员的身份可能以未知方式影响所产生的数据。

在许多社区中，当地师生在课堂上会进行语码混合和转换，但他们都向外部研究人员隐藏了这一事实，因为他们担心这种做法违背了语言学家（尤其是那些来自西方的语言学家）的有关单语和标准语的假设（参见Canagarajah 2012）。同样，当地社区可能对精英学习机构中流行的教学方法嗤之以鼻，将本地发展的教学传统隐藏在社区中，担心专家们可能会鄙视他们的教学法。卡纳加拉贾（Canagarajah 2012）回顾了交际语言教学的主张，以及当地对此的反抗传统，展现了两者之间的紧张关系。由于假设当地社区推崇主流语言及其教学模式，这不仅导致了数据偏差，还将这种语言和语言教学模式强加在当地社区中。

为了避免此类问题，研究人员试图融入当地社区，以成为内部人士。霍恩伯格（Hornberger 1988：4–11）提供了一个语言政策民族志学者进入一个文化异族社区的例子，描述她如何适应秘鲁普诺高地村庄的生活方式，放弃她的舒适区，纠正偏见，并"发现"当地人们的价值观和思想。同样，在完全不同的环境中，研究人员试图通过以下方式"融入"笼中斗士群体：

> 通过真正地"进入拳击场"，使自己沉浸在对象的物理、文化和感官生活世界中。在我们的研究过程中，我们成为业余笼中斗士，在社区中担任内部人员职位……我们经历了经常困扰格斗运动员的各种伤痛，比如鼻子、手指和脚趾断了，关节受伤，肋骨破裂，韧带拉伤，以及全身疲劳。通过每天接受训练，我们成为格斗世界的一部分。(Abramson and Modzelewski 2011：147–148)

尽管这些都是善意的努力，但我们也不得不问，"融入"是否会变成一种居高临下、欺骗甚至胁迫？我们必须在道德层面上调和"本土化"与公开我们的诉求和身份透明之间的紧张关系。

内部人–外部人的困境不一定会导致研究瘫痪。实际上，这些立场很少是完全对立的。我们的相对定位为我们提供了理解内部和保持学术超然的可能性。例如，在上述提到的对泰米尔移民的研究中，卡纳加拉贾在许多方面都是内部人士，因为他本人就是泰米尔人移民。但是，除了这种种族身份外，他的阶层地位（作为受过教育的专业人员）使他成为非技术劳工社区的局外人。他的基督徒身份有时使他与社区中大多数印度教徒区分开来。这些不同的身份定位可以成为研究的资源。尽管卡纳加拉贾具有足够的内在文化悟性，可以提出有意义的问题并深刻地理解答案，但他的局外人身份为他提供了分析上的超然和疏离，这有助于从新的角度解释数据。研究人员应该承认自己的不同主体立场，并与他们协商以获取更深入的分析洞察力，而不是将内部人员的身份视为唯一有效的立场（这是某些传统民族志的典型观点）。

4.5 知识表征

当研究人员进行跨语言和文化工作时，例如，以原始语言收集数据然后以另一种语言呈现，或者比较不同语言组的数据时，会面临许多具体的挑战。一个人的主要语言论述方式影响着他对研究社区的理解和报告呈现方式。同样，当有人在学术媒体上发表有关其研究的文章时，与出版有关的主导惯例塑造了所研究群体的身份、观点和立场。在本节中，我们讨论由研究内容的表征方式引发的伦理问题。

通常，学科话语和社会意识形态会影响我们以特定方式表征社区。与表征有关的道德规范影响语言政策的一个特定领域是本体规划。社区的语言是由什么构成的？众所周知，所有语言都是意识形态的建构（Kroskrity 2000）。尽管英语和其他强大语言的确如此，但少数族群语言的定义通常是由语言学家、殖民统治者、开发机构和进入社区的传教士确定的。例如，南非将 11 种语言定义为"官方语言"，其依据是有权势的局外人根据自己的假设构建的各种语言标签（Makoni 2002）。当地人认为其中许多语言都是同一语言的变体。在南非案例中，语言政策仅仅基于语言本体这一单方面表征。

多元化的价值观也渗入了研究成果的发表中。我们必须意识到，撰写和报告研究结果并不是研究过程中无关紧要的部分。它是体现、反映并经常构成整个学术界研究活动的书面文件。由于大量的田野笔记、录音带、转写文件和统计资料从来都不方便提供给学术界，读者也很少能接触到许多网站上冗长的研究过程，因此报告便被视为研究的代表。令人担忧的是，研究报告的惯用体裁会影响报告的数据。民族志学家马库斯和菲舍尔坦言，"鉴于进行田野调查需要高度的自我批判意识，调查中已知的内容与学术报告之间常常存在不协调，因为这些报告会由于体裁惯例而受到限制，而这种不协调会变得令人难以忍受"（Marcus and Fischer 1986：37）。自然科学家也已经承认体裁惯例具有预测功能，并积极地影响研究过程。迪尔指出"体裁类型可以通过限制问题选择，……或要求特定的理论和实验表述，来指导科学认知内容的呈现方式"（Dear 1991：5）。这一见解得益于当代学者的一种深刻认识，即"科学从根本上说是修辞的，它浸透在语言之中"（Selzer 1993：13）。因此，学术写作的体裁对研究实践的影响比我们传统上认为的更大。如果书面文本具有如此重要的意义，就有必要了解它所体现的价值，及其在研究过程中起到的中介作用。

因此，我们需要考虑学术报告惯例背后的价值观如何塑造研究知识。通过闭合、紧密的结构和严丝合缝的写作来实现报告的一致性，可以掩盖研究过程中错误的开始、错误的行为、误导性轨迹和有风险的解释性。为了文本的连贯性，对数据中的断层、矛盾和冲突也会有类似的隐藏。因此，该报告在很大程度上脱离了研究实际。特别是在语言政策研究中，我们必须回顾上述罗宾逊-潘特（Robinson-Pant 2011）的例子，该例子说明在非政府组织的项目报告中，对量化和客观陈述的期望如何压制了社区真实的声音。

这种抽象性和超然性对于报告中知识／研究者的表征具有深远影响。在某些体裁中，研究人员没有出现在报告里，而是隐现在文本后面，作为一个无所不知的、超然物外、全能的形象。这种体裁掩盖了研究者的主观性（复杂价值观、意识形态和经验）塑造研究活动和研究发现的方式。在语言政策研究的案例中，研究人员自己的语言意识形态和语言政治可能是特别需要关注的问题。反过来，虽然我们从个人经验和传闻中知道，研究活动有时会深刻影响研究者对世界和自我的感觉，但还未有人探讨研究活动如何影响研究者的主观性。此外，研究人员在进行研究时的利益转移和冲突，无论是专业的、个人的还是意识形态的，均没有得到承认。鉴于人们开始认识到"个人"在知识建构中的重要地位（参见 Rich 1989 的定位政治学），最近的女权主义学者呼吁研究者进行复杂的反思，以审视他／她如何影响研究过程以及如何受到研究过程的影响（Harding 1991）。但是，这种关切在传统报告类型中没有受到足够重视。

同样地，要充分表现一个主体的声音，其范围也是有限的。由于研究对象仅通过研究人员的声音存在于报告中，因此存在一种趋势，即可能减少研究对象的复杂性，并对其身份进行概括（或本质化），以适应研究人员和不同学科的主要假设和理论构造。研究人员与研究对象之间的权力关系也隐藏在客观报告中。正如后结构主义者所主张的那样，如果任何要求编码、系统化和分类的知识生产都涉及控制和殖民化的措施（如后结构论者所言），那么研究和分析少数族群或学生等弱势群体就变得高度政治化。在学术研究报告中，为少数族群发声和赋权是一个挑战。但是，我们迫切需要在语言政策研究中让少数族群发声，因为他们的愿望常常被强势群体建立的主导性政策和话语所忽略或压制。

人们正在积极尝试构建新的研究报告类型，以便以更合适的方式将研究对象吸引到他们社区知识的表征中。研究人员还从传统的科学／客观体裁转向采用自我民族志、叙事和其他创造性形式来表征研究经验及其复杂性（参见 Canagarajah 1996 对新兴体裁的评论）。

4.6 结论

我们希望研究人员能就其研究伦理思考一些问题，本章的目的是提出并探索这类问题，讨论经验丰富的研究人员如何寻求这些问题的答案或解决困境的方法，并加以借鉴。

本章引用的研究内容对研究人员如何处理伦理问题进行了详尽的描述，包括本章第一部分描述的利弊分析，第二部分讨论的棘手的立场协商，以及第三部分探讨的对少数族裔社区知识的表征方式。我们提供了来自广泛研究的示例，希望有兴趣的读者可以通过这些论文，并在此基础上进一步进行研究，因为我们认为，要成为一名优秀的研究者，尤其是优秀的伦理研究者，最好的方法是带着这些问题去阅读和评估现有的研究。但是需要注意，本章引用的许多出版物都来自语言政策与规划以外的领域。这在一定程度上反映了理性／实证传统的长期主导地位，这种传统将语言政策与规划视为一个客观现象。现在人们已经意识到，针对后殖民社区的这种理性政策未能解决当地各种语言群体的担忧。在许多这些国家中，族群冲突有增无减，这表明还未能为多语言社区找到公平和令人满意的政策。西方发达国家在经历了国内迁徙和跨国移民后与本国境内的各种语言群体打交道也面临着危机。这些经验表明，我们需要更多的协商、道德规范和涉及意识形态的方法来研究语言政策与规划问题。希望我们能开发出更好的语言政策研究案例库，以示范研究人员和政策制定者对道德规范的态度。

然而，由于我们认为"践行伦理"是进行研究必不可少的一部分，因此，我们认为学习这一领域的最重要方法之一就是去亲身实践。这意味着要对自己的特定研究进行讨论，并以个人日志的形式记录所有以方法论、方法和道德规范为名而产生的不可避免的紧张关系及其妥协和解。本章中提出的问题和讨论旨在开启这种对话。我们希望能够激励研究人员，在他们之间以及他们与研究对象之间，继续进行这种对话。

参考文献

Abramson, C.M., and Modzelewski, D. 2011. Caged morality: Moral worlds, subculture, and stratification among middle-class cage-fighters. *Qualitative Sociology* 34: 143–175.

Barton, B. 2011. My auto/ethnographic dilemma: Who owns the story? *Qualitative Sociology* 34: 431–445.

Blee, K.M., and Currier, A. 2011. Ethics beyond the IRB: An introductory essay. *Qualitative Sociology* 34: 401–413.

Canagarajah, A.S. 1996. From critical research practice to critical research reporting. *TESOL Quarterly* 29(2): 320–330.

Canagarajah, A.S. 2011a. Achieving community. In D. Nunan and J. Choi, eds., *Language and Culture: Reflective Narratives and the Emergence of Identity*, 41–49. New York: Routledge.

Canagarajah, A.S. 2011b. Diaspora communities, language maintenance, and policy dilemmas. In T. McCarty, ed., *Ethnography and Language Policy*, 77–98. New York: Routledge.

Canagarajah, A.S. 2012. Teacher development in a global profession: An autoethnography. *TESOL Quarterly* 46(2): 258–279.

Cooper, R.L. 1989. *Language Planning and Social Change*. Cambridge: Cambridge University Press.

Dear, P. 1991. *The Literary Structure of Scientific Argument: Historical Studies*. Philadelphia: University of Pennsylvania Press.

Dyer, C., and Choksi, A. 2001. Literacy, schooling and development: Views of Rabari nomads, India. In B.V. Street, ed., *Literacy and Development: Ethnographic Perspectives*, 27–39. London: Routledge.

Gil, E.F., and Bob, S. 1999. Culturally competent research: An ethical perspective. *Clinical Psychology Review* 19(1): 45–55.

Graham, E., Cooper, D., Krishnadas, J., and Herman, D. 2009. *Intersectionality and Beyond: Law, Power and the Politics of Location*. New York: Routledge Cavendish.

Haggerty, K.D. 2004. Ethics creep: Governing social science research in the name of ethics. *Qualitative Sociology* 27(4): 391–413.

Harding, S. 1991. *Whose Science? Whose Knowledge? Thinking from Women's Lives*. Ithaca, NY: Cornell University Press.

Holliday, A. 2002. *Doing and Writing Qualitative Research*. London: Sage.

Hornberger, N.H. 1988. *Bilingual Education and Language Maintenance: A Southern Peruvian Quechua Case*. Berlin: Walter de Gruyter.

Jaffe, A. 1999. *Ideologies in Action: Language Politics on Corsica*. Berlin: Mouton.

Kroskrity, P. 2000. *Regimes of Language: Ideologies, Polities, and Identities*. Oxford: James Currey.

Makoni, S. 2002. From misinvention to disinvention: An approach to multilingualism. In A. Spear and A.B.G. Smitherman, eds., *Black Linguistics: Language, Society and Politics in Africa and the Americas*, 132–153. London: Routledge.

Marcus, G., and Fischer, M.M.J. 1986. *Anthropology as Cultural Critique: An Experimental Moment in the Human Sciences*. Chicago: University of Chicago Press.

Ricento, T., and Hornberger, N.H. 1996. Unpeeling the onion: Language planning and policy and the ELT professional. *TESOL Quarterly* 30(3): 401–428.

Rich, A. 1989. *Notes on a Politics of Location: Blood, Bread and Poetry*. New York: Norton.

Robinson-Pant, A. 2001. Women's literacy and health: Can an ethnographic researcher find the links? In B.V. Street, ed., *Literacy and Development: Ethnographic Perspectives*, 152–170. London: Routledge.

Ryan, L. n.d. Researching minority ethnic communities: A note on ethics. http://www.ucc.ie/publications/heeu/Minority/ryan.htm (accessed December 11, 2014).

Selzer, J. 1993. *Understanding Scientific Prose*. Madison: University of Wisconsin Press.

Stanley, P. 2013. *A Critical Ethnography of "Westerners" Teaching English in China: Shanghaied in Shanghai*. Abingdon, UK: Routledge.

Sultana, F. 2007. Reflexivity, positionality and participatory ethics: Negotiating fieldwork dilemmas in international research. *ACME: An International E-Journal for Critical Geographies* 6(3): 374–385.

Thomas, S., and Byford, S. 2003. Research with unaccompanied children seeking asylum. *British Medical Journal* 327: 1400–1402.

拓展阅读

Alderson, P., and Morrow, V. 2011. *The Ethics of Research with Children and Young People: A Practical Handbook*. Thousand Oaks, CA: Sage.

Israel, M. 2014. *Research Ethics and Integrity for Social Scientists: Beyond Regulatory Compliance*. Thousand Oaks, CA: Sage.

Lambert, L. 2014. *Research for Indigenous Survival: Indigenous Research Methodologies in the Behavioral Sciences*. Lincoln: University of Nebraska Press for the Salish Kootenai College Press.

Miller, T., Birch, M., Mauthner, M., and Jessop J., eds. 2012. *Ethics in Qualitative Research*. 2nd ed. Thousand Oaks, CA: Sage.

Trimble, J.E., and Fisher, C.B. 2005. *The Handbook of Ethical Research with Ethnocultural Populations and Communities*. Thousand Oaks, CA: Sage.

第5章 语言政策和政治理论

斯蒂芬·梅伊

5.1 引言

语言政策和政治理论之间的关系是比较重要的，尽管目前探讨还不够充分。之所以重要，是因为政治理论为考察语言政策所处的更广泛的社会历史和社会政治背景提供了一个重要视角，而这些背景都是语言政策难以避开的。语言政策从来不是在历史、社会或政治真空中制定和实施的——它总是与特定的历史、身份、公民意识和语言意识形态有关（Blommaert 1999；Lo Bianco 2008；May 2012）。因此，政治理论能为语言政策提供的潜在价值就在于，它将权利和公民权作为关注的首要问题。政治理论的主要焦点是公民权利，特别是在现代民族国家中（见 Dworkin 1978；Rawls 1971；Taylor 1994）。然而，近年来，随着全球化和相关移民规模的迅速扩大，这些辩论也扩展到"世界公民"概念（Nussbaum 1997），这两个进程都超越了国界。然而，在这两种情况下，关键问题始终是：公民权利（如语言权利）诉求的依据是什么？

提出这个问题还使得我们不可能仅从共时的角度看待语言政策，认为其仅存在于特定时间或可以保持政治中立。事实上，早期语言政策研究的一个主要弱点恰恰是这种与历史无关的语言政策倾向，以及天真和错误的信念，即语言政策本质上是一种非政治、非意识形态、务实甚至是技术主义的行为（May 2011a；Ricento 2000）。然而事实并非如此。语言政策总是与历史、权力、政治和不平等问题联系在一起。语言政策和政治理论之间的关系清楚地表明了这一点。

然而，对语言政策和政治理论之间关系的探讨仍然不足。在两个学科方面都是如此。政治理论家直到最近才开始直接讨论语言政策——最值得注意的是，与民族国家内语言少数群体的语言权利有关的问题（Kymlicka and Patten 2003；Patten 2009），以及最近英语作为全球公民的"必要"技能（Archibugi 2005；Van Parjis 2011）。语言较晚介入政治理论，一个关键原因是第二次世界大战后经典自由主义，或称自由平等主义（参见 Rawls

1971）的统治。在经典自由主义观点中，个人和普遍的"公民身份"权利比集体或群体权利更受重视。换句话说，公民权和人权都仅被视为个人权利，因此，一个人特殊的文化和语言（群体）背景及其意义，被认为无关紧要。实际上，主张基于群体的权利（例如，基于种族或语言）在经典自由主义者看来是特别有问题的，也是没有必要的，因为对他们来说，这强调了我们的差异，而不是强调将我们作为个体公民"团结起来"的情形（参见 Barry 2001；Huntington 2005）。相比之下，关于语言权利和语言政策的辩论，通常都假定语言是一个特定语言社区的集体或社区共享产品（毕竟，如果没有其他人可以与之交谈，一种语言就会消亡）。

因此，经典自由主义的兴起意味着，大多数政治理论家对任何语言权利的概念都持怀疑态度，有时甚至公开反对，因为这些权利被认为是基于群体而非个人的权利。例如，言论自由权是一项明确可辩驳的个人权利（适用于所有人，因此也适用于普遍权利），但当某人的母语不是国家语言时，以本人的母语接受教育的权利被视为基于群体的权利，就更具争议性（May 2011b）。同样，将英语作为一种全球语言来使用通常被视为一种个人资产，可以（甚至应该）超越本地、区域甚至国家语言的维护（Archibugi 2005；Van Parijs 2011）。政治理论中对于这一广泛立场有一些例外，其中最引人注目的是金里卡（Kymlicka 1995，2001；见下文）的开创性贡献。但是，总的来说，个体人权在经典自由主义中的首要地位意味着，如果对语言权利进行全面讨论，往往被简单地视为基于群体的权利而被忽视，而不会以严肃而持续的跨学科方式参与其中。

相反，在语言政策、语言社会学和更广泛的社会语言学范围内，出现了与政治理论更大程度的跨学科接触。这种日益增长的跨学科参与在两个关键领域是最明显的。第一个涉及语言少数群体的语言权利问题（参见 May 2012；Skutnabb-Kangas 2000）。第二个也是最近关注的焦点是语言世界主义的思想，尤其是全球化、英语作为当今世界语言、身份和流动性之间的联系（参见 Brutt Griffler 2006；de Swaan 2001；Ives 2010；May 2014a，2015）。我将在下面回到这两个研究领域，更详细地说明这种跨学科参与如何为对此类工作感兴趣的初学者提供模板。

5.2 解决关键问题

因此，语言政策和政治理论之间的相互联系为研究以下主题提供了基础，即国家的作用、公民身份、语言意识形态和语言权利，以及以英语为主导的日益全球化的世界的含义。在这方面可以探索的具体研究问题可能涉及以下内容：

第一，国内法定语言与国内的少数群体语言之间的关系（May 2012；Wright 2000）。这种关系的历史是什么？随着时间的推移，它有何变化（或是否保持不变）？在该地区内，无论是过去还是现在，哪些语言群体受到它的影响，以及它们之间的关系如何？

第二，在政策讨论中，语言如何与国家公民概念相关联，以及在单语或多语条件下公民身份和语言的相关程度。这一点尤为重要，因为公共单语主义作为现代民族国家组织的主要特征持续占据主导地位，这是近几个世纪政治民族主义的产物（Bauman and Briggs 2003；May 2012）。相反，在当前的全球化时代，迅速增长的跨国移民和"超多样性"的出现（Vertovec 2007），导致世界范围内使用多种语言的国家人口大大增加，这凸显出单语或有限双语的公共政策与实际的（多语言）语言使用情况之间的差距日益扩大（Blommaert 2010；Pennycook 2010）。

第三，语言与全球化之间的联系以及语言、世界性身份和社会流动性等相关问题。这包括讨论英语作为当前世界语言的关键角色/影响力，以及对于那些母语不是英语的人来说，英语能够（或不能）带来什么机会（Blommaert 2010；Brutt-Griffler 2006；May 2014a，2015）。

考虑到这些广泛的问题，将政治理论作为语言政策研究的一部分将吸引那些对"大局"感兴趣的研究者——语言政策、语言权利以及支撑这些权利的意识形态，这些经常具有政治内涵且易引起高度争议。这必然超出语言政策的描述性分析范围，包括在特定情况下语言政策的制定和实施，如果人们留心思考的话，就会发现制定和实施也总是具有深刻的政治色彩。如前所述，这种论述趋势在语言政策与规划的早期描述中最为明显，尤其是在 20 世纪 60 年代开始发展时。在早期，语言政策的重点是尽可能以务实和技术主义的方式"解决"新兴后殖民国家的紧迫语言问题。这通常涉及尝试建立稳定的双语语言环境，其中多数语言（通常是前殖民语言，最常见的是英语和法语）被提升为广泛交流的公共语言，而"本地语言"（实际上是少数群体语言）被视为仅限于私人和家庭领域语言。换句话说，当时语言政策的主要重点是按照西方发达国家的路线，建立和推广"统一"的国家语言。

但是，这种务实/技术主义的语言规划方法未能在第一时间质疑或批评导致多数和少数群体语言分层的特定历史进程，而导致后者日益边缘化并面临语言替代。反过来，这又使语言互补性的概念产生了问题，因为对于早期的语言规划而言，尝试建立"稳定双言"(stable diglossia) 至关重要。早期语言规划人员认为，语言的互补性至少意味着一定程度的相互性和互惠性，并且所涉及的多数群体语言和少数群体语言之间存在一定的区分和界限。但是，在这些方面，所谓的稳定双语的情况恰恰不是互补的。相反，随着时间的推移，国家语言以及英语等国际语言的规范优势特别不利于少数群体语言的持续使用甚至存在。例如，杜瓦观察到英语在印度的影响，"英语与土著语言的互补性趋向于有利于英语，部分原因是英语在性质和范围上是动态的和累积的，部分原因是它由社会经济和市场力量支撑，还有一部分原因是教育系统强化了与英语有关的权力和知识的关系，并使之合法化"(Dua 1994：132)。因此，除了一些显著的例外（见 Heath 1972），这些早期的语言政策研究设法刻意避免了与这些过程相关的更广泛的历史、社会和政治问题，以及作为其基础的特定意识形态。正如卢克等人总结的那样，在保持"科学客观性的表面"（早期语言规划者非常关注的问题）的同时，语言政策"旨在避免直接处理社会和政治问题，而事实上，语言变化、使用和发展，甚至语言规划本身都嵌入其中"(Luke et al. 1990：26–27)。

尽管在最近的语言政策研究中并非完全不存在所谓的"描述性倾向"，但现在可以明显看出语言政策向更具情境性和批判性视角转变，而更细微的社会语言学理论正在成为它的基础（参见 Johnson 2013；McCarty 2010；Ricento 2006）。同样显而易见的是，至少在更广泛的社会语言学范围内与政治理论的跨学科合作越来越多，我将在稍后对此进行更详细的讨论。遗憾的是，在政治理论家中，尚未出现同等程度的互惠关系，他们倾向于完全忽略语言问题，或者在直接涉及语言问题时（参见 Kymlicka 2001；Kymlicka and Patten 2003；Van Parijs 2011）倾向于保持在自己的学术学科范围之内。我将在本章后面解释为什么会如此。政治理论家同样也受制于其学科领域的公认规范。这包括，例如，使用假设示例作为说明其规范论点的基础，而不是解决现实案例中不可避免的更复杂的问题（如 Archibugi 2005）。

5.3 解决关键议题

政治理论和语言政策之间跨学科交叉的性质并不适合采用简单的循序渐进方法，因为跨越这两个领域的学术工作主要是理论性的———一种观念上的竞争。但是，本章前面已经指出的两个主题示例可能有助于说明在这些领域进行学术讨论和分析的类型。第一个主题集中在少数族群的语言权利问题上。第二个主题集中于全球化和世界性身份之间的联系，以及英语作为世界语言在促进两者时的作用。下面我们依次讨论。

作为更广泛的公民权利的一部分，语言少数群体的母语是否应受到国家的保护和促进？这是政治理论和语言政策辩论中激烈争论的问题。大多数政治理论家对这种语言权利持怀疑态度，甚至完全反对这种语言权利，因为他们认为一个人的语言和文化被排除在个人的普遍人权之外（参见Barry 2001；Laitin and Reich 2003；Pogge 2003；Waldron 1995）。在这里，个人人权概念至关重要——这是第二次世界大战后关于人权共识的产物，它坚决反对承认任何基于少数群体的集体权利，因为纳粹政权曾经利用这一观念作为发动战争的借口（参见Claude 1955）。自那时以来，这种个人主义的人权态度就反映在此后的国际法中，最著名的是《联合国人权宣言》（1948）——该宣言在很大程度上刻意地忽略了语言权利问题（见May 2011b）。这也可以解释为什么自那以后，涉及语言权利的国际法很少，例如1992年《欧洲区域或少数民族语言宪章》（ECRML，以下简称《宪章》）并没有产生什么影响。这是因为普遍的个人公民权概念仍然占主导地位，尤其是在民族国家中，因为最终民族国家要对它们的实施负责（关于《宪章》的局限性，请参见Grin 2003；Nic Craith 2006）。

经典自由主义政治理论中的主导范式也极大地支持了这种对待人权的个人主义方式，罗尔斯（Rawls 1971，1999）以及巴里（Barry 2001）等著名倡导者的近期著作与此最为相关。如前所述，经典自由主义或自由平等主义强调公民权的个人主义概念可与国际人权法相提并论。在这种观念中，个人仅被视为具有公民身份所附带的权利和义务的政治存在。他们的私人身份，包括基于群体的身份和成员身份，与公民身份无关。因此，正统的自由/自由平等主义理论家很少或根本不赞同语言少数群体提出的如下主张，即在私人（家庭/社区）领域之外承认、保护和支持其语言，因为这些主张被视为文化的、基于群体的身份权。

因此，大多数正统的自由/自由平等主义者反对维持第一语言（L1）和相关语言权利等论点，首先都是针对移民群体和更广泛的多元文化主义政治，因为它们最清楚地阐明了群体认可和权利（Arzoz 2008；Kymlicka 2007；May 2009）。但是，这些自由平等主义论点隐含地，有时也明确地包含少数民族群体。"少数民族"一词最早是在政治哲学家金里卡的著作中提出的（Kymlicka 1989，1995；另见下文）。上面讨论的《宪章》是一部法律示例，该法律试图根据少数民族的历史和政治地位来解决他们的语言权利问题。

然而，即使对于少数民族来说，正统的自由主义评论家也认为语言权利无济于事，因为这只会加剧他们在社会、经济和文化上的孤立，同时也限制了少数民族更多的公民参与和融入社会的可能性。巴里的《文化与平等》（Barry 2001）也许是最近这种说法最突出的例证。他特别关注美国的拉丁裔少数民族，但也讨论了其他地方的少数民族，尤其是威尔士人。最近其他有影响力的学术作品包括金里卡和帕滕（Kymlicka and Patten 2003）关于政治理论和语言权利的重要文集（迄今为止为数不多的作品之一；见上文）。其中包括波格（Pogge 2003）以及莱廷和赖希（Laitin and Reich 2003）的作品。它们同样剥夺了少数民族的语言权利，同时将少数民族语言的维护与正在进行的（故意的）种族隔离明确联系在一起。有趣的是，所有这些政治理论都着眼于教育的作用，尤其是双语教育，这是一种潜在的（在他们看来，这是无益的）维护少数民族语言的壁垒。的确，尽管政治理论家通常对教育理论或实践知之甚少，但教育政策通常仍是政治理论辩论的"前线"（见 May 2003，2014b）。

这里采用的宽泛的经典自由主义／自由平等主义立场，我在其他地方称之为"不受约束的公共单语主义"（May 2014a，2015），这是英美政治理论的一个特殊特征，即在英语为主导的语境下讨论政治理论。这些英美辩论的重点是现代民族国家适当的公民权。但是，在多语言欧洲政治理论家的领导下，政治理论上存在着平行的辩论，其焦点集中在"语言世界主义"上——尤其对于英语非母语的人群来说，英语作为一门必需语言呈现出广泛的功能。迄今为止，这方面最重要的作品是范派瑞斯（Van Parijs 2011）最近出版的著作《欧洲和世界的语言正义》（另见 Archibugi 2005）。我在这里特意进行平行辩论，因为虽然表面上看这种方法鼓励持续的双语／多语制，而不是鼓励英美政治理论中不受限制的单语制，但两者基本的规则大致相同，至少在某种程度上如此。例如，中心前提仍然存在，即保持语言多样性是一个需要解决的基本问题，这既是为了有效沟通，也是为了少数民族的流动性。同样，强大的、多数群体使用的语言，特别是作为世界主要语言的英语，被构建为全球化世界中所有人获得更广泛途径和机会的"钥匙"。提供的解决方案是一种双语形式，在这种情况下，"本地"语言（即少数民族语言）可以保留在私人和家庭环境中，但国家语言保持其优势地位，并以英语作为"全球"（最高声望）语言。换句话说，就像上面讨论的早期语言政策与规划工作一样，尽管表面上适应了正在进行的双语／多语现象，但现有的语言"声望等级"（Liddicoat 2013）仍未受到太大影响。

但是，对政治理论中这两种广义的规范立场的批评性回应，对语言政策学者来说同样重要，尤其是那些致力于维护少数群体语言和语言正义的学者。这里有三个重要的立场值得讨论。第一个是社群主义，它摈弃个人主义对自由平等主义的吹捧，主张群体权利（包括核心文化和语言成员资格）具有合法性，在某些情况下还具有优先性。政治哲学家泰勒（Taylor 1994）可能是从社群主义的角度最清晰地捍卫语言权利的突出例子。之所以如此，是因为他的许多论点围绕着以下辩论展开，即在魁北克推广法语，尽管加拿大多数地区是以英语为第一语言的。

因此，社群主义在政治理论中起到了对自由平等主义制衡的重要作用，但相应地，人们发现它自身也存在很大问题。它的主要弱点是其本质主义（essentialism）的倾向——也就是说，将特定的文化特征（包括语言使用）视为不可避免地与特定群体联系在一起。但是我们知道事实并非如此。例如，越来越多的少数群体的语言转用证据表明，情况并非如此（Nettle and Romaine 2000）。此外，在过去 40 多年的社会学和人类学领域，围绕社会建构主义者对身份的理解已经形成了越来越多的共识，最早是在人类学家巴尔特（Barth 1969）的作品中阐明的。按照这种观点，特定的文化特征并不是特定的个人和群体身份所固有的，可能在显著性上有所不同，也可能随着时间的推移而改变（因此，一个特定的群体可能会随着时间的推移而转向说另一种语言）。反过来，社会建构主义在很大程度上受到后现代主义对多重流动性身份形成的理解的影响，即个体永远不会限定于一种身份形式（参见 Bhabha 1994；Gilroy 2000）。

针对社群主义的局限性，另一位政治哲学家金里卡（Kymlick 1989，1995，2001，2007）的著作在更广泛的少数群体权利方面产生了最具影响力的贡献。金里卡的开创性论文从自由主义政治理论的角度论证了个人权利的持续重要性，同时还论证了理解更广泛的文化（和语言）成员资格对此类权利的重要性。这一立场考虑到了他所说的"群体差异化"权利的可能性，包括潜在的语言权利。在《语言和少数群体权利》（May 2012）一书中，我使用了金里卡的理论框架来直接探讨语言少数群体的语言权利问题。他确实解决了这一问题（Kymlicka 2001），但仅限于政治理论内部。

在我自己的工作中，我采用了明确的跨学科方法，概述了对语言身份的非本质主义理解（因此回答/解决了社会建构主义者对身份的理解以及对社群主义的相关批评），同时还对语言权利进行了持续的辩护（另见 May 2003，2004）。关于后者，我的结论是，保留一个人的第一语言，以及国家对这些语言持续使用的相关支持，可以被视为一项基本人权——即应允许说话者继续使用这些语言（如果他们这样选择的话），作为行使公民个人权利的一部分（另见 May 2011b）。

如果我们想充分地解决围绕语言政治的这些复杂、有争议且经常引起争论的问题，并且思考这种工作的方法论含义，那么我们在这里看到的就是跨学科参与的绝对必要性。至少，我们需要兼顾社会语言学和政治理论，这毋庸置疑。其他有用的学科视角包括教育学、经济学（见本书格兰撰写的章节）、法学（见本书科切诺夫和德瓦伦斯撰写的章节）和社会学。有趣的是，如前所述，与政治理论家相比，从事语言政策和社会语言学研究的人们比政治理论家更可能认真地从事这种跨学科研究。除了我自己的著作外，这方面的研究还包括弗朗索瓦·格兰（Grin 2005；又见 Arcand and Grin 2013）、托马斯·里森托（Ricento 2006）、朵芙·斯古纳伯-康格斯（Skutnabb-Kangas 2000）和罗纳德·施密特（Schmidt Sr. 2000）等学者的作品。

相比之下，政治理论家通常不愿意参与跨学科研究，尽管这并不妨碍他们在学科专业以外的问题上发表意见！例如，在语言权利/语言正义领域，支持者和反对者都经常这样做。金里卡对语言的最重要贡献是《地方语的政治》（*Politics in the Vernacular*，2001）。然而，除了他自己之前的作品外，他并没有涉及任何其他有关语言方面的文献。前面讨论过的波格（Pogge 2003）、莱廷和赖希（Laitin and Reich 2003），以及巴里（Barry 2001），都直接探讨了双语教育对少数民族语言维持的作用，但是他们却从未提及有效的语言教育方面的文献。结果是，他们大多数关于双语教育的言论是完全错误的，即认为双语教育是无效的教育，而且还会造成社会隔离（May 2003，2012）。同样，范派瑞斯（Van Parijs，2011）在对语言世界主义的讨论中，确实利用了他经济学的跨学科背景，但在发展他的规范性政治理论论证时，却没有涉及任何相关的社会语言学文献。

当然，有一些重要的政治理论家并非如此，他们（更多）以社会语言的方式，认真对待语言和语言正义的问题。在有关语言权利和语言正义，特别是关于（但不仅限于）魁北克的问题上，琳达·卡迪纳尔（Cardinal

1999，2005，2007）的著作遍涉政治理论、法律和社会语言学。在关于全球化、世界主义和英语之间的联系上，彼得·艾夫斯（Ives 2004，2010）和塞尔玛·松塔格（Sonntag 2003，2009）提供了结合社会学、政治理论和社会语言学的强有力的跨学科分析。这部最新的著作对语言政策学者而言特别重要，也很有趣，尤其是因为它质疑和解构了英语这一单一语言作为全球通用语的概念，而这种概念是诸如范派瑞斯等政治理论学家倡导的语言世界主义的解释基础。这样一来，它也使英语知识与个人和集体流动之间的联系假说受到质疑（如，是哪种英语变体？在什么环境下？为了什么目的？），这些假说直接借鉴了过去十年中批判社会语言学的重要学术成果（参见 Blommaert 2010；Pennycook 2010）。

　　语言政策和政治理论之间进一步的跨学科渗透，尽管仍不平衡，但蕴涵巨大的潜力，属于一个持续发展的领域，也是一个所有语言政策学者都应该认真考虑的问题。《语言政策》期刊就是一个例子，其中一期专门致力于进一步发展政治理论与语言政策之间的这些联系（Ricento et al. 2014），说明了它的发展方向、顾及的问题以及致力于什么样的合作。这种在语言政策方面持续进行的工作，直接应对语言政治、权力和不平等问题。这与 20 世纪 60 年代初期语言政策仅作为一种非政治的技术范式形成鲜明对比，因此更加受到欢迎。而且，它也越来越切实地提供了一种跨学科的模型，政治理论家可能会对此给予更多关注。

参考文献

Arcand, J.-L., and Grin, F. 2013. Language in economic development: Is English special and is linguistic fragmentation bad? In E. Earling and P. Seargeant, eds., *English and Development: Policy, Pedagogy and Globalization*, 243–266. Bristol, UK: Multilingual Matters.

Archibugi, D. 2005. The language of democracy: Vernacular or Esperanto? A comparison between the multiculturalist and cosmopolitan perspectives. *Political Studies* 53(3): 537–555.

Arzoz, X., ed. 2008. *Respecting Linguistic Diversity in the European Union*. Philadelphia: John Benjamins.

Barry, B. 2001. *Culture and Equality: An Egalitarian Critique of Multiculturalism*. Cambridge, MA: Harvard University Press.

Barth, F. 1969. *Ethnic Groups and Boundaries: The Social Organization of Culture*

Difference. Boston: Little, Brown & Co.

Bauman, R., and Briggs, C. 2003. *Voices of Modernity: Language Ideologies and the Politics of Inequality*. Cambridge: Cambridge University Press.

Bhabha, H. 1994. *The Location of Culture*. London: Routledge.

Blommaert, J., ed. 1999. *Language Ideological Debates*. Berlin: Mouton de Gruyter.

Blommaert, J. 2010. *The Sociolinguistics of Globalization*. New York: Cambridge University Press.

Brutt-Griffler, J., and Evan Davies, C., eds. 2006. *English and Ethnicity*. Basingstoke, UK: Palgrave Macmillan.

Cardinal, L. 1999. Linguistic rights, minority rights and national rights: Some clarifications. *Inroads* 8: 77–86.

Cardinal, L. 2005. The ideological limits of linguistic diversity in Canada. *Journal of Multilingual and Multicultural Development* 26(6): 481–495.

Cardinal, L. 2007. New approaches for the empowerment of linguistic minorities: A study of language policy innovation in Canada since the 1980s. In C.H. Williams, ed., *Language and Governance*, 434–459. Cardiff: University of Wales Press.

Claude, I. 1955. *National Minorities: An International Problem*. Cambridge, MA: Harvard University Press.

de Swaan, A. 2001. *Words of the World: The Global Language System*. Cambridge: Polity Press.

Dua, H. 1994. *Hegemony of English*. Mysore: Yashoda Publications.

Dworkin, R. 1978. Liberalism. In S. Hampshire, ed., *Public and Private Morality*, 113–143. Cambridge: Cambridge University Press.

Gilroy, P. 2000. *Between Camps: Nations, Cultures and the Allure of Race*. London: Allen Lane/Penguin Press.

Grin, F. 2003. *Language Policy Evaluation and the European Charter for Regional or Minority Languages*. Basingstoke, UK: Palgrave Macmillan.

Grin, F. 2005. Linguistic human rights as a source of policy guidelines: A critical assessment. *Journal of Sociolinguistics* 9(3): 448–460.

Heath, S.B. 1972. *Telling Tongues: Language Policy in Mexico, Colony to Nation*. New York: Teachers College Press.

Huntington, S. 2005. *Who Are We? America's Great Debate*. New York: Free Press. Ives, P. 2004. *Language and Hegemony in Gramsci*. London: Pluto Press.

Ives, P. 2010. Cosmopolitanism and global English: Language politics in globalisation debates. *Political Studies* 58(3): 516–535.

Johnson, D. 2013. *Language Policy*. Basingstoke, UK: Palgrave Macmillan. Kymlicka, W. 1989. *Liberalism, Community and Culture*. Oxford: Clarendon Press.

Kymlicka, W. 1995. *Multicultural Citizenship: A Liberal Theory of Minority Rights*. Oxford: Clarendon Press.

Kymlicka, W. 2001. *Politics in the Vernacular: Nationalism, Multiculturalism, and Citizenship*. Oxford: Oxford University Press.

Kymlicka, W. 2007. *Multicultural Odysseys: Navigating the New International Politics of Diversity*. Oxford: Oxford University Press.

Kymlicka, W., and Patten, A., eds. 2003. *Language Rights and Political Theory*. Oxford: Oxford University Press.

Laitin, D., and Reich, R. 2003. A liberal democratic approach to language justice. In W. Kymlicka and A. Patten, eds., *Language Rights and Political Theory*, 80–104. Oxford: Oxford University Press.

Liddicoat, A. 2013. *Language-in-Education Policies: The Discursive Construction of Intercultural Relations*. Bristol, UK: Multilingual Matters.

Lo Bianco 2008. Educational linguistics and education systems. In B. Spolsky and F. Hult, eds., *Handbook of Educational Linguistics*, 113–126. Malden, MA: Wiley-Blackwell.

Luke, A., McHoul, A., and Mey, J. 1990. On the limits of language planning: Class, state and power. In R. Baldauf and A. Luke, eds., *Language Planning and Education in Australia and the South Pacific*, 25–44. Clevedon, UK: Multilingual Matters.

May, S. 2003. Misconceiving minority language rights: Implications for liberal political theory. In W. Kymlicka and A Patten, eds., *Language Rights and Political Theory*, 123–152. Oxford: Oxford University Press.

May, S. 2004. Rethinking linguistic human rights: Answering questions of identity, essentialism and mobility. In D. Patrick and J. Freeland, eds., *Language Rights and Language "Survival": A Sociolinguistic Exploration*, 35–53. Manchester: St Jerome Publishing.

May, S. 2009. Critical multiculturalism and education. In J. Banks, ed., *Routledge International Companion to Multicultural Education*, 33–48. New York: Routledge.

May, S. 2011a. Bourdieu and language policy. In M. Grenfell, ed., *Bourdieu: Language and Linguistics*, 147–169. London: Continuum.

May, S. 2011b. Language rights: The "Cinderella" human right. *Journal of Human Rights* 10(3): 265–289.

May, S. 2012. *Language and Minority Rights: Ethnicity, Nationalism and the Politics of Identity*. 2nd ed. New York: Routledge.

May, S. 2014a. The problem with public monolingualism: Rethinking political theory and language policy for a multilingual world. *Language Policy* 13(4): 371–393.

May, S. 2014b. Justifying educational language rights. *Review of Research in Education* 38(1): 215–241.

May, S. 2015. The problem with English(es) and linguistic (in)justice. *Critical Review of International Social and Political Philosophy*, 18(2).

McCarty, T., ed. 2010. *Ethnography and Language Policy*. New York: Routledge.

Nettle, D., and Romaine, S. 2000. *Vanishing Voices: The Extinction of the World's Languages*. Oxford: Oxford University Press.

Nic Craith, M. 2006. *Europe and the Politics of Language: Citizens, Migrants, and Outsiders*. London: Palgrave Macmillan.

Nussbaum, M. 1997. *Cultivating Humanity*. Cambridge, MA: Harvard University Press.

Patten, A. 2009. Survey article: The justification of minority language rights. *Journal of Political Philosophy* 17(1): 102–128.

Pennycook, A. 2010. *Language as a Local Practice*. New York: Routledge.

Pogge, T. 2003. Accommodation rights for Hispanics in the US. In W. Kymlicka and A. Patten, eds., *Language Rights and Political Theory*, 105–122. Oxford: Oxford University Press.

Rawls, J. 1971. *A Theory of Justice*. Oxford: Oxford University Press.

Rawls, J. 1999. *The Law of Peoples*. Cambridge, MA: Harvard University Press.

Ricento, T. 2000. Historical and theoretical perspectives in language policy and planning. In T. Ricento, ed., *Ideology, Politics and Language Policies: Focus on English*, 9–24. Amsterdam; John Benjamins.

Ricento, T., ed. 2006. *An Introduction to Language Policy*. Oxford: Blackwell.

Ricento, T., Ives, P., and Peled, Y., eds. 2014. Special issue: Political theory and language policy. *Language Policy*, 13(4).

Schmidt, R., Sr. 2000. *Language Policy and Identity Politics in the United States*. Philadelphia: Temple University Press.

Skutnabb-Kangas, T. 2000. *Linguistic Genocide in Education – or Worldwide Diversity and Human Rights?* Mahwah, NJ: Lawrence Erlbaum.

Sonntag, S. 2003. *The Local Politics of Global English: Case Studies in Linguistic Globalization.* Oxford: Lexington Books.

Sonntag, S. 2009. Linguistic globalization and the call center industry: Imperialism, hegemony or cosmopolitanism? *Language Policy* 8(1): 5–25.

Taylor, C. 1994. The politics of recognition. In A. Gutmann, ed., *Multiculturalism: Examining the Politics of Recognition*, 25–73. Princeton, NJ: Princeton University Press.

Van Parijs, P. 2011. *Linguistic Justice for Europe and for the World.* Oxford: Oxford University Press.

Vertovec, S. 2007. Super-diversity and its implications. *Ethnic and Racial Studies* 30(6): 1024–1054.

Waldron, J. 1995. Minority cultures and the cosmopolitan alternative. In W. Kymlicka, ed., *The Rights of Minority Cultures*, 93–119. Oxford: Oxford University Press.

Wright, S. 2000. *Community and Communication: The Role of Language in Nation State Building and European Integration.* Clevedon, UK: Multilingual Matters.

拓展阅读

Bauman, R., and Briggs, C. 2003. *Voices of Modernity: Language Ideologies and the Politics of Inequality.* Cambridge: Cambridge University Press.

Kymlicka, W., and Patten, A., eds. 2003. *Language Rights and Political Theory.* Oxford: Oxford University Press.

May, S. 2012. *Language and Minority Rights: Ethnicity, Nationalism and the Politics of Identity.* 2nd ed. New York: Routledge.

Wright, S. 2000. *Community and Communication: The Role of Language in Nation State Building and European Integration.* Clevedon, UK: Multilingual Matters.

第 6 章　语言与法律

迪米特里·科切诺夫，费尔南·德瓦伦斯

6.1 引言

　　法律是一个先验的偏见体系：正如塔利（Tully 1995）所言，真正中立的宪政是不可能存在的。一个国家及其法律运作的基础常常是（虽然并非总是），该国的人民必须用一种共同的、排他性的语言团结起来。国家及国际各级机构和程序的任务是驯服这种固有的偏见。这需要通过权利而不是义务来看待法律，并重申正当性而非绝对的权威性。因此，至少在当代的理解中，法律研究就是审视法律如何通过保护和赋予个人和群体权力以及驯服强大利益集团来与世界互动。在世界各国法律秩序中，在国家和国际组织之间运作的国际法中，以及在超越国家的区域组织（如欧盟）法律中，对待语言的方法在演变，对语言多样性和保护非官方或"非正确"语言的使用者变得越来越宽容（Salamun 2009）。本章将概述现行有关语言权利的最重要的国际和区域法律文件，并记录"国际语言法"的核心特征。

6.2　正当性与权利

　　过去，通常是通过绝对的权威来寻求法律的说服力，通过虚构的（或真实的）立法者的形象来解释（Tilly 1992），并伴随着完全服从的意识形态和对现有的表面义务的假定来解释。过去半个世纪的发展使这种"权威文化"逐渐转向"正当性文化"（Cohen-Eliya and Porat 2013）：只有经过理性、必要性、常识或其他合法因素的证明，法律才是合理的，而不单单是凭借纯粹权力。此外，正如基础法律史研究表明的那样，20 世纪全球法律政治发展的总体背景是逐步走向权利（Kennedy 2006）。

　　但是，情况并非一成不变，经常会有不同的法律原则和方法相互取代。法律的延展性理念与当代法律文本的性质相适应，即通过权利证明和理解法律：由于合理性最终意味着将一种利益或权利与另一种利益进行权衡，这种权衡的结果在很大程度上取决于法律文本中规定的应享权利，也取决于具体权利可能受到的侵犯程度（Tsakyrakis 2015）。任何这样的权衡，尽管至少在纸面上遵循一些明确的规则和阶段，最终都不过是纯粹的修辞手法（Alexy 2010）。明确地说，其修辞性是其吸引力背后的关键考虑因素（Neyer 2015）。重要的是，说明权利的文本几乎总是与权利主张者的影响力程度联系在一起：在特定情况下，他人的权利、利益或应享权利因适用平衡法占上风时，权利就可以被解释为无效（Tsakyrakis 2009）。因此，法律并不总是一种高精度的手段，其主要工具是语言。

因此，研究法律至少意味着两件事。首先，学术律师描述并解释现行法律，从而建立一套连贯和可行的规则体系管理社会关系和社会互动，并根据通常以一致性为重点的司法规范理想对其进行评估（Vick 2004：179）。其次，学术律师对当前制度进行改进，包括对立法者的提案、对现有规定的新解释、对公认原则的提炼以及其他改善社会运行的建议。

6.3 反语言多样性法案

直到第二次世界大战后国际人权法出现，世界各地法律理论和法律实践的哲学立场显然是，一个国家的公民在语言方面的相关问题由这个国家决定，且只由这个国家决定，这是权威文化的本质。尽管这是一种概括，因为显然总是有许多例外，但确实最近几个世纪以来，许多国家政府倾向于仅指定一种官方语言，而很少考虑到世界各地实际使用的语言。例如，英国、法国、西班牙和葡萄牙等欧洲殖民国家自 16 世纪就制定了法律和政策，规定土著或少数民族语言应被禁止或至少被限制于家庭域中，即使这些语言被相当大比例的人口所使用（在一些罕见但并非闻所未闻的情况下，甚至是大多数人使用的语言[1]）。因此，西班牙的少数民族语言巴斯克语和加泰罗尼亚语，以及在美洲使用的土著民族语言，有时被视为现代化、中央集权国家的障碍，或对国家统一的威胁。依据 18 世纪西班牙卡洛斯三世（Carlos III）的立法，这些语言必须被消灭（Real Cédula 1770）。这些例子表明，人们认为有必要利用法律来消除土著语言和其他语言，并强制推行卡斯蒂利亚语（即西班牙语）作为所有臣民的语言，这恰恰与以下观点相反，即法律是一门中立学科，对语言不感兴趣。正如 1770 年君主立法明确指出的那样，这是必要的，唯有这样卡斯蒂利亚语才能成为王国的唯一语言——在这里法律被用作达到目的的手段。

即使在 20 世纪，在学校里惩罚不讲官方语言的土著或少数族裔儿童并不少见：加拿大、澳大利亚、美国和芬兰的土著儿童有时会因使用母语而受到惩罚、羞辱甚至殴打。土耳其曾明令禁止教授库尔德语，直到近些年才允许播放库尔德歌曲、用库尔德语出版，甚至取一个库尔德语名字。在 20 世纪 80 年代的保加利亚，法律规定在公共场合讲土耳其语是犯罪行为：在保加利亚的街上讲土耳其语，可能会面临罚款数百列佛（保加利亚货币）的惩罚，由此出现了"土耳其语是世界上最昂贵语言"的笑话。同样在 20 世纪 80 年代，由于英语是美国佛罗里达州的唯一官方语言，当地政府甚至试图禁止官方使用英语以外的所有语言，其中甚至包括在动物园用于识别物种的拉丁语，还禁止将孕妇治疗等与公共医疗相关的内容翻译成西班牙语或其他语言。

不应认为此类事件是"偶然的"，也不应认为国家当局和法律是中立的，因为有时人们就认为每个人都受到官方语言的约束。在世界的不同地方，有各种意识形态支持国家必须实行单语制度，即一个国家只存在一种通用语且国家在必要时能强制国民使用。按照帕滕的说法，这些方法各不相同：从只有操官方语言和国语才能在现代经济中获得工作机会，到只能通过一种语言来促进协商民主和社会对话，而所有其他语言均被排斥，再到提高国家提供服务（包括医疗和教育）的效率——即使不是每个人都能获得这些服务，因为有些人不能流利使用提供这种服务的语言；到最后形成了"通用语可以反过来成为共同身份的定义之一"的论点（Patten 2009：105–106）。

然而，上面提到的通用语具有误导性，因为它实际上指的是一种排他性的语言：只能存在一种语言，因此在理论上它显然是共同的，尽管事实上并非所有人都平等地共享这种语言。至关重要的是，一种通用语言不必具有排他性：在忽略那些不使用多数语言或不如语言多数群体成员擅长该语言的人的利益和观点时，却称之为"民主"；当用来为特定共同语言辩护时，民主只有在排除人口的一部分并否认他们在语言领域的一系列权利或利益时才算是"民主"。

类似于帕滕为排他性语言所做的辩护，其中包含的谬误数量令人不安，包括国家机构"仅以单一语言运行时才更有效率"的说法（Patten 2009：105）。实际上，只有在每个人都能熟练使用官方语言的前提下才能成立，但这在世界上大多数国家几乎都是不可能的。相反，当国家机构使用人民实际理解或精通的语言时（很多时候不止一种语言），它们反而"更有效率"。

6.4 国家应该使用大众语言吗？

虽然确实有很多人出于各种原因认为国家单语制是一种理想的状态，但问题仍然存在，即人权和国际法是否可以用来影响国家的语言偏好和政策？换言之，是人民说国家的语言，还是在某些情况下国家必须说人民的语言？

第二次世界大战之前，国际法中没有任何对人权的真正保护。情况显然如此：一个国家的人民在国际法中没有"语言权利或自由"。因此至少在国际法看来，必须遵守国家在语言和国内法律事务中的主权行使。例如，欧洲许多国家的人民在 17 世纪之前就必须遵循国家的官方宗教，有时也以统一或"共同宗教"原则（*cuius regio，eius religio*）的名义，即国家或统治者的宗教必须是人民的宗教。这段时期的宗教战争造就了一系列条约，至少在欧洲，这些条约促成了宗教自由权的萌芽，这在一定程度上限制了国家在该领域的影响。然而这并没有超出宗教范围以涵盖法律与语言之间的关系：言论自由和不因语言而歧视等的其他人权，直到几个世纪后才成为国际法的一部分。

因此，各国得以采取自己想要的任何方式在法律和语言问题上对待自己的国民，甚至可以强迫他们同化，儿童不学习官方语言则进行体罚，强行更改姓名，并以语言为理由剥夺他们进入医疗保健系统的权利，甚至有时剥夺他们的投票权。当然，并非所有国家都这样做。从历史上看，有许多国家试图使用本土人民的语言，瑞士是其中最具这一传统的国家之一，但也有其他国家没有试图使用本土人民的语言，特别是印度和新加坡。但不可否认的是，在欧洲和世界上的许多地区，无论是左翼还是右翼的意识形态都认为少数民族语言是不受欢迎的、落后的或未开化的。

因此，对于西方自由主义之父之一的约翰·斯图尔特·米尔（John Stuart Mill）来说，布列塔尼和巴斯克等少数民族的语言同化不仅是可取的，而且出于现代性的考虑也是必要的：

> 经验证明，一个民族融合并被吸收到另一个民族是可能的：当它原本是人类种族中较为低劣且落后的一族时，吸收对其极为有利。没有人会为此感到闷闷不乐，那就是摒弃本民族残留的半野蛮时代的遗物，去吸收一个高度文明和有教养的人群的思想和情感，譬如成为法国的一员。这对布列塔尼人或法国纳瓦尔巴斯克人来说是大有益处

的。（Mill 1861）

弗里德里希·恩格斯（Friedrich Engels）在意识形态上是左翼思想的"对立面"，他在思想上与之共鸣的观点是，有必要用单语制取代一个国家的语言多样性，尽管这是基于他所认为的历史革命和发展的力量：

> 在欧洲，任何一个国家都能在某个角落找到一个或几个残存的民族，即被那个后来成了历史发展代表者的民族所排挤和征服了的先前居民的残余。这些民族的残余……这些残存的民族，总是成为反革命的狂热代表者，并且以后还会是这样，直到它们被完全消灭或者彻底丧失其民族特性为止；就像它们的存在本身就是对伟大历史革命的抗议。（Engels 1849）。

这些观点也反映在对法律和语言的普遍态度中，它们很大程度上处于不容置疑的地位，直到第二次世界大战之后，（对国家的）职责精神逐渐开始转变为权利精神。联合国成立后，在国际法中制定了初步条约以承认和保护人权，然而这些条约在语言问题上仍然保持沉默。虽然总体上禁止以语言为由的歧视，但除此之外，几乎没有实际提及语言。只有《公民权利和政治权利国际公约》（1966 年签署，1976 年生效）第 27 条规定，不剥夺语言少数群体成员在其群体内部使用其语言的权利。该项规定在其他一些条约中也有提及。

6.5 当代国际法：一些积极的发展

国际法是否可以影响一国的语言法案，这个问题花了相当长的时间才得以澄清，而这只是在 20 世纪下半叶才真正发生的。20 世纪 70 年代和 80 年代，联合国人权理事会（UNHRC）、欧洲人权委员会（ECHR）和欧洲人权法院（ECtHR）处理了许多涉及"语言权利"的申诉。在所有这些案件中，国际机构均拒绝了在语言自由的名义下，法国、比利时、荷兰或爱尔兰的公共当局也必须使用其他语言的请求。对于这些委员会和法院而言，驳回所有这些案件的主要原因是，要么国际法中不存在语言自由本身，要么认为公共当局使用特定语言与言论自由无关。[2]

但是，这些案件在某种程度上只是在非常狭窄的领域表明：语言自由这一特定权利并不属于国际法。其中所有案件实际上都没有排除任何利用国际法来限制国家语言政策主权的可能性，即使这些政策涉及一个国家的官方语言。这种情况的首次发生确实是在 1993 年，当时一个国际机构裁定涉及一种官方语言的立法可能会受到国际法的影响（UNHRC 1993，巴兰坦、戴维森、麦克因泰尔诉加拿大案 [Ballantyne，Davidson，McIntyre v. Canada]）。在经历国际上数十年的不确定性之后，人们明确表示，言论自由虽然没有将"语言自由"本身确立为基本权利，但确实包括了与私人活动（包括商业活动）有关的语言表达形式，因此这包括以自己选择的语言在私人活动中表达自己的自由。不能用排他性的官方语言来简单地排除这一基本权利：

> 11.4 ……委员会认为，没有必要为了保护在加拿大处于弱势地位的法语群体，就禁止英语商业广告。可以通过其他方式实现这种保护，这些方式并不排除从事贸易等活动的人以自己选择的语言进行表达的自由。例如，法律可能要求广告必须同时使用法文和英文。一国可以选择一种或多种官方语言，但在公共生活范围之外，不得排除以自己选择的语言进行表达的自由。委员会因此认为这违反了第十九条第二款。（UNHRC 1993）

尽管这听起来可能令人惊讶，但直到最近几十年，这一点才变得清晰起来，即一个国家在法律上的语言选择仍必须遵守国际人权法，言论自由包括私人活动中的语言偏好。上文所述的"文化正当性"要求世界各国尽最大努力证明其政策符合国际人权标准。

如今，人们都认同语言在私人领域中的使用受言论自由的保护，而一国以其官方语言的名义可以做的事情在私人活动方面受到限制。此外，欧洲人权法院还同意联合国难民事务高级专员办事处的看法，即"只要尊重《公约》所保护的权利，各缔约国有权强制和规范其在身份证件和其他官方文件中使用一种或多种官方语言"（ECtHR 2004，孟策诉拉脱维亚案 [Mentzen v. Latvia]）。除了这些问题之外，尚不清楚国际法如何影响公共当局自身对官方语言的使用，以及国家在语言与法律之间的关系上拥有何种裁决权。

一方面，有些人研究了这些案件和这种做法，得出的结论是，国际人权法与公共机构使用国家官方语言无关。[3] 据此，被国际人权法唯一涵盖的语言权利涉及言论自由下的私人领域的语言使用，也许还涉及《公民权利和政治权利国际公约》第 27 条，它规定了语言少数群体在成员间使用一种语言的权利。

但是，另一方面，似乎在不影响官方语言选择的情况下，更多近期的决策已经承认（尽管可能不是有意识地反对国家单语制），当局在某些情况下必须使用其他语言，以符合国际人权标准。因此，语言和法律不能脱离一系列"语言"人权。这已成为欧洲人权法院、欧洲法院和联合国人权理事会一系列近期决定几乎未被注意的后果。例如，在 2000 年，联合国人权理事会指出（即使未直接说明），除了《宪法》规定的唯一官方语言英语外，为了遵守不因语言而产生歧视的原则，公共当局还必须在一定程度上使用非官方语言南非荷兰语，因为没有任何合理、正当的理由能说明为何该国部分地区以讲南非荷兰语的人为主，但国家当局仍规定这里的人们必须在某些情况下仅使用英语：

> 10.10 ……委员会注意到，提交人已经证明，缔约国已指示公务员即使有语言能力也不要以南非荷兰语对提交人与当局的书面或口头通信作出答复。这些禁止使用南非荷兰语的指示不仅涉及公开文件的发布，甚至还包括电话交谈。由于缔约国未作任何答复，委员会必须认真对待申请人的指控，即有关通知故意针对在与公共当局打交道时使用南非荷兰语的可能性。因此，委员会认定，作为说南非荷兰语的人，提交人是违反《公约》第 26 条的受害者。（UNHRC 2000，迪尔加德等人诉纳米比亚 [*J.G.A. Diergaardt et al. v. Namibia*]）

第二年，欧洲人权法院得出结论，北塞浦路斯的官方语言政策侵犯了受教育权以及私人和家庭生活权，因此政府必须在高中提供希腊语教育。尽管土耳其语是北塞浦路斯的官方语言，仅提供土耳其语和英语的公共教育仍不足以满足希腊语使用者的权利（ECtHR 2001，塞浦路斯诉土耳其 [*Cyprus v. Turkey*]）。在其他一些案例中，如果一国违反了欧盟的基本原则，例如行动自由和非歧视，欧洲法院会毫不犹豫地裁定反对该国的排他性官方语言政策。[4] 这些案件相对较新且颇具争议，因为它们直接反驳了许多人的假设，即国际法不可能影响公共当局必须使用何种语言的选择问题。

从上述所有不同法院和国际机构作出的裁决中，可以肯定的一点是，无论是在处理一种官方语言、国家语言、州立语言还是具有其他某种地位的语言，就个人私下或公共当局使用某种语言而言，都不免受国际人权法的约束。语言和法律问题并不是一个完全属于国家主权范围内的中立事项，而是反映了一些基本选择，这些选择可能以非常基础的方式影响个人，尤其是少数群体和土著人民，这可能与载于国际人权立法的普遍道德价值观相悖。

6.6 法律在确保语言权利和自由中的关键作用

数百年来，法律作为一种手段，在限制个人的语言权利中发挥了至关重要的作用，因为单语制常常被视为民族国家不可或缺的要素。正是由于法律准确严格地为国家建设服务，世界各地的许多语言都消失了。尽管民族主义并不一定会导致对语言多样性的抵触情绪增加（Anderson 1982），但我们已经目睹了世界各地的一些新宣称的语言复兴，这些语言只存在于当权者的民族主义思想中，包含摩尔多瓦语、克罗地亚语，以及几乎其他所有语言，其中黑山语是最新的例子。

研究人员应充分考虑当前的法律趋势，以及法律对压制和消除无数种语言的传统贡献。即使现在法律对语言的态度总体趋势似乎正在逆转，过去的格局仍然清晰可辨，许多与语言遗产有关的持续暴力文化痕迹仍然存在。比起新统治者一时兴起同意重新命名一种语言，更糟糕的是说一种与国家批准的语言完全不同的语言。尽管有许多与此相反的国际法律文件，但这常常导致迫害。此外，国家经常替父母决定孩子将学习哪种语言（ECtHR 1968，比利时语言案例；相反的案例参见 ECtHR 2012 卡坦等人诉摩尔多瓦与俄罗斯 [*Catan and Others v. Moldova and Russia*]，ECtHR 2001 塞浦路斯诉土耳其 [*Cyprus v. Turkey*]）；使用特定语言作为就业市场歧视的借口，即使这些语言与他们实际的社会地位无关（Kochenov et al. 2013）；并将入籍归化仪式与语言测试挂钩（Kochenov 2011），即使所测试的语言不是新公民将居住的地区所使用的语言。当局表现出令人惊讶的笨拙并不是什么新鲜事。正如斯科特（Scott 1999）清楚地指出，"像国家一样思考"通常意味着错误，语言法律和法规领域证明了这一观点。

尾注

1. 在许多殖民地背景下，主体族群的语言被抛弃，取而代之的是少数人的语言，如英语、法语或西班牙语，这一现象甚至一直延续到了今天。英语实际上是南非的一种少数人的语言，但越来越多的人开始使用英语，而祖鲁语（以及其他语言，如南非荷兰语）被排除在外。在布基纳法索，尽管只有不到 30% 的人能流利地说法语，但法语是唯一被国家当局使用的语言。

2. 欧洲人权委员会案卷（ECHR 1986，45 DR：240，弗里斯兰民族党诉荷兰 [*Fryske Nasjonale Partij v. Netherlands*]），欧洲人权委员会案卷（ECtHR 1970：792，某人诉爱尔兰 [*X. v. Ireland*]，《欧洲人权公约年鉴（13）》），欧洲人权委员会案卷（ECtHR 1965：338，李乌–圣皮埃尔居民诉比利时 [*Inhabitants of Leeuw-St. Pierre v. Belgium*]，《欧洲人权公约年鉴（8）》），联合国人权理事会（UNHRC 1990）案卷：*M.K.* 诉法国，联合国第 222/1987 号文件（A/45/40，卷 II：127），联合国人权理事会（UNHRC 1991）案卷：伊夫·卡多雷和埃尔韦·勒比汉诉法国 [*Yves Cadoret and Hervé Le Bihan v. France*]，联合国文件（UN Doc. CCPR/C/41/D/323/1988）。

3. 联合国人权理事会少数成员的异议，见 UNHRC（2000）迪尔加德等人诉纳米比亚（*J.G.A. Diergaardt* [*late Captain of the Rehoboth Baster Community*] *et al. v. Namibia*)，Communication 760/1997, UN Doc. CCPR/C/69/D/760/ 1997，联合国文件说明了这一立场："就行政当局而言，英语是缔约国的官方语言，很明显，不允许在行政部门、法院或公共生活中使用其他任何语言。提交人不能合法地辩称应允许他们在行政管理、法院或公共生活中使用其母语，并且缔约国坚持认为只能使用官方语言不能被视为侵犯了他们的权利……"

4. ECJ（1989）安妮塔·格罗纳（Anita Groener）诉教育部部长，C-379 / 87 [1989] ECR 3967，ECJ（1985）公共部诉罗伯特·海因里希·玛丽亚·穆奇（Robert Heinrich Maria Mutsch），C-137 / 84 [1985] ECR 2681，ECJ（2010）马尔戈扎塔·鲁涅维奇–瓦尔金和卢卡斯·沃丁诉维尔纽斯市自治政府管理局，立陶宛共和国司法部，立陶宛国家语言委员会，维尔纽斯市自治政府管理局法律部民事度量衡部，C-391/09 [2011] ECR I-3787。

参考文献

主要文献

UNHRC. 1990. *M.K. v. France*. Communication 222/1987, UN Doc. A/45/40, Vol. II, 127.

UNHRC. 1991. *Yves Cadoret and Hervé Le Bihan v. France*. Communication 333/1988, UN Doc. CCPR/C/41/D/323/1988.

UNHRC. 1993. *Ballantyne, Davidson, McIntyre v. Canada*. Communications 359/1989 and 385/1989, UN Doc. CCPR/C/47/D/359/1989 and 385/1989/Rev.1.

UNHRC. 2000. *J.G.A. Diergaardt et al. v. Namibia*. *Communication* 760/1997, UN Doc. CCPR/C/69/D/760/1997.

ECtHR. 1965. *Inhabitants of Leeuw-St. Pierre v. Belgium*. 8 Yearbook of the European Convention on Human Rights 338.

ECtHR. 1968. *Belgian linguistics case*. 1 EHRR 252.

ECtHR. 1970. *X. v. Ireland*. 13 Yearbook of the European Convention on Human Rights 792.

ECtHR. 1986. *Fryske Nasjonale Partij v. Netherlands*. 45 DR 240.

ECtHR. 2001. *Cyprus v. Turkey*. 35 EHRR 30.

ECtHR. 2004. *Mentzen v. Latvia*. Decision on admissibility of 7 December 2004.

ECtHR. 2012. *Catan and Others v. Moldova and Russia*. App. nos. 43370/04, 8252/05 and 18454/06.

ECJ. 1985. *Ministère Public v. Robert Heinrich Maria Mutsch*. C-137/84 [1985] ECR 2681.

ECJ. 1989. *Anita Groener v. Minister for Education*. C-379/87 [1989] ECR 3967.

ECJ. 2010. *Małgožata Runevič-Vardyn, Łukasz Wardyn v. Vilniaus miesto savivaldybės administracija, Lietuvos Respublikos teisingumo ministerija, Valstybinė lietuvių kalbos komisija, Vilniaus miesto savivaldybės administracijos Teisės departamento Civilinės metrikacijos skyrius*. C-391/09 [2011] ECR I-3787.

次要文献

Alexy, R. 2010. *A Theory of Constitutional Rights*. Oxford: Oxford University Press.

Anderson, B. 1982. *Imagined Communities: Reflections on the Origin and Spread of Nationalism*. London: Verso.

Cohen-Eliya, M., and Porat, I. 2013. *Proportionality and Constitutional Culture*. Oxford: Oxford University Press.

Kennedy, D. 2006. Three globalisations of legal thought: 1850–2000. In D.M. Trubek and A. Santos, eds., *The New Law and Economic Development: A Critical Appraisal*, 19–73. Cambridge: Cambridge University Press.

Kochenov, D. 2011. *Mevrouw* De Jong *gaat eten*: EU citizenship and the culture of prejudice. *EUI RSCAS Paper* 2011/06.

Kochenov, D., Poleshchuk, V., and Dimitrov, A. 2013. Do professional linguistic requirements discriminate? A legal analysis: Estonia and Latvia in the spotlight. *European Yearbook of Minority Issues* 10: 137–187.

Mill, J.S. 1861. *Considerations on Representative Government*. London: Parker, Son, and Bourn.

Neyer, J. 2015. Justice and the right to justification: Conceptual reflections. In D. Kochenov, G. de Búrca, and A. Williams, eds., *Europe's Justice Deficit?*, 211–226. Oxford: Hart Publishing.

Patten, A. 2009. The justification of minority language rights. *Journal of Political Philosophy* 17: 102–128.

Salamun, M. 2009. Linguistic rights of minorities in the jurisprudence of highest courts. *European Yearbook of Minority Issues* 8: 71–93.

Scott, J.C. 1999. *Seeing Like a State: How Certain Schemes to Improve the Human Condition Have Failed*. New Haven: Yale University Press.

Tilly, C. 1992. *Coercion, Capital and European States*. Oxford: Basil Blackwell.

Tsakyrakis, S. 2009. Proportionality: An assault on human rights? *International Journal of Constitutional Law* 7: 468–493.

Tsakyrakis, S. 2015. Disproportionate individualism. In D. Kochenov, G. de Búrca, and A. Williams, eds., *Europe's Justice Deficit?*, 235–246. Oxford: Hart Publishing.

Tully, J. 1995. *Strange Multiplicity: Constitutionalism in the Age of Diversity*. Cambridge: Cambridge University Press.

Vick, D.W. 2004. Interdisciplinarity and the discipline of law. *Journal of Law and Society* 31: 163–193.

拓展阅读

Berman, H.J. 2013. *Law and Language, Effective Symbols of Community*. Cambridge: Cambridge University Press.

de Varennes, F. 1996. *Language, Minorities and Human Rights*. Dordrecht: Martinus Nijhoff.

de Varennes, F. 2013. Minorias e direitos humanos: Proteção linguística. In L. Jubilut, J.L. Quadros de Magalhaes and A. Bahia, eds., *Direito à diferença e a proteção jurídica das minorias*, 381–399. São Paulo.

Kjær, A.L., and Adamo, S. 2011. *Linguistic Diversity and European Democracy*. Burlington, VT: Ashgate.

Skuttnabb-Kangas, T., Phillipson, R., and Rannut, M., eds. 1995. *Linguistic Human Rights: Overcoming Discrimination*. Berlin: Mouton de Gruyter.

第二部分
语言政策与规划的研究路径

第 7 章　通过 Q 分类法研究语言问题

约瑟夫·楼必安可

7.1 引言

本章讨论语言政策与规划中的 Q 分类法（Watts and Stenner 2012）。我们在工作中将其与审议研讨法（deliberation conferencing）联系在一起（Lo Bianco and Aliani 2013）。Q 分类法适合不同环境、场所和机构的委托政策建议需要，在学术研究中也很有启发性。对于研究新手、博士生和早期职业语言规划师来说，Q 分类法为聚焦语言政策中的关键问题提供了可能性，特别是探索、定义和分析语言问题的中心问题。虽然并非所有的语言政策制定都是致力于解决交际沟通问题，但其中大部分是这样的，而语言问题的性质和判定，以及如何处理这个问题是该学科的一个中心问题和持续挑战。

本章的讨论主要面向研究新手、博士生，或者一些经验丰富的研究者，他们希望探索 Q 分类法对语言政策研究可能存在的启示。我要强调，增加研讨会或促进对话，将 Q 方法的发现与寻求解决方案的讨论联系起来，这超越了对语言政策的学术分析，进入了协助各部门制定、实施和评估语言政策的领域。这里的关键目标是促进一种参与式、民主型和基于对话的手段，以商定哪些语言问题将被选择用于政策处理（Lo Bianco 2010），如何开展解决这些语言问题所需的政策编写和规划工作，以及如何研究、记录政策过程和结果（另见 Canagarajah，本书）。

通常情况下，研究人员出于个人背景或先前经验，或出于与专业活动的联系，或出于对政治参与问题的回应，提出研究建议和专题，以探讨对他们来说重要的问题。Q 分类法提供了一个系统和实证的基础，包括选题，精确确定研究问题的界限和范围，探索研究问题的相关领域，阐明在公共领域论辩或呈现的典型问题以及其中隐藏的维度、意识形态和历史。运用 Q 分类法，研究人员，无论是新手还是经验丰富的学者，都能以高度集中的方式在与语言有关问题的辩论中绘制出论点、立场和潜在话语，从而使研究能够对即使是相当复杂的语言问题进行连贯调查。

在选择研究重点、提出包含争议并可能引起政策关注的论据方面，民族志和基于文本的语言政策研究方法通常不太系统和结构化。然而，如前所述，Q分类法作为一种解决实际问题的方法很重要，例如参与现实世界的语言政策制定项目。因此，研究新手，甚至是经验丰富的语言规划学者，都可以利用这一方法将他们在语言规划方面的学术工作和学术著作与具体的语言决策更紧密地联系起来。

7.2 提出研究问题

除了协助选择论文主题之外，Q分类法在语言政策研究中也很有价值，它可以定义交际问题的本质和复杂性，而交际问题是实际语言规划的核心，这一过程通常被称为"定义问题"。

语言政策研究的典型方法源自20世纪60年代和70年代的语言科学，特别是社会语言学和应用语言学的学术范畴和研究实践，即来自社会语言学调查（Lo Bianco 2010）。随后，语言政策早期的核心理论家参与了正式的政策科学，设计了一个通用语言规划矩阵，类似于一般政策分析的主导范式，特别是它对"理性选择"概念的依附，这是当代政策科学的核心思想（Rubin and Jernudd 1971；Lo Bianco 2010）。由此产生的语言政策研究元方法模仿了公共管理和人力资源管理的正式程序，大致涉及以下活动：

1. 确定问题（收集事实）。
2. 设定目标（政策制定）。
3. 分析成本效益（合理论证备选方案、计算投资回报）。
4. 实施（执行政策）。
5. 评估（将预测结果与实际结果进行比较）。

在后结构和后现代主义的影响下，作为语言政策学术批评转向的一部分，这一系列用于实施和理解语言政策的正式程序受到了无情的批评（Ricento 2000）。批评者声称，这些程序伪装成中立的信息收集，或公开考虑的替代方案，而事实上他们涉及入侵私人语言世界，催生了官僚和技术权威管理少数民族社区生活的手段，并且相较于普通公民，更倾向于优先考虑专业语言规划者的利益和议程（相关的批评讨论见 Lo Bianco 2004）。

在语言政策与规划的其他分支中，对利益的性质和语言问题的特征进行理论研究的方式完全不同。1985 年，杜瓦撰写了一篇关于印度语言政策的文章，他声称，"对言语社区语言问题进行定性和系统说明是政策制定、语言规划和语言处理的先决条件"（Dua 1985：3）。有许多方法可以描述和理解语言或沟通问题，一些学者（如 Nahir 1984）和杜瓦本人在后来的反思（Dua 2008a，2008b）中，更倾向于将语言目标、语言管理（Spolsky 2009）或社会变革（Cooper 1989）作为语言规划活动的动力和概念范式。

杜瓦（Dua 1985）对语言问题进行了详尽的分类，从社会语言学的角度反映了印度多语言和多文字的现状，关注语言问题的定义者，无论他们是内部人士还是局外人，政治家还是官僚，研究人员还是专业人士以及"人民"。这些观点反过来与四种社会需求有关，分别为规范需求（专业人员或专家主导的需求）、感受需求（受影响的群体或个人在定义过程中占上风）、表达需求（指那些被转化为行动的感受需求）和比较需求（通过与社区面临的其他需求对比而确立的社会语言需求）。杜瓦的方案被进一步阐述为关于语言问题最终如何以政策方式处理的一系列对立面：广泛或狭隘，深刻或表面，精确或模糊，理性或非理性。

现代语言规划理论的另一位先驱鲁宾（Rubin 1986）借鉴了一般的公共政策概念来区分"驯服"和"棘手"问题，语言问题总是被归类为棘手问题，不同说话群体对其赋予了象征性和实质性利益。这当然是关于语言问题特征的一个重要事实，这需要将语言政策理论和政策制定及其分析与不那么棘手的问题加以区分。在一些国家，社会群体的意识形态偏好涉及与哪些问题抗争，或者更确切地说，"谁的"问题将被分配资源并成为政策关注的焦点。这一点在美国试图制定宪法修正案，赋予英语目前缺乏的官方地位的争论中很明显。在美国，英语地位的政治斗争所涉及的确切问题，不能与诸如就业、移民、公民权利和教育等一系列广泛的实质性问题，以及关于归属感、代表性和国家建设等象征性问题隔离开来（Lo Bianco 2007）。

一些人认为，语言问题先于语言政策与规划存在，或者说它们是客观可辨且无争议的，更是"科学的"问题，在语言规划活动之前便已确定。由上文可见，这些观点对于语言政策活动（无论是分析还是实践），都是站不住脚的。正如杜瓦所建议的，语言问题的定义是语言规划本身过程的一个关键部分，如何定义和解决语言问题给分析带来了深刻的概念挑战。Q 分类法是一种实用的研究工具，适用于学术新手提出研究问题，也适用于知名学者分析长期的、棘手的语言政策争议问题。

7.3 选择研究场景

这里提出的研究方法在获得研究参与者的机会、参与者所需要的时间、材料和其他资源的需求方面有所不同。Q分类排序研究的大部分过程涉及案头和图书馆研究。Q分类法非常灵活，如下所述，可以进行小样本量的高强度研究，也可以在大样本量的情况下保持其强度水平。

Q分类法具有很高的灵活性，研究背景也非常多样，尽管各种类型的研讨实践通常需要接触涉及语言规划争议或争论的人员，但对于新手研究人员和博士研究项目来说，这可能并不总是可行的。

协商民主理论促进了对话的方式，特别是议事会议，这已成为若干社会科学学科集体问题解决和民主实践研究议程上的一个重要特征。因此，近年来，协商理论兴起，人们对其作为"话语"民主的实践产生了浓厚的兴趣。

受交际理论和论证映射技术的启发，解决实际问题的方法已呈指数级扩展，包括活动理论、交际理论、论证映射、批判性思维、应用认识论、智能增强、集体智慧、蜂巢思维等方面的见解（Blackler 2011；Engeström 2011）。活动的激增是为了设计新的话语决策模式，关注在正式政策中盛行的专业管理主义与公民民主世界之间的障碍。

在澳大利亚，政治哲学家约翰·德雷泽克（John Dryzek）1990年的著作《话语民主》（*Discursive Democracy*）引发了广泛的兴趣。约翰·乌尔（John Uhr）广泛流传的权威著作《澳大利亚的协商民主》（*Deliberative Democracy in Australia* 1998）也深受其影响。

在语言政策研究中使用这两种方法的一个独特维度涉及确定什么算作语言规划。Q方法和协商方法都要求语言学者深入问题定义阶段，描述争论、妥协和协商的动态过程，这是公众讨论决策的特征。在正式程序中需要确定哪些政策目标将在特定背景中得到支持，在此之前需要先开展上述语言规划过程，因此会涉及多个背景、行为者和主张。在这种方法中，我们需抛弃这样一种观念，即语言政策是制定技术程序，以解决预先存在的语言规划本身的问题，以及相关的假设，即语言规划者可以被认为是中立的技术人员，他们能够进入这样一个环境：通过某种独立于他们存在的过程，由此被赋予解决问题的职权。语言规划者当然是一个专业的技术人员阶层，而新手研究人员则致力于获得和提高这些技能，但从他们作为新手、博士生或年轻学者进入这一领域，一直到成为一名成熟的专业分析师，他们也都是有自己的利益、意识形态倾向和理论倾向的个体。

在语言规划的动态迭代过程中，在更正式的语言决策活动中，研究及研究者的角色，以及最终的研究知识路径，都需要概念化，将对事态具有重要影响力的行为者和机构囊括进来，而不是外部技术人员。然而，一些持批评态度的学者倾向于完全拒绝语言政策制定进程，因为他们认为某些语言政策实践是有缺陷的，或者在政治上是幼稚的，或者某些语言政策的目的是有争议的，这使得官员、社区成员和各种权威人士无法获得语言规划的专业指导，缺乏几十年来语言规划的一整套概念、经验和反思。对语言规划和政策学科的知识积累是在当代世界的全球化和人口流动之后，对现实世界语言政策制定巨大需求的回应。语言规划概念和方法很可能会出现快速增长，语言规划专业的独特性也会得到社会认可，并通过基于学科研究所产生的知识，为解决真实世界语言问题提供支持并作出重大贡献。

7.4 数据收集和分析方法

Q 分类法，通常简称为 Q 方法，通过反向因子分析的数学过程来研究态度。Q 方法的创始人是英国物理学家和心理学家威廉·斯蒂芬森 (Stephenson 1902–1989)。1953 年，斯蒂芬森反对思想和行为的二元论概念，反对内部和外部参照系之间的任何区别。这些见解是他将 Q 方法设计为一种"动态心理学"的基础，旨在阐明知识和行动之间的联系。斯蒂芬森对研究主观性的方法很感兴趣，这种方法对研究人员来说是可行的。他对主观性的理解也很直接："一个人可以对别人或是自己交流的内容" (Stephenson 1968：501)。他提出应该通过接受被访者对自己世界的构建来实证地研究主观性，而不是将研究者定义的类别强加于其上。

最终，作为一名研究员，斯蒂芬森希望看到主观性以"可操作性"的方式被研究，即行为研究。为了实现这一点，他放弃了定义意识和自我的过程——这一过程一直困扰着他的专业领域，转而选择了一种实用的调查方法，要求研究人员接受受访者提供的参考框架。斯蒂芬森总是出于对获取知识的偏好，而不是对现象进行哲学思考的动机。他花了近 20 年的时间来完善并最终形成 Q 方法，为今天稳步扩展的可靠、易于实现、富有成效的调查方法奠定了基础。

与大多数态度测试或意见抽样不同，Q 分类排序探索了行为者的主观倾向（深层态度）以及受访者的身份和自我意识。许多研究表明，Q 方法是一种可靠的方法（Watts and Stenner 2012），提供了一种"系统和严格检验人类主观性的定量研究方法"（McKeown and Thomas 2013：7），其中主观性被简单地界定为个体对其观点的表露。

我使用 Q 分类法已超过 20 年，指导了几个基于 Q 方法的博士项目，并将其应用于澳大利亚、马来西亚、缅甸、苏格兰、斯里兰卡、泰国、东帝汶和美国的实际语言政策咨询。我一直认为它对参与者是非常可靠和有说服力的，特别是对那些积极参与特定语言问题的公开辩论者。我之所以选择 Q 分类法，是因为它最大限度地减少了外界对行为者经历的描述，这对于人们的语言和交流实践来说是一个特别有风险的尝试。Q 分类法保留了经验 / 科学形式（反向因子分析，以个人对世界的了解为关键变量），这有助于决策圈接受其结果（Brown1986，1996）。

大体上说，Q 方法的研究有四个阶段：

第一，围绕语言问题的公共争论进行广泛采样。

第二，筛选样本。

第三，邀请参与者对收集到的样本进行排序和评估。

第四，对上述评估进行统计学分析。

采样包括收集对语言问题或相关辩论中的问题所作的批评性和象征性陈述。陈述的长度各不相同，从电台辩论或竞选贴纸中摘录的几个词语口号，到宣传材料和报纸评论摘录，再到政策报道不等。选择这些陈述是因为它们提炼或捕捉了特定问题的主张和观点（例如，"土著儿童应使用其母语授课"或"澳大利亚学校应优先使用亚洲语言"）。在 Q 分类法中，关于研究问题的全部内容被称为"话语群"，它的抽样渗入公众辩论。主题包括使英语成为美国官方语言的争论、澳大利亚公共政策界关于土著语言对公立学校土著儿童教育作用的争论，或者，父母要求在提供法语浸入式教育的英属哥伦比亚省学校引入中文。Q 分类法的一个关键目标和结果是在一个话语群中识别出强大的"话语"，这些话语赋予了特定论点独特的轮廓、关联和差异。

很多陈述涵盖了话语群中不同参与者的各种立场，将这些大量有代表性的陈述收集起来是 Q 分类法极其重要的第一阶段。具有代表性和准确的抽样增强了整个分析过程的可信度。研究人员继续收集陈述，直到样本中出现重复，表明话语群已被穷尽。根据我的经验，这种冗余通常在收集了

80 至 100 份陈述之后达到；偶尔有必要收集多达 250 份陈述（Lo Bianco 2001），以确保对有争议问题的主张 / 论点已进行广泛采样。

然而，当参与者对陈述进行排名和评估时，这个数字超出了第三阶段所需的数量，因此需要在第二步筛选初始样本以减少数量。一个受欢迎的 Q 集大小在 40 到 50 个语句，确切数目取决于所研究问题的争议程度，以及反向因子计算的影响（Watts and Stenner 2012），可以使用准正态分布排名。

筛选方法多种多样，有些正式，有些非正式，这取决于研究人员可获得的资源、研究发生的物理环境以及所涉及的具体问题。从本质上讲，筛选需要对每个语句进行仔细的研究，并剔除重复的、边缘的、特殊的或短暂的陈述。该过程可以借助分析工具；我所使用的一种工具涉及判断陈述的论证性和修辞特征，特别是"政治话语分析矩阵"（Dryzek and Berejikian 1993）。该矩阵是剑桥大学政治哲学家斯蒂芬·图尔敏（Toulmin 2003）设计的一种推理形式，是图尔敏方法的扩展，其中数据、主张和证明是构建论证的顺序。我之所以喜欢使用这个工具，是因为它受协商研讨影响（Dryzek 1990；Uhr 1998；Dryzek and Niemeyer 2006）。协商研讨旨在解决或缓解语言问题，即从语言规划分析转向语言政策制定。如果 Q 分析已经了解论点的修辞特征，那么语言政策制定将受益于此。许多新手研究人员、博士生甚至有经验的研究人员在时间的压力下，会做更简单的筛选，去除重复，选择那些代表辩论立场或明确关键点的陈述。如果使用复杂的筛选，则需要根据其修辞特征对语句进行分类。无论是使用复杂的还是直接的筛选，最终的陈述集都会被置于单独打印的卡片上或计算机程序中。

研究者根据辩论话题有目的而非随机地选择参与者。在某些情况下，参与者是被排序的陈述者，关键标准是个人与问题的相关性，通常是那些最近积极参与特定语言问题辩论、研究或决策的人员。这个过程的第三部分可能会显得很耗时，有时也很微妙，需要大量的协商，部分原因是管理一个 40 到 50 个语句的 Q 分类排序需要 60 多分钟。然而，Q 方法的优势在于无论被调查者数量是大是小，它都是完全有效的，这使得 Q 方法对博士项目和新手研究人员十分友好。参与者的数量可以是单个关键个体，当研究的焦点涉及深入理解关键信息提供者的观点时，这个规模亦足够；然而，通常的研究会有 20 到 30 名受访者，他们来自不同言语社区、宣传团体、公务员机构、专业组织、政策制定者或政党提名人、媒体代表以及学校和研究人员。

研究人员可以通过访谈或焦点小组来补充Q分类法。这些可以在Q分类排序之前（从而生成陈述），或在排序后（帮助解释嵌入在整个话语群中的话语），并且可以与部分或所有参与者一同完成。这些形式的补充不是必需的，因为Q分类排序会生成广泛且丰富的数据。

每位参与者都要对每项陈述进行评估，在–5到+5的分布尺度上进行排序（即+5分和–5分计4票，+3分和–3分计5票，+2分和–2分计6票，+1分和–1分计7票，0分或中立／无观点计8票）。[①]这些"投票"或分数是对一个提示问题的回应（例如，根据你的同意／反对程度对这些陈述进行排名；或者根据你对马哈蒂尔总理建议马来西亚用英语教授科学、技术和数学科目的看法，对这些陈述进行排名）。

在记录每个人对陈述的排序之后，使用专业的Q软件对排序结果（即等级）进行统计分析，寻求整体相关性、个体陈述的权重，以及陈述组和受访组的得分。大多数情况下，一个话语群包含三到五个结构性的"话语"，其中通常有两三个特别强烈。在对排序进行分析之后，我发现为特定领域准备一份简明的"问题简报"很有用。问题简报可以报告调查结果，并协助组织对语言问题进行干预。要求参与者共同参与撰写问题简报是很有用的，因为这是一种叙事练习，有助于更好地理解竞争对手的立场，深化自身认识。

Q分析产生了关于关键参与者的意识形态和行动导向观点的可靠数据，使用政治话语矩阵作为筛选陈述的基础，使研究人员可以对整个论点及其组成部分的话语特征进行非常精细的分析。有了这种准备，研究人员就可以充分地分析语言规划的背景。因此，这两者是一个事实发现的连续过程，是语言规划中的学术或理论取向，与解决问题有关，一个主要是基于从业者的语言政策制定取向。

在语言政策和规划中引入诸如Q分类法的新方法，旨在纠正该领域过去对自我报告式态度调查的过度依赖。

需要记住的是，在现实世界中，语言政策制定很少涉及一般意义上的应用语言学、训练有素的职业语言规划师，甚至那些可能被称为语言规划理论的知识体系。正如费什曼在1994年所指出的，"实际上很少的语言规划实践是由语言规划理论所指导的"（Fishman 1994：97）。这一观点至今

---

① 注：按照正态分布，越极端的意见陈述，票数越少。

仍基本正确。语言政策分析观点以技术为导向，从博士研究开始，到新手参与该领域，一直到专家从业者，都参与了关于语言政策的知识生成，这从来都不是一种无关政治的行为。从卡尔维特（Calvet 1998）那里可以窥见这种可能的极端表现，他以一种非常直率的方式提出了这个问题，描述了他在非洲和其他地方研究的"语言战争"中语言学家的"共谋"角色。他对该领域的定义突出了语言规划的政治性，认为这是对语言的体外操纵，远离了语言争夺空间和权力的体内环境：

> 所有的规划都预设了一个政策，即当权者的政策……通过干预语言，语言学家成了权力游戏的一部分……通常情况下，语言学家会被发现站在权力的一边，即使他只认为自己是一名技术人员或顾问。
>
> (Calvet 1998：203)

卡尔维特进一步将语言学家作为语言规划师的"社会责任"定位为普通公民义务，而不是任何专业或学术传承。Q 分类法以及在生成数据后与各方进行的对话，无论它们是否遵循正式的协商原则，都提供了一种经过充分研究的、以公民为中心、旨在解决语言问题的行动方法，该方法可以发挥专业作用，也可为语言学家、社会语言学家、语言教育者和语言规划者的概念准备和调查提供专业意见。

7.5 案例研究

在澳大利亚墨尔本郊区，四所学校进行了一项为期五年的研究项目，Q 分类法在其中得到应用（相关描述见 Lo Bianco and Aliani 2013）。这些学校移民难民集中、学生社会经济地位较低，其学生被迫学习意大利语和日语，前者是当地的传统语言，后者是由国家和州一级语言教育政策规定学习的外语。这项研究是由教育部委托进行的，其明确目的是更好地了解双语学生的高流失率。老师挑选出 50 名初中学生（在澳大利亚被称为 8 年级和 9 年级学生），选择依据为他们是"犹豫不定"还是"下定决心"在义务学年后的 10 年级继续学习语言。最终有 20 名学习意大利语的学生和 28 名学习日语的学生参加了完整的 Q 陈述排序，并给予了充足的讨论时间，甚至可以重复排序。

这些 Q 陈述来源于之前与学生进行的长时间的焦点小组讨论，这个过程产生了大约 65 个可能有用的陈述，最终为每种语言选择了 25 个陈述。这些话题或称为"共享话语"，涵盖了教学方法、学习语言的过程、课程的相关性、学习该语言的价值、课堂管理和语言课程的组织结构等方面。这 25 份陈述被转录到卡片上，保留了学生们的原始表达形式，48 名参与者选择了他们对每个陈述同意或不同意的程度。为了方便活动，他们得到了一个带有预定图案的空白网格，并按以下方式放置卡片：+3 列放置 3 张卡片（最符合他们的观点），-3 列放置 3 张卡片（最不符合他们的观点），+2 和 -2 列也放置 3 张卡片；+1 和 -1 列中各放置 4 张卡片，中间的 0 列放置 5 张卡片。活动期间研究人员一直在场监督指导。然后使用专门的软件 PCQ 对分类结果进行了分析，旨在寻求相关性、计算和因子分析，从而可靠地确定了主要观点和共同信念。

研究结果被整理成整体"话语"类别，每种语言各有三个，包括特定陈述或一组陈述组的价态，以及它们所代表的争论或问题类型，每种语言内部和跨语言间话语呈现的差异和相似性。表 7.1 和表 7.2 采用 Q 分类排序结果的范例形式呈现了第一组意大利语和日语陈述的结果，然后对单个或成组的陈述或话语进行深入讨论。

研究结果充分揭示了学生流失的主要原因。事实证明，这些原因大多是各学校能够自行解决的，而只有部分可以归因于更广泛的政策背景。然而，研究还对政策的不切实际的期望提出了大量批评，这些期望并非基于学习者实际经验。与学校和教师的研讨活动遵循了研究过程，教师和学生积极参与了研究的所有阶段。这项研究的结果聚焦了所有决策者，包括学校、地区和部门的决策者，他们需要关注并探索研究暴露出的潜在语言问题。

表 7.1　意大利语视角 1：解决它，但先问我们！

-3	-2	-1	0	+1	+2	+3	共识性和区分性表述
4	8	7	3	1	6	17	3 个共识性表述 #1, 2, 3
15	13	12	5	2	16	18	0 个区分性表述
24	25	19	10	9	23	20	没有项目可以区分因素 1
		22	11	14			
			21				

资料来源：楼必安可和阿利亚尼（Lo Bianco and Aliani 2013：101，表 4.4）

表 7.2 日语视角 1：让我们更多地使用它！

−3	−2	−1	0	+1	+2	+3	共识性和区分性表述
12	9	3	2	4	5	1	6 个共识性表述＃2，15，
14	11	15	7	8	6	16	17，19，22，25
23	13	20	17	10	19	22	2 个区分性表述＃14，23
			24	21	18		
			25				

资料来源：楼必安可和阿利亚尼（Lo Bianco and Aliani 2013：112，表 4.10）

参考文献

Blackler, F. 2011. Power, politics and intervention theory: Lessons from organization studies. *Theory and Psychology* 21(5): 724–734.

Brown, S.R. 1986. Q-technique: Method, principles and procedures. In W.D. Berry and M.S. Lewis-Beck, eds., *New Tools for Social Scientists*, 57–99. Beverley Hills, CA: Sage.

Brown. R. J., (1996), Q Methodology as a foundation for a science of subjectivity. http://facstaff.uww.edu/cottlec/QArchive/science.htm (accessed January 13, 2015).

Calvet, L.J. 1998. *Language Wars and Linguistic Politics*. New York: Oxford University Press.

Cooper, R.L. 1989. *Language Planning and Social Change*. Cambridge: Cambridge University Press.

Dryzek, J.S. 1990. *Discursive Democracy: Politics, Policy, and Political Science*. New York: Cambridge University Press.

Dryzek, J.S., and Berejikian, J. 1993. Reconstructive democratic theory. *American Political Science Review* 87(1): 48–60.

Dryzek, J.S., and Niemeyer, S. 2006. Reconciling pluralism and consensus and political ideals. *American Journal of Political Science* 50 (3): 634–649.

Dua, H.R. 1985. *Language Planning in India*. New Delhi: Harnam Publications.

Dua, H.R. 2008a. *Ecology of Multilingualism: Language, Culture and Society*. Mysore: Yashoda Publications.

Dua, H.R. 2008b. *Language Education: The Mind of Society*. Mysore: Yashoda Publications.

Engeström, Y. 2011. From design experiments to formative interventions. *Theory and Psychology* 21(5): 598–628.

Fishman, J.A. 1994. Critiques of language planning: Minority languages perspective. *Journal of Multilingual and Multicultural Development* 15(2–3): 91–99.

Lo Bianco, J. 2001. Officialising language: A discourse study of language politics in the United States. August 2001. Canberra: Australian National University (Open Access Digital Collections). https://digitalcollections.anu.edu.au/handle/1885/47661 (accessed January 13, 2015).

Lo Bianco, J. 2004. Language planning as applied linguistics. In A. Davies and C. Elder, eds., *Handbook of Applied Linguistics*, 738–763. Oxford: Blackwell.

Lo Bianco, J. 2007. Protecting English in an anglophone age. In J. Cummins and C. Davison, eds., *International Handbook of English Language Teaching*, 169–183. Norwell, PA: Springer.

Lo Bianco, J. 2010. Language policy and planning. In N.H. Hornberger and S.L. McKay, eds., *Sociolinguistics and Language Education*, 143–176. Bristol: Multilingual Matters.

Lo Bianco, J., and Aliani, R. 2013. *Language Planning and Student Experiences: Intention, Rhetoric and Implementation*. Clevedon, UK: Multilingual Matters.

McKeown, B., and Thomas, D.B. 2013. *Q Methodology*. 2nd ed. Quantitative Applications in the Social Sciences 66. Thousand Oaks, CA: Sage.

Nahir, M. 1984. Language planning goals: A classification. *Language Problems and Language Planning* 8(3): 294–327.

Ricento, T. 2000. Historical and theoretical perspectives in language policy and planning. In T. Ricento, ed., *Ideology, Politics and Language Policies: Focus on English*, 9–25. Amsterdam: John Benjamins.

Rubin, J. 1986. City planning and language planning. In E. Annamalai, B.H. Jernudd, and J. Rubin, eds., *Language Planning: Proceedings of an Institute*, 105–123. Honolulu: East-West Center.

Rubin, J. and Jernudd, B.H. 1971. *Can Language Be Planned? Sociolinguistic Theory and Practice for Developing Nations*. Honolulu: University of Hawaii Press.

Stephenson, W. 1968. *The Study of Behavior: Q-technique and Its Methodology*. Chicago: University of Chicago Press.

Spolsky, B. 2009. *Language Management*. Cambridge: Cambridge University Press.

Toulmin, S. 2003. *The Uses of Argument*. Cambridge: Cambridge University Press.

Uhr, J. 1998. *Deliberative Democracy in Australia*. Cambridge: Cambridge University Press.

Watts, S., and Stenner, P. 2012. *Doing Q Methodological Research: Theory, Method and Interpretation*. London: Sage.

拓展阅读

Brown, S.R. 1980. *Political Subjectivity: Applications of Q Method*. New Haven: Yale University Press.

Brown, S.R. 1986. Q-technique: Method, principles and procedures. In W.D. Berry, M.S. Lewis-Beck, eds., *New Tools for Social Scientists*, 57–99. Beverley Hills, CA: Sage.

Stephenson, W. 1968. *The Study of Behavior: Q-technique and Its Methodology*. Chicago: University of Chicago Press.

Watts, S., and Stenner, P. 2012. *Doing Q Methodological Research: Theory, Method and Interpretation*. London: Sage.

第 8 章　语言政策与规划研究中的民族志

特蕾莎·麦卡蒂

8.1 引言

我们可以从两个方面来看待民族志：一个是在特定学科传统框架内进行研究的过程，另一个是从这一过程中衍生出来的产物，源自对该过程的描述。民族志作为一种过程和产物，其根源在于人类学。这意味着，为民族志研究提供信息的前提是基于人类学的认识、收集和评估证据的方式。教育人类学家哈里·沃尔科特（Wolcott 2008）将其描述为基于人类文化视角的"观察方式"，以及基于长期、第一手实地调查的"审视方式"。交际民族志学家德尔·海姆斯（Hymes 1980）进一步指出，民族志中包含了一种对社会探究的道德立场，即人性化、民主化和反霸权主义——我们可以称之为"成为研究者的一种方式"。本章探讨民族志的三个方面：观察、访谈和核查，以及这三个方面在语言政策与规划研究中的应用。

作为一种观察方式，民族志旨在"关注文化解释"（Wolcott 2008：72）——人们在社会实践中构建的意义（Anderson-Levitt 2006：281）。对于语言政策与规划民族志学家来说，这意味着将政策视为一个情境化的社会文化过程：以普遍日常的方式影响人们语言选择的实践、意识形态、态度和机制（McCarty 2011：xii）。有时，这些过程涉及传统上与政策相关的人工制品：声明、法规和法律，但民族志学家同样关注隐含的政策过程——人们在日常社会实践中适应、抵制和"制定"政策的方式。语言政策与规划民族志研究试图描述和理解这些复杂的过程，特别是构建它们的权力关系。

由此可见，民族志调查是全面且深度情境化的，将语言政策作为一个综合的（虽然经常是混乱的和有争议的）的社会文化体系的一部分来进行考察。民族志研究者还非常关注参与者的观点。这通常被称为"主位"视角，这一术语源于语言学家肯尼思·派克（Pike 1967）提出的一个类比，它将音位学（phonemics）与语音学（phonetics）进行了对比，前者是母语者默认拥有的语音系统知识，后者是语言的声音体系。主位（emic）和客位（etic）这两个术语通常分别指局内人知识和局外人知识。然而，正如我们将看到的，这不是一个简单的命题，因为民族志田野调查中的人际关系，就像所有的人际关系一样，纵横交错关涉多个相互交叉的认同和归属领域。

8.2 提出（好的）研究问题

像所有的研究方法一样，民族志很适合回答一些问题，但不适用于其他问题。民族志特别"擅长"阐明组织人类社会生活中的语言细节。人类学家克利福德·格尔茨（Geertz 1973）称之为话语、互动、活动和行为的"复杂细节"和"情境性"——从这些细节出发，推导出更普遍的理论。但是我们如何深入了解这些细节呢？如何提出好的民族志研究问题？

莱康普特和申苏尔（LeCompte and Schensul 2010：130–133）指出，研究问题可能来自怀有特定兴趣的小组之间的协作头脑风暴、研究人员在工作场所从事的任务，以及学术和个人承诺。例如，在我与纳瓦霍双语教师的长期合作中，我们对理解纳瓦霍儿童双语能力发展的共同兴趣，以及基于英语标准化考试的双语学习者缺陷这一观点的怀疑，使我们形成了一个长期的研究小组。最初，我们关注的是教师所面临的紧迫实践问题：什么样的识字评估最适合纳瓦霍语和英语能力各异的学生？随着我们调查的展开，新的问题出现了：儿童的家庭和社区基础的社会语言资源如何在他们的写作中表现出来？通过研究他们纳瓦霍语写作的内容、形式和过程，我们可以了解他们的英语写作吗？我们广泛观察了儿童在校内和校外参与的扫盲学习，并记录了相关对话，包括教师对他们自己纯英语教育的批判性反思，这些都成为基于纳瓦霍人认知方式的创新语言评估规划和教师发展的基础（McCarty and Dick 2003）。

在这个例子中，我们看到了民族志问题的几个维度。首先，研究问题是开放式的，旨在描述和理解复杂性，而不是将其简化为"是否问题"或衡量因果关系。其次，随着我们在该领域的理解的发展，研究问题可能会发生变化。这并不意味着民族志研究问题是任意的或随意的。相反，它们是在学科知识、伦理要求和现场面对面互动的基础上作出的谨慎决策（见Canagarajah，本书）。再次，民族志研究提出的问题有可能激发实践，即将民族志的洞察力转化为知识，供研究参与者使用并从中受益，同时通过大学和现场研究人员的共同参与，使研究过程民主化。

虽然民族志研究问题的答案是基于特定背景的，但它们同时也是可转移的。请注意这里与"可推广性"的对比，后者指基于随机或代表性样本的大型定量数据集；可推广性不是民族志的目标，尽管这并不排除民族志研究超越单一背景或地点之外的更广泛的适用性。再举一例。1988年，南希·霍恩伯格（Nancy Hornberger）出版了第一本完整的语言政策民族志研究，这是一个在秘鲁普诺农村和原住民为主的地区进行的案例研究。为了理解官方政策和当地实践之间的关系，霍恩伯格问道：语言维护是否可以规划？学校能否成为语言维护的有效主体？基于家庭和学校的语言意识形态，霍恩伯格分析了语言实践与政府政策之间的关系，分析表明，如果缺乏对当地情况的理解和自下而上的支持，自上而下的语言政策很可能会失败。这项工作对于理解学校作为语言政策与规划制定的场所产生了深远的影响，由此产生了一批以课堂和学校为基础的民族志研究。这些研究将教育实践者重新置于语言政策与规划的"中心"，扩展了自上而下和自下而上的概念（Menken and García 2010：1）。

随着"复杂编年史"的发展（Blommaert 2013），语言政策与规划民族志不断产生新的见解，提出了更多的问题。民族志研究的新问题包括21世纪全球化导致的"超多样性"升级（Blommaert 2013）和在前所未有的全球范围内土著和其他少数族裔母语同时减少之间的悖论。在不同的社会语言生态中，语言意识形态是如何形成和转变的？这些过程又如何与官方和非官方的语言政策相联系？语言政策研究人员和实践者可以从许多正在进行的基层语言复兴中学到什么？如何重新构想学校内外的教育以促进多元语言主义（García et al. 2006）？年轻人如何体验到超多样性和语言濒危的动态环境（Wyman et al. 2014）？年轻人如何适应特定的语言形式，用于什么目的，以及产生什么效果（Paris 2011）？对这些过程的研究如何指导语言政策与规划？要解决这些"民族志成熟"的研究问题，需要关注几个重点。罗斯曼和拉利斯（Rossman and Rallis 2003：114–117）提供了三个有帮助的初始问题。第一，考虑到时间、访问权限和可用资源，这些问题和研究计划是否"可行"？第二，它们是否"想要可行"？你是否对这些问题有深刻而持久的兴趣？第三，这些问题是否"应该可行"，即研究是否有价值，是否符合伦理，是否能产生重要的新知识？谁会受益？这些初始问题的答案取决于研究人员以前的经验、学科准备，以及研究发生的更大的社会背景。从清晰、有意义和可行的研究问题开始，可以为民族志调查奠定基础，同时为新发现打开大门。

8.3 选择研究场景

不存在没有情境的民族志。理解情境的多个交叉层次是民族志研究的目的。因此，在选择情景时，我们实际上是在讨论确定一个研究环境和参与者。这包括权衡我们的研究问题的含义——我需要了解什么才能回答这些问题，以及哪些设置最有可能提供这些信息？——同时也包括可行性、可及性和伦理问题。获取途径的逻辑有时可能优先于其他因素。显然，研究只有在被允许（或者更好的情况，被渴望）的情况下才有可能。虽然我们可以根据对这些因素的合理权衡来选择研究环境，但同样正确的是，环境有时也会根据当地的需求以及我们给研究项目带来的品质和经验来选择我们。值得重复的是，有时最好的研究情境并不是遥远的或"异国情调的"，而是一个我们已知的环境。

适当的准备，包括批判性地回顾相关文献，制定研究计划，以及协商准入和互惠，是至关重要的。民族志研究者在他们的工作环境中扮演官方或非官方的角色并不少见。例如，沃尔科特是夸夸特村（Kwakiut）学校的一名教师，这是他经典的教育民族志研究（Wolcott 2003 [1967]）的重点。举最近的例子，希拉·尼古拉斯（Nicholas 2014）既是部落公民，也是霍皮社区双语教师专业发展研究所的领导人，她在该机构进行了广泛的语言政策与规划民族志研究。语言政策研究员雷西·怀曼（Wyman 2012）开始了她在越匹克村（Yup'ik）的教师工作，在那里她完成了青年语言实践的民族志研究。最近的研究将教育工作者置于语言政策的中心，教师经常在本地环境中参与民族志研究（Menken and García 2010）。

所有这些都模糊了研究环境中主位—客位、内部—外部在研究环境中的界限。正如拉曼纳坦（Ramanathan 2011）所指出的，即使是文化内部人士也可能因为研究者角色的权力关系而被视为局外人（参见 Hult 2014 在瑞典的语言环境中，作为"内部研究人员"所做的战略性语言选择的探索）。这就提出了在选择研究场景时的伦理学和责任问题。例如，在新西兰毛利人社区的研究中，非土著研究人员理查德·希尔和斯蒂芬·梅强调需要解决土著和少数族裔社区研究中的权力不对称问题，以及对数据访问、收集和使用"提供清晰问责和控制"的研究伦理（Hill and May 2013：47-48）。卢姆比民族志研究者布莱恩·布雷博伊和他的同事们主张"研究即服务"，服务于那些研究对象（Brayboy et al. 2012：435）。这需要密切关注"四个 R"：建立基于尊重（respect）和互惠（reciprocity）的关系

（*relationships*），并认真对待我们的责任（*responsibility*），即研究如何影响我们的写作对象（Brayboy et al. 2012：436–440；Canagarajah 本书；Lin 本书；May 本书）。

因此，选择研究场景并不是一个简单的决定；选择本身就必须放在情境中考虑。怀曼等人将此称为"三重愿景"，其中民族志研究者认识和推进"学术性、[参与者]和更广泛的社区项目"（Wyman et al. 2014：18）。这将民族志定位为一种"研究者存在方式"，强调了其去殖民化、以使用为导向和社会正义的可能性。

8.4 数据收集和分析方法

英语单词"民族志"源自希腊语 *ethnos*（人）和 *grapho*（书写）。民族志的字面意思是"写人"。沃尔科特（Wolcott 2008）将实现这一目标的方法称为"观察方式"。一个核心原则是，研究者自身是最主要的研究工具，不是作为一个"消毒工具"，而是通过亲自长时间地在那里，作为学习者和人们经验的解释者。

作为一种观察方式，民族志包括通过参与式和非参与式观察、正式和非正式的访谈来探究，通过文件和人工制品的分析来检查（Wolcott 2008：48–50）。参与式观察是民族志调查的"首选方法"（Canagarajah 2006：156），包括适当参与被观察者的日常活动，观察活动、人员和物理场景，并系统地记录这些观察结果。正如米克（Meek 2010）关于裕空卡斯卡（Yukon Kaska）社区的语言复兴研究所示，民族志学者通常扮演多个参与观察者角色。作为当地土著启智项目的教育工作者和儿童发展专家、卡斯卡语言讲习班的助教，以及学习卡斯卡语的学生，她的民族志研究"从这些不同的位置，在与官员、语言专业人员、当地个人和家庭进行对话中脱颖而出"（Meek 2010：xviii）。

我们如何记录这种复杂和动态的人类活动？申苏尔和莱科姆特（Schensul and LeCompte 2013：48）指出，田野笔记是"民族志研究的核心"。作为现场社会生活和话语的记录，田野笔记包括对场景、参与者和活动的丰富描述（Emerson et al. 2011：12），还包括逐字引用自然发生的语言，注意到身体语言和非语言交流。清晰的形容词、行为动词和非推断性语言是优秀田野笔记的主要内容。田野笔记中记录的观察通常由研究日记、照片、音频或录像作为补充（Schensul and LeCompte 2013：83）。在参与社交场景的同时管理好这种描述，这并不是一件简单的任务，我们书写的内容不可避免地简化了巨大复杂性，使之成为可观察和可记录的内容。对于交际民族志，海姆斯（Hymes 1974）提出了"SPEAKING"助记标记（mnemonic），来指导田野笔记中记录的内容：

- Situation：情境
- Participants：参与者
- Ends：目的（意图）
- Acts：行为
- Key：（情感）基调
- Instrumentalities：媒介（工具）
- Norms：规范
- Genres：体裁（语体）

撰写良好的田野笔记需要高度的自反性（*reflexivity*）——批判性地反思我们的假设和主体位置，以及这些假设和我们的存在如何影响我们正在观察和解释的事物。观察者反思（通常称为"观察者评论"），即"研究者的感受、反应、直觉、初始解释、推测和工作假设"（Merriam 2009：131），可以用括号放在正文旁，也可用旁注的形式，以此来增强自反性。

田野笔记可以从札记开始，即"用关键词和短语捕捉到事件和印象的简短书面记录"（Emerson et al. 2011：29）。我发现图 8.1 所示的格式对于在田野中保持运行记录很有用。重要的是，离开现场后，必须在田野报告中尽快详细地说明札记和运行记录。图 8.2 提供了一个详细的田野笔记的修改样本，这是我对土著祖传语言教育进行的质性案例研究的一部分。报告从基本信息开始，包括日期、时间、目的、情境和参与者，然后从进入田野的那一刻开始叙述。详尽的田野笔记为分析提供了证据基础。在这种情况下，当与其他数据（例如，访谈、额外的观察）进行对比分析时，逐字引用的自然发生的话语阐明了这所学校的教育从业者如何建立一个基于非官方优势的语言政策，以对抗试图限制和压制土著和少数族裔语言的主导政策。还要注意海姆斯（Hyme 1974）的 SPEAKING 助记标记出现在笔记中。

第二种"观察方式"更为直接，那就是访谈（Wolcott 2008：49）。民族志访谈通常包括在参与式观察过程中记录的随意谈话，这些非结构化访谈可用于"为后续访谈制定问题"（Merriam 2009：89）。访谈也可以是结构化的，使用预先确定的、不变的问题。然而，更常见的是半结构化访谈，即向受访者提出"更多的但较少结构化的问题"，与关键参与者进行一对一访谈或以小组的形式进行（Merriam 2009：89）。这些类型的采访使用开放式问题，允许进行对话、跟进和出现意外发现的可能性。访谈形式的选择取决于研究问题、目标和后勤限制。访谈数据以田野笔记、录音或录像的方式记录，并以书面形式转写。访谈应以进行采访时使用的语言来转写，然后根据需要进行翻译。

民族志观察方案样本

研究标题： _____

观察者： _____   地点／场所： _____

日期： _____   参与者： _____

活动： _____   使用语言： _____

其他情景信息： _____

视觉地图：

运行记录：

时间	观察	观察员评论

（请在附加页中继续）

图 8.1　民族志观察方案样本

田野报告摘录样本：土著祖裔语
案例研究

观察员：麦卡蒂（T.L. McCarty）　地点／位置：印第安人学校 1（NAS1）

日期：2012 年 1 月 12 日　　　　场所：教师资源室

目的：观察本地教师工作小组，并对教师访谈

参与者：项目总监（PD）、一年级教师（T1）、二年级教师（T2）、五年
　　　　级教师（T3）

语言：土著语言（IL）、英语

　　这是一个阳光明媚的冬日，我在上午 9 点 45 分到达印第安人学校（NAS1），在前台办理了入住手续。这是本研究第二年的第一次访问，此时，教师、校长、项目负责人和我已经建立了一种舒适和信任的工作关系。校长听到我的声音，从一间内部办公室走出来，热情地和我打招呼。聊了一会儿我们每个人寒假里都做了些什么之后，我拿起包——里面装着一台电脑、各种录音设备和学校档案——朝资源室走去。在那里，印第安教师正在与传统语言项目主任举行每月一次的课程开发会议。

　　这间大教室被改造成了一个工作区，在教室前面摆了四张宽敞的桌子，面对着一块白板。项目总监坐在靠外墙的窗台上，与教师们就白板上投影的一年级教案展开了生动的对话。对话基本上是英语，其中不时穿插着土著语。三位印第安教师都是女性，她们坐在其中一张桌子前，摊开书本、论文和课程材料。在简短的问候之后（他们一直在等我），我在一张桌子旁坐下，打开笔记本电脑。得到在场每个人的允许后，我开始在笔记本电脑上记录项目总监和教师们的交谈。

　　项目总监指着白板解释说，教师们已经制定了新的土著语言写作课程。"二年级教师说："我们不是单独教授土著语写作，而是将其与社会研究和（土著）文化内容相结合。"

　　一年级教师说："例如，一年级的学生要求写一篇关于他们家族的个人叙述。他们与父母和祖父母一起研究，并以口头和书面形式提出。"

　　五年级教师补充道："五年级的学生正在学习研究过程，以及如何用土著语言在电脑上撰写研究报告。"

（续图）

> 　　二年级教师指出：“我们必须告诉家长，这是一种不同于他们上学时经历的课程，那时学生因为说他们的祖裔语言而受到惩罚。在这里，祖裔语言具有学术地位。”
>
> 　　“我们认为这些学生是精英，因为他们在学习说、读、写两种语言，”项目总监说。
>
> 　　“是的，”一年级教师点了点头，“在这里，学习多种语言是一个加分项。我们试着把这个传达给学生和家长。这是我们的目标。”

图 8.2　详细的田野笔记示例（为保障参与者的匿名性，已修改原始笔记）

　　塞德曼（Seidman 2013）提供了一个有用的三段式深度现象学访谈，非常适合用于民族志研究。以现象学（从第一人称角度研究人类经验）为基础，目标是让参与者重建他们对研究主题的当前生活经验（Seidman 2013：14）。第一部分，“聚焦生活经历”，研究者要求参与者根据主题描述其个人经历，从而将参与者的经历置于语境中（Seidman 2013：21）。第二部分“经验细节”集中于“主题领域中参与者生活经验的具体细节”（Seidman 2013：21）。第三部分，“反思意义”，要求参与者反思他们有关这一主题的经历，得出更深层次的意义（Seidman 2013：22）。尽管塞德曼提倡三次单独的 90 分钟采访，但时间和有限的资源往往限制了这样一个漫长的过程，我发现将这三个部分合并为一个 90 到 120 分钟的访谈，可以产生一个相当丰富的民族志数据库。

　　第三种“观察方式”——核查，涉及收集文件或档案数据。对于基于学校的研究，这可能包括学校使命陈述、教师课程计划、课程设置、学生写作样本和学校社区人口统计数据。重要的是要记住，什么“算作”语言政策文本，这可以根据参与者和情境的不同而有所不同，口语和书面文本都可以具有政策效应。文档、访谈记录和田野笔记一起创建了一个三角验证的数据库，增加了研究结果的深度、广度和可信度。

　　观察、访谈和核查可以通过调查或问卷、普查、社会地图、定量测量（如学生成绩数据）和诱导技巧来补充。例如，在一项关于威尔士职业大学生双语实践的研究中，马丁-琼斯（Martin-Jones 2011）要求学生们整理他们的读写实践日记，并拍摄在学院和他们的工作场所的读写活动照片。

使用这些物件作为提示, 然后采访参与者, 询问他们在不同环境下的阅读和写作实践。

我们如何处理这些数据使其易于分析? 分析是递归的, 涉及对数据库的细读和重读, "因为数据库随着时间的推移而发展" (Emerson et al. 2011: 172)。虽然有几个好的软件程序可以组织和管理民族志数据, 但没有一个软件可以为我们做分析, 也不能替代逐行阅读数据。民族志分析可以完全手工进行, 事实上, 自从一个多世纪前最早的民族志学者开始涉足这个领域以来, 这已经是公认的做法。逐行读、扫读和重读是开放编码的基础——衍生出"一个单词或短语……为一部分基于语言或视觉的数据分配总结性的、突出的、本质捕捉性的和 / 或引起共鸣的属性" (Saldaña 2013: 3)。开放编码之后通常是更有针对性的编码, 这些被确定为特别重要的主题 (Emerson et al. 2011: 172)。应根据研究问题和目标仔细选择编码策略。例如, 萨尔达尼亚 (Saldaña 2013) 描述了 32 种编码策略, 每种策略对数据分析和解读都有不同的特性。

一旦生成了代码, 就可以根据相似性和规律性将其聚类, 然后对这些分类组合进行系统的比较和对比, 以产生更广泛的概念或主题。主题是"编码、分类或分析反思的结果"——更高层次的抽象——"本身不是编码的东西" (Saldaña 2013: 14)。植根于实证数据的主题构造构成了解释、断言和理论命题的证据基础。

叙事分析、话语分析和肖像描述在民族志研究中也很常见 (要获取质性 / 民族志数据分析方法的进阶指南, 可参见 Bazeley 2013; LeCompte and Schensul 2013; Saldaña 2013)。无论采用何种策略, 其目标都是将语言政策过程置于它们所在的更大的社会文化背景中。里森托和霍恩伯格 (Ricento and Hornberger 1996) 使用洋葱隐喻来描述这些多层次的过程: 洋葱的外层代表了更广泛的语言过程, 内层代表了本地政策适应、抵抗和在日常实践中发生的变化。通过"以民族志的方式切洋葱" (Hornberger and Johnson 2007), 研究人员可以关注每一层的细节及其在有机整体中的位置。

任何民族志描述, 无论多么丰富, 都必然是片面和带有个人色彩的。我们不仅无法关注田野工作中的每一个细节 (也不可取), 我们选择关注的和删除的内容都与我们的学科训练、主体立场和我们提出的问题息息相关。在整个数据收集和分析过程中, 请记住这些关键问题:

- 你是如何得出解释的?
- 你决定包括什么和排除什么?
- 你是如何作出决定的?
- 从海量信息中,你监察到了什么,为什么?
- 你如何确定参与者的观点?

8.5 案例研究:母语转用与维持研究

2001 年,我与奥菲莉亚·泽佩达(Ofelia Zepeda)和玛丽·伊妮丝·罗梅罗–利特尔(Mary Eunice Romero-Little)一起,开始了一项为期数年、多地点的研究,考察母语的丧失和复兴对美国印第安学生语言学习和学业成绩的影响(McCarty et al. 2006)。整个项目的目标是支持土著社区的语言和文化保持工作,并为当地、州和国家的语言教育政策提供信息。因此,我们没有招募传统意义上的参与者,而是和与我们有长期关系的土著社区合作,他们积极参与复兴和保持他们祖传语言的工作。七个学校社区站点参与了这项研究,代表了不同的语言、地理位置和学校组织结构。在每个站点,我们都与志愿者教育团队密切合作,我们称之为社区研究合作者,他们帮助验证研究方案,并协助数据收集和分析。项目结束后,社区研究合作者将成为应用研究结果的变革推动者。

在这些站点,我们对学生的课内和课外语言实践和语言教学进行了广泛的参与式和非参与式观察。我们使用塞德曼的三部分访谈序列的修订版(Seidman 2013),对 168 名成年人和 62 名儿童和青年进行了一到三个小时的录音采访。我们进行了 500 次社会语言学调查,以获取有关参与者语言实践和态度的信息。我们还收集了诸如课程计划、学校使命陈述、人口统计数据和学生成绩数据等文件。这个定性数据库产生了超过 3300 页的单行距文本,其中访谈构成了最大的语料库。

访谈记录和现场笔记使用 NVivo 7 进行编码,这是一种用于组织、检索和分析文本数据的软件工具。在一整天的团队会议中,我们生成代码,将它们分组到更具包容性的类别中。这成为推导反复出现的主题的基础。在研究过程中,我们与社区研究合作者分享了新发现,这个过程被称为成员检查或受访者验证,旨在排除不准确和误解。正如梅里亚姆所指出的,成员检查包括"把你的初步分析带给一些参与者,并询问你的解释是否'真实可信'……参与者应该能够在你的解释中认出他们的经历"(Merriam

2009：217）。通过这种分析，我们为每个站点设计了叙事案例研究，重点关注青年语言实践、意识形态和交际语库。

在研究中期，一个令人困惑的模式开始出现。虽然成年人倾向于将年轻人的语库和对学习祖传语言的兴趣描述为有限，但年轻人却描述了复杂的家庭—社区社会语言环境，表达了学习祖传语言的真诚愿望，并表现出潜在的和明显的祖传语言熟练程度。如何解释年轻人对语言实践、能力和信念的不同看法？在与社区研究合作者协商后，我们开始在采访中直接问这个问题。这导致了一些非常引人注目的发现。

对年轻人来说，了解他们的祖传语言显然与成为他们文化社区的"正式"成员有关。然而，年轻人也表达了对语言上的不确定性、尴尬和羞愧的感觉。他们明确地将这些语言观念与语言和文化压迫以及持续种族歧视的历史联系起来。正如一位高中毕业生告诉我们的那样："很多年轻人试图让老师相信英语是他们的主要语言，否则他们就会受到英语流利者的负面评价……这就是他们假装的原因"（访谈，May 2004）。另一名青少年说："许多孩子知道如何说土著语，但他们可能会感到羞愧……他们被告知土著语是愚蠢的……魔鬼才说印第安语。"（访谈，May 2004）。

随着研究的继续，我们开始理解这些语言实践和意识形态是一个复杂的话语过程的一部分，它一方面将土著语言与社区身份联系在一起，另一方面将英语与白种人、机会和现代性联系在一起。高风险考试制度的压力加剧了这一问题，因为该制度不合比例地使这些青少年就读的学校处于不利地位。从民族志、社会文化的角度来看待语言政策，我们认为，这些过程构建了一个事实上的语言政策，它潜在地规范了年轻人在校内外的语言使用。其最终效果是阻止年轻人使用土著和祖传语言，阻碍当地语言复兴，并限制了学生多语的发展（详细讨论见 McCarty et al. 2006，2014）。

8.6 结语

最后，我提出两个观察。首先是民族志的力量，它可以阐明充满张力的社会语言过程，就像刚刚描述的研究一样。其次是民族志在促进这些过程转变方面的潜力。正如约翰逊所言，语言政策与规划民族志的主要贡献是他们能够平衡"对政策霸权的批判性理解和对语言政策行动者力量的理解"，以解释、援用和改变压制性语言政策（Johnson 2013：2）。在上述研究中，社区研究合作者利用民族志知识及其作为共同研究人员的角色来重新配置教室和社区空间，以支持当地的语言复兴工作。随着语言政策与规划民族志的持续发展，这种看待、观察和承诺的方式将打开新的可能性，以挑战语言不平等，并解构研究过程本身的权力不对称。

参考文献

Anderson-Levitt, K.M. 2006. Ethnography. In J.L. Green, G. Camilli, P.B. Elmore, A. Skukauskaité, and E. Grace, eds., *Handbook of Complementary Methods in Education Research*, 279–295. Washington, DC: American Educational Research Association.

Bazeley, P. 2013. *Qualitative Data Analysis: Practical Strategies.* Los Angeles: Sage.

Blommaert, J. 2013. *Ethnography, Superdiversity and Linguistic Landscapes: Chronicles of Complexity.* Bristol: Multilingual Matters.

Brayboy, B.M.J., Gough, H., Leonard, B., Roehl II, R., and Solyom, J. 2012. Reclaiming scholarship: Critical Indigenous research methodologies. In S.D. Lapan, M.T. Quartaroli, and F. Riemer, eds., *Qualitative Research: An Introduction to Methods and Designs*, 423–350. San Francisco: John Wiley & Sons.

Canagarajah, S. 2006. Ethnographic methods in language policy. In T. Ricento, ed., *An Introduction to Language Policy: Theory and Method*, 153–169. Malden, MA: Blackwell.

Emerson, R.M., Fretz, R.I., and Shaw, L.L. 2011. *Writing Ethnographic Fieldnotes.* 2nd ed. Chicago: University of Chicago Press.

Geertz, C. 1973. Thick Description. In *The Interpretation of Cultures*, 3–30. New York: Basic Books.

García, O., Skutnabb-Kangas, T., and Torres-Guzmán, M., eds. 2006. *Imagining Multilingual Schools: Languages in Education and Glocalization.* Clevedon, UK: Multilingual Matters.

Hill, R., and May, S. 2013. Non-indigenous researchers in Indigenous language education: Ethical implications. *International Journal of the Sociology of Language* 219: 47–65.

Hornberger, N.H. 1988. *Bilingual Education and Language Maintenance: A Southern Peruvian Quechua Case.* Dordrecht: Foris.

Hornberger, N.H., and Johnson, D.C. 2007. Slicing the onion ethnographically: Layers and spaces in multilingual language education policy and practice. *TESOL Quarterly* 41: 509–532.

Hult, F. 2014. Covert bilingualism and symbolic competence: Analytical reflections on negotiating insider/outsider positionality in Swedish speech situations. *Applied Linguistics* 35(1): 53–81.

Hymes, D. 1974. *Foundations in Sociolinguistics: An Ethnographic Approach.* Philadelphia: University of Pennsylvania Press.

Hymes, D. 1980. Ethnographic monitoring. In *Language in Education: Ethnolinguistic Essays*, 104–118. Washington, DC: Center for Applied Linguistics.

Johnson, D.C. 2013. Introduction: Ethnography of language policy. *International Journal of the Sociology of Language* 219: 1–6.

LeCompte, M.D., and Schensul, J.J. 2010. *Designing and Conducting Ethnographic Research: An Introduction.* 2nd ed. Lanham, MD: AltaMira Press.

LeCompte, M.D., and Schensul, J.J. 2013. *Analysis and Interpretation of Ethnographic Data: A Mixed Methods Approach.* 2nd ed. Lanham, MD: AltaMira.

Martin-Jones, M. 2011. Languages, texts, and literacy practices: An ethnographic lens on bilingual vocational education in Wales. In T.L. McCarty, ed., *Ethnography and Language Policy*, 231–253. New York: Routledge.

McCarty, T.L. 2011. Preface. In T.L. McCarty, ed., *Ethnography and Language Policy*, xii–xiii. New York: Routledge.

McCarty, T.L., and Dick, G.S. 2003. Telling The People's stories: Literacy research and practice in a Navajo community school. In A.I. Willis, G.E. García, R.B. Barrera, and V.J. Harris, eds., *Multicultural Issues in Literacy Research and Practice*, 191–122. Mahwah, NJ: Lawrence Erlbaum.

McCarty, T.L., Romero-Little, M.E., and Zepeda, O. 2006. Native American youth discourses on language shift and retention: Ideological cross-currents and their implications for language planning. *International Journal of Bilingual Education and Bilingualism* 9: 659–677.

Meek, B.A. 2010. *We Are Our Language: An Ethnography of Language Revitalization in a Northern Athabaskan Community.* Tucson: University of Arizona Press.

Menken, K., and García, O., eds. 2010. *Negotiating Language Policies in Schools: Educators as Policymakers.* New York: Routledge.

Merriam, S.B. 2009. *Qualitative Research: A Guide to Design and Implementation.*

Revised and expanded edition. San Francisco: Jossey-Bass.

Nicholas, S.E. 2014. "Being" Hopi by "living" Hopi – redefining and reasserting cultural and linguistic identity: Emergent Hopi youth ideologies. In L.T. Wyman, T.L. McCarty, and S.E. Nicholas, eds., *Indigenous Youth and Multilingualism: Language Identity, Ideology, and Practice in Dynamic Cultural Worlds*, 70–89. New York: Routledge.

Paris, D. 2011. *Language Across Difference: Ethnicity, Communication, and Youth Identities in Changing Urban Schools*. Cambridge: Cambridge University Press.

Pike, K. 1967. *Language in Relation to a Unified Theory of the Structure of Human Behavior*. 2nd ed. The Hague: Mouton.

Ramanathan, V. 2011. Researching-texting tensions in qualitative research: Ethics in and around textual fidelity, selectivity, and translations. In T.L. McCarty, ed., *Ethnography and Language Policy*, 255–270. New York: Routledge.

Ricento, T., and Hornberger, N.H. 1996. Unpeeling the onion: Language planning and policy and the ELT professional. *TESOL Quarterly* 4: 196–213.

Rossman, G.B., and Rallis, S.F. 2003. *Learning in the Field: An Introduction to Qualitative Research*. 2nd ed. Thousand Oaks, CA: Sage.

Saldaña, J. 2013. *The Coding Manual for Qualitative Researchers*. 2nd ed. Los Angeles: Sage.

Schensul, J.J., and LeCompte, M.D. 2013. *Essential Ethnographic Methods: A Mixed Methods Approach*. Lanham, MD: AltaMira.

Seidman, I.E. 2013. *Interviewing as Qualitative Research*. 4th ed. New York: Teachers College Press.

Wolcott, H.F. 2003 [1967]. *A Kwakiutl Village and School*. Updated edition. Walnut Creek, CA: AltaMira.

Wolcott, H.F. 2008. *Ethnography: A Way of Seeing*. 2nd ed. Lanham, MD: AltaMira Press.

Wyman, L.T. 2012. *Youth Culture, Language Endangerment and Linguistic Survivance*. Bristol: Multilingual Matters.

Wyman, L.T., McCarty, T.L., and Nicholas, S.E., eds. 2014. *Indigenous Youth and Multilingualism: Language Identity, Ideology, and Practice in Dynamic Cultural Worlds*. New York: Routledge.

拓展阅读

Blommaert, J., and Jie, D. 2010. *Ethnographic Fieldwork: A Beginner's Guide*. Bristol: Multilingual Matters.

Johnson, D.C., ed. 2013. Ethnography of language policy: Theory, method and practice. *International Journal of the Sociology of Language* 219. (Special issue.)

McCarty, T.L., ed. 2011. *Ethnography and Language Policy*. New York: Routledge.

Rampton, B. 2006. *Language in Late Modernity: Interaction in an Urban School*. Cambridge: Cambridge University Press.

第9章　以课堂话语分析透视语言教育政策进程

玛丽莲·马丁-琼斯

9.1 引言

20 世纪 90 年代以来，对多语课堂话语的批判性研究已经形成鲜明的传统。近三十年来，在这一传统下工作的研究人员（如 Arthur 1996；Canagarajah 2001；Heller 1999；Heller and Martin-Jones 2001；Jaffe 1999；Lin 2001；Lin and Martin 2005；Rojo 2010；Martin-Jones and Heller 1996）为重新构想语言教育政策研究，以及重新定义多语课堂研究的性质和范围作出了贡献。

研究人员将课堂话语实践的详细描述分析与民族志相结合，为我们提供了细致入微的见解，对学生和教师在不同的多语环境中如何解释、回应，采取特定的语言教育政策立场，以及"纸上"政策如何转化为日常课堂上的交际实践等方面提供具体见解。这项研究还使我们能够了解学生和教师在参与不同类型的课堂活动时，如何利用现有语言和符号资源，以及他们如何援用、遵守、熟练驾驭、忽视或公开质疑语言教育政策中的规定。

本领域研究发展简史

为了理解这一领域研究所特有的目标和方法背后的思想，我们需要简要回顾它的历史和指导其发展的一些概念（更详细的谱系介绍请参见 Lin 2008 或者 Saxena and Martin-Jones 2013）。

关于多语课堂互动的研究最早出现于 20 世纪 80 年代。它是从北美语言人类学领域的研究发展起来的。20 世纪七八十年代对语言少数群体和土著社区儿童教育的广泛关注催生了这项研究。它反映了当时在社会语言学和语言人类学中发生的广泛的认识论转变，即将语言视为社会行为的一种形式，以及向质性和解释性研究的转向。（关于社会生活中的语言研究从实证主义到解释主义的范式转变，相关细节请参见本书第 3 章）。

这项研究建立在概念和方法论基础上，学者们在几个虽相关但并不相同的方面对语言进行解释性研究。其中包括：民族方法学（Mehan 1981）、微观民族志（Erickson 1975）、交际民族志（Hymes 1964）、互动社会语言学，尤其是甘柏兹（Gumperz 1982）关于语境化和会话语码转换的研究，以及戈夫曼（Goffman 1981）的互动社会学。在这些坚实的基础上，研究人员发展了新的分析视角，近距离研究多语课堂的互动行为与结构。到 20 世纪 80 年代末，研究人员掌握了一系列精细的分析工具，用于研究他们所关注的学校和教室中的多语实践。

到 20 世纪 90 年代初，在社会语言学和语言人类学内部发生了第二次认识论的转变，将批判性民族志研究视角纳入社会语言生活研究。这种方法带来了一个新的关注点，研究要考虑到语言和识字实践（多语或单语）——在不同的政治和历史背景以及不同的社会和制度世界中——与拥有不同的语言和文化资源的社会群体间不对称的权力构建相关。正如彭尼库克（Pennycook 2001：6）指出的，这种向批判性社会探究的转变是社会科学中普遍存在的社会关系批判的一部分，这需要研究人员建立起"对社会关系如何形成的历史理解"。

在多语言课堂背景下工作的研究人员开始设计多层次的研究项目，以便将他们对特定课堂互动顺序的详细描述与对在特定政治和历史背景下更广泛的社会和意识形态过程的分析联系起来。我与莫妮卡·海勒一起编辑的题为《权威之声：教育和语言差异》（*Voices of Authority: Education and Linguistic Difference*）（Heller and Martin-Jones 2001）的文集收录了一些此类研究案例。大多数这一新兴的多语课堂批判性解释研究是在后殖民环境（非洲和亚洲）或在加拿大和欧洲的少数民族语言环境（如加拿大法语区、科西嘉岛、加泰罗尼亚）中进行的。在这些背景下，研究人员敏锐地意识到这样一个事实，即语言政策制定（无论是在国家还是地区层面）植根于社会群体之间不对称的权力关系中，并以语言和文化多样性背景下关于教育的不同话语为基础。他们开始关注当地学校和教室的常规话语实践（单语或多语）如何有助于复制不对称的社会关系，以及当地话语实践如何指向性地导向更广泛的语言意识形态和政策过程。因此，他们寻求更多的方法来解释说明他们在特定课堂中观察到的多语生活的交际模式和规律。

一些研究人员（如 Arthur 1996；Canagarajah 2001；Heller 1999；Heller and Martin-Jones 2001；Jaffe 1999；Lin 2001；Rojo 2010；Martin-Jones and Heller 1996）通过明确采用社会理论、后殖民理论（如 Canagarajah 2001）

或法国社会理论（如 Bourdieu 1991）发展出了一种批判性民族志的方法。例如，海勒（Heller 1999）在加拿大安大略省的法语少数民族学校进行了10 多年的民族志和话语分析研究，她以布迪厄（Bourdieu 1991）的研究为起点，开创了一种理论构建方法。她的主要理论建设策略是关注学校作为与国家相关的机构进行运作的两种主要方式：第一，学校作为一个语言空间，在特定的语言变体（例如被指定的国家语言和官方语言）和特定的语言实践（说话、阅读和写作的方式）中拥有了合法性和权威性，成为"合法语言"（Bourdieu 1991）；第二，学校具有选择和分类学生的空间功能，在此学校评估学生表现（包括语言表现）并提供最终与未来工作定位相关的资格证书。

罗霍（Rojo 2010）最近在西班牙开展的一项研究引起了人们的关注。该研究探索了学校在调节学生进入不同的语言教育项目中所起的作用（例如，有声望的西班牙语—英语双语项目，以及针对新移民的以西班牙语为第二语言的补救性、补偿性项目），从而调节学生获取不同形式的象征资本。罗霍专注于马德里不同学校和教室的日常生活，利用详细的民族志和话语分析记录，揭示了处在当代西班牙社会边缘的年轻人，这些以西班牙语作为第二语言的年轻人是如何被剥夺参加有声望的双语教育项目的机会。

布迪厄（Bourdieu 1991）的研究在进行这些理论构建方面特别重要，特别是他提出的"象征资本"和"合法语言"的概念。布迪厄为我们提供了一个非常全面的理论来描述合法语言（再）生产过程和教育在这些过程中的作用。然而，布迪厄的文化再生产模式也有一些问题，比如他对象征性统治（符号支配）的关注和他的悲观愿景。对布迪厄来说，象征性权力浸透着意识且不受质疑。然而，正如研究人员在多语课堂上进行批判性民族志和话语分析研究所指出的那样，在课堂中实施语言教育政策主要是通过互动来完成的。制度秩序总是不确定的，因为它是通过互动建构的。总有发挥能动性的机会，总有挑战甚至改变体制和社会秩序的可能。同时，显然不能认为教师和学生在学校的实践是完全不受约束的。在特定的学校和教室里，教师和学生有必要被看作是被社会定位的，在此背景下，他们在克服语言政策的限制方面表现出能动性。

9.2 选择研究场景

正如我在上一节中简要指出的，多语课堂中的批判性话语分析研究是在不同的政治和历史背景下进行的。它还基于广泛的制度背景。到目前为止，学校一直是最受青睐的研究场所（包括公立和私立学校），但其他教育部门也有一些研究（例如在大学课程或职业教育课程中）。此外，研究也以当地社区为背景（如在祖传语言课程和培训机构课程中）。由于在这些其他学习环境中的课堂互动与正规学校中的往往有所不同，选择这些"其他"环境可以帮助我们打开一扇新的窗口，了解在不同的课堂互动中师生是如何援用、调整和质疑语言政策的。

课堂话语分析研究也关注特定语言教育项目的不同"模式"（如双语沉浸式项目、过渡性双语教育项目）实际上如何"体现"在日常交流实践中。这一领域的研究有助于揭示特定项目"模式"在实施中的一致性话语。例如，德梅贾（de Mejía 1998）的一项研究是第一批在浸入式教育背景下关注双语会话的研究之一。从 20 世纪中期沉浸式项目首次引入加拿大以来，有关这类项目的主导话语一直是关于"目标语言"的唯一使用。德梅贾的研究集中在哥伦比亚小学的英语沉浸式项目上，她详细描述了该项目的教师在不同课堂活动中使用西班牙语和英语的微妙方式，揭开了沉浸式环境中交际实践的面纱。

9.3 提出研究问题：设计研究项目

任何语言政策过程研究都包括详细分析课堂的多语互动实践，而此类研究的出发点都是在特定的政策背景下讨论（报纸或网络上）特定的政策问题，以及特定的语言教育项目的政策问题。在设计和进行研究时，其目的是在这种背景下，对课堂中的政策过程进行深入的描述。研究可以采取单个案例研究的形式（如一个班级），或者可以在研究设计中加入一个对比的元素。如果研究包括多个班（或同一班中的多名教师），则可以探索多语话语实践中的异同。比较和对比可以使特定的做法变得更加鲜明。然而，值得注意的是，每次在研究项目设计中加入一个新的班级时，获得深入理解的可能性就会降低。

根据上述研究领域的简要谱系，我假设任何涉及多语课堂话语的项目在本质上都是多层次的，因此将结合民族志进行课堂话语分析。在设计这种性质的多层次项目和开发研究问题时，约翰逊（Johnson 2009：141）提出将语言政策"实施"重新定义为三个相互关联的过程——政策的制定、阐释和援用——这一论述十分有用。研究设计和研究问题需要包括以下过程：关于政策制定的问题将集中于一项政策文本的实际形成、涉及的社会参与者、文本生产过程中产生的话语和这些过程的制度背景。有关政策阐释和援用的问题与选定的当地教育场所有关，包括中观层面（涉及当地教育从业者、教师教育工作者和项目管理者）或微观层面（涉及当地课堂中的教师和学生）。

在特定的政策环境下，教师在课堂上做什么（即他们在日常课堂上与学生互动时如何利用他们的交际语言资源库），取决于他们对政策（或项目"模式"）的理解、他们对政策的看法以及他们更广泛的语言意识形态（以及课堂条件、教学考量、所讨论的文本的性质和内容，等等）。因此，与教师和学生的理解、观点和语言价值相关的研究问题，需要纳入任何基于课堂的研究设计中，同时还需要研究有关实际互动实践的性质和价值。

关于教师和学生的多语话语实践的研究问题首先是描述性的问题（如有关"如何"的问题）。他们将关注不同参与者在课堂交流中利用语言和符号资源的具体方式。在研究设计中加入比较和对比的地方，也会有一个关于相似性和差异性的问题（例如，跨班级、跨不同类型的课堂活动、跨课程的不同领域），以及这些异同发生的程度。在批判性的研究中，也总会有一个"为什么"问题：期待建立解释性阐述，表明研究者意图观察、解释和分析课堂实践，以及基于课堂实践的更广泛的社会和意识形态意义。

在所有具有质性和民族志性质的当代研究中，研究问题已经成为研究设计的基石。然而，研究问题一旦确定也并不意味着它们就是一成不变的。正如森德兰（Sunderland 2010：10）指出的那样，它们列出了"初始方向"，其功能"就像一个指针不断摆动的指南针"。随着研究的进行和新见解的出现，研究人员可以不断修改和增加研究问题。

研究人员从事实证研究有不同的原因。一些研究人员从研究文献出发，找出研究中存在的空白或未解答的问题，以期对语言政策研究作出原创性贡献。另一些研究人员在新的政策背景下复制了对多语课堂话语研究的特定调查路径。然而，其他研究人员则把特定的地方政策问题或当地情况（如启动一个新的政策或教育项目）作为他们的起点。研究人员可能是一些熟悉或之前参与过当地政策问题的教育从业者。相对于这些问题，他们的定位是不同的，特别是当他们被打算合作的教师认识时（关于研究者定位的讨论，参见练美儿，本书）。他们的研究计划可能包括在研究项目之前、期间和之后与从业者进行密切的研究合作。正如练美儿（Lin，本书）在她那一章节中所展示的，在规划研究以及规划未来的研究传播和知识交流策略时，支撑这些选择的是关于研究以及谁应被"定位为知识主体"等问题的不同观点。当然，我们在研究设计中构建的研究问题受到研究者与被研究者关系，以及我们自己对所从事的研究领域的"最新技术"了解程度的影响。

田野调查及研究者与被研究者的关系

所有基于课堂的民族志研究都涉及与参与者（教师和学生）的长期互动。因此，至关重要的是，从一开始起，要使研究者与被研究者的关系建立在道德、对话和协作的基础上。发展这种关系包括持续的协商和承诺，这从进入特定课堂（或多个课堂）的那一刻就开始了，一直持续到数据解释和分析的最后阶段。在田野调查中建立关系的过程也需要尽可能地进行自我反思。在研究过程中，研究人员需要了解他们是如何定位参与者的，反过来也需要了解他们自身是如何被参与者定位的，以及这些定位如何塑造知识构建的过程。钦布泰（Chimbutane 2012）和贾菲（Jaffe 2012）在两个不同的多语环境下的研究中提供了特别好的反思实践的例子。因为基于话语分析和民族志的课堂研究，其主要目标是解释和分析参与者的情境语言和读写实践，考虑他们的观点，这在很大程度上取决于研究者和被研究者的关系，以及这种关系的融洽程度。

9.4 数据收集和分析方法

表 9.1 提供了一个例子，说明基于课堂的实证研究设计如何考虑约翰逊（Johnson 2009）概述的三个相互关联的政策过程：政策制定、阐释和援用。该表还以图表形式汇集了一些关于研究设计和上述研究问题发展的思考。该表不应作为研究设计的模板，而应作为项目规划的启发式工具。它的目标并不是进行全面的描述，而是为了指出需要考虑的不同可能性或问题。

从这里开始，我将重点讨论表 9.1 的第二行和第三行中的元素，它们与政策制定和师生对政策的阐释和援用有关，特别是在课堂的场景中。我从数据收集和基于课堂的田野调查的一些重要方面开始，然后我将继续讨论数据解释和分析的各个方面，最后讨论最近研究的一个例子。

数据收集

表 9.1 的第 3 列（数据收集方法）和第 3 行（政策援用）列出了一些数据收集方法，这些方法可以应用在基于课堂的研究中，具体使用取决于研究问题。除了采用哪一种方法外，表格还展示了每种方法将如何使用、何时使用和使用多久。其中一些决定需要在研究中与教师协商。这些决定包括：进行课堂观察的时间和频率；什么时候开始录音；录什么（哪些课程，哪些活动，等等）；研究者应该在课堂观察中扮演什么角色（例如，应该是充分参与课堂活动还是扮演一个更独立的角色，比如观察员）；是否需要包括视频录制以及需要录多少；如何记录和使用田野笔记；收集哪些教学材料；如何以及何时与教师和学生进行访谈，以及访谈是一次性的还是连续性的。还需要就其他形式的数据收集的性质和范围作出决定（例如，在进行研究的教育机构中，收集与语言景观相关的文本或视觉数据）。

表 9.1 研究项目设计举例——基于语言政策过程的三个方面：政策制定、阐释和援用

政策进程	研究问题类型	数据收集方法（研究者日记）	伦理考量 / 研究定位	生成数据类型	数据解释与分析（不同数据集的三角验证）
政策制定	涉及问题：政策文本生成参与的社会行动者援用的话语制度背景	档案研究文件收集精英访谈参与者观察（若有可能）现场记录		政策文件访谈笔录现场记录	历史分析节点分析批评话语分析
政策阐释	涉及问题：社会参与者的政策理解和语言意识形态差异，涉及当地教育从业者、项目管理者、教师、学生等	不同社会从业者访谈参与者观察（若有可能）现场记录	在实证研究诸方面（面对面 / 在线），从伦理角度反思研究者和被研究者立场	访谈笔录现场记录	主题分析叙事分析

（续表）

政策进程	研究问题类型	数据收集方法（研究者日记）	伦理考量／研究者定位	生成数据类型	数据解释与分析（不同数据集的三角验证）
政策援用	涉及问题：课堂中的多语话语实践	课堂互动音、视频记录 教学材料收集 参与者观察（必要） 静物照片、教室语言景观及其他		课堂互动不同阶段记录 现场记录 教学材料复印件	课堂话语分析（批判性方法，与政策制定和阐释进程的分析相联系） 多模态分析

在进行田野调查时，需要对不同教学活动中的多语话语进行初步转写，以便与参与者一起讨论这些记录以及音频或视频材料。通过这种方式，研究人员可以与参与者一起核对对数据的初步解读，此时，特定的课堂情节在他们的脑海中仍然相当清晰。音频数据的转录是一个耗时的过程，特别是在多语课堂互动的情况下，因为它涉及课堂谈话的转录和翻译。平均而言，每个小时的课堂谈话录音需要留出 10 个小时的转录时间。此外，如果课堂上使用的语言有不同的书写系统，则需要决定是否在转录中使用不同的书写体系还是选择音译（例如，使用标准的罗马字母正字法）。对于不同的受众和读者群体，可能会使用不同的转录和音译策略。在转录阶段也需要进行反思，因为涉及阐释和表述问题（关于这些问题的讨论，参见 Jenks 2011）。

数据解读与分析

对质性和民族志数据的解释和分析有不同的"进入方式"。研究人员采用不同的方法。有些人从仔细阅读他们的田野笔记或访谈记录开始。这可以是一种识别可能性的分析类别方法，同时还需要对以下两个方面进行反思：（1）田野笔记中主观"观察方式"；（2）发生在采访不同阶段的某些研究者和被研究者立场。另一些人则从初步解读课堂对话记录开始，例如选择一两个在田野笔记中标记为与研究问题特别相关的片段。在解释和分析课堂对话记录时，一些研究人员采用了自下而上的方法，而另一些人则采用了自上而下的方法（Erickson 2004）。那些选择自下而上方法的人会审视整个记录，用不同的分析单元（如话轮）以回答这一问题："什么类型的话语实践在这里重复出现？"其他研究人员（如 Erickson 2004：491）通过自上而下的工作，解析一个数据集，寻找不同类型的话语，然后，一旦确定了不同的模式，他们就深入到特定的摘录材料中，仔细观察，从"整体到部分，一遍又一遍地"分析。

在不同的政策背景下，研究多语话语实践的关键目标（在数据分析的第一阶段）是：(1) 确定在特定课堂的不同活动中进行的谈话类型；(2) 识别教师和学生利用不同语言参与这些不同谈话的方式；(3) 确定语言之间切换的特定模式是否具有额外意义，或者能否指示课堂之外的更广泛的语言意识形态；(4) 了解是否有明确的有关语言的话语，并反映了特定的语言意识形态。在构建分析线索时，一个特定的分析结构有时可以帮助研究者阐明一种特定的互动或话语实践的重要性。在社会语言学和语言人类学的解释传统中已经发展出了丰富的分析结构（在上面简短的谱系研究中已有概述）。一些特定的结构已经被用于多语课堂互动研究，包括：

第一，教师主导的课堂话语中的经典话轮转换模式，首先应用于梅汉（Mehan 1981）的双语课堂话语研究。该模型关注课堂互动的顺序结构，以及课堂交流模式，即教师提问、学生反应和教师对学生的回应进行评价（即所谓的 IRE 交流模式：提问 [Initiation]、反应 [Response]、评价 [Evaluation]）。

第二，戈夫曼（Goffman 1981）用扩展的戏剧隐喻来描述面对面互动的动态性，包括"表演仪式"的想法。以课堂为基础的研究人员（如 Arthur 1996；Cincotta-Segi 2011a）用这个比喻来区分在课堂上被定位为"后台"角色的语言和在"前台"使用的语言。

第三，"语境化线索"的概念最初由甘柏兹（Gumperz 1982）提出。在甘柏兹后来的研究中，语境化线索被视为参与者在互动中进行协商的主要手段之一，对正在发生的事情进行情境推断，理解或评估互动双方的贡献。甘柏兹认为语言之间的转换是语境化线索的一种类型，还有其他类型的线索，如语调的变化、手势的使用或面部表情。

第四，课堂教学材料（如教科书）使用的不同理论视角。这些观点是由扫盲教育学者提出的（如 De Castell et al. 1989），并聚焦于话语实践上，比如教师对教学材料的处理以及"讲述教材"和"讨论教材"之间的区别。一旦研究者完成多语课堂话语模式的详细描述和课堂语境意义的解释后，就可以进入到第二个关键阶段，对更广泛问题进行解释和分析，如："为什么不同类型谈话的重复模式是这样的？""这些做法告诉我们，这些课程的教师和学生是如何在他们特定的项目、学校、地区或国家中援用语言教育政策的？""这些做法对不同的研究参与者——学生、教师、家长有什么影响？""不同的学校和课堂间存在差异，这是否就是援用语言教育政策的不同方式？"

9.5 案例研究

辛科塔–塞吉（Cincotta-Segi 2011a，2011b）在老挝北部的三个小学教室里进行了多语课堂话语研究。在该地区，少数民族语言克木语(Kmhmu)被广泛使用，但是国家语言政策却突显老挝语的地位。在这项研究中，辛科塔–塞吉对老挝语和克木语的课堂话语进行了详细分析，并且用民族志的方法，对国家语言政策在政策制定的不同阶段是如何被解读和援用的进行了分析。政策制定的不同阶段从直属教育部到地方行政人员，再到当地的乡村学校和课堂。在辛科塔–塞吉的研究中，学生需要具备老挝语的读写能力。

在对这些课堂的实证研究中，辛科塔–塞吉细致地观察了互动的细节，展示了三位教师使用老挝语程度上的差异。根据辛科塔–塞吉（Cincotta-Segi 2011a：198）的描述，第一位教师大部分时间都使用老挝语，克木语仅作为"后台语言"来支持老挝语的"前台""剧本化"内容教学和学习"表演"。第二位教师广泛利用克木语来讨论和促进老挝语文本内容的理解，翻译关键概念，并鼓励和支持学生的参与。第三位教师只使用老挝语进行常规的阅读教学指令，比如大声朗读教科书上的段落和进行发音教学，克木语则被用于所有其他的交流。在这名教师的课堂上，学生的课堂参与度很高，但很少使用克木语来理解老挝语的文本内容。

辛科塔–塞吉（Chincotta-Segi 2011b）随后仔细研究了第二位老师课堂谈话的文字记录，并就他对老挝语和克木语的使用提出了详细的见解。她展示了该教师如何在关键任务中使用老挝语（例如介绍课程内容），从而使活动以官方语言进行，而克木语则被用于大部分课程内容的实际讨论中。特别是克木语被用来做"文本脚手架"和提供文本的"口头注释"。课堂程序性话语、课堂指令和课堂管理话语大多是用老挝语进行的，确保在课堂上使用老挝语的氛围，而克木语则是教和学的主要资源。

辛科塔–塞吉（Cincotta-Segi 2011b）强调了这些教师在地方政策塑造和援用过程中的关键角色。她指出："尽管缺乏培训，也存在很多客观条件的限制，如第二语言的教学媒介严重限制了这些教师，但他们仍然发挥了自己的创造性，有时候甚至采用一些巧妙的方式来满足学生的需求。"除了辛科塔–塞吉自己对教师实践的描述外，她还将教师的声音和观点带入她的研究叙事中，展示了他们如何描述使用老挝语工作的挑战，以及他们如何解释自己的课堂话语实践（Cincotta-Segi 2011b，2013）。

9.6 结语

正如上述内容所勾勒的那样，数据分析的线索不可避免地会导致对语言教育政策影响的思考。在不同政策背景下，批判话语分析和民族志研究的传统中，研究人员一直关心如何为社区的改变作出贡献，并朝着彭尼库克（Pennycook 2001：8）所称的"首选未来"努力。遵循霍恩伯格和约翰逊的（Hornberger and Johnson 2007：511）的愿景，我在本章描述的这种细致的课堂研究指出了如何开辟"多语教育的实施和意识形态空间"。当研究者与教育从业者密切合作，并致力于研究者和从业者的对话时，就有可能带来变革。涉及话语分析和民族志的课堂研究非常适合促进研究者与教育从业者的对话和协作，因为它在项目的整个生命周期内都可以纳入反思和参与者的广泛介入。

参考文献

Arthur, J. 1996. Codeswitching and collusion: Classroom interaction in Botswana primary schools. *Linguistics and Education* 8(1): 17–34.

Bourdieu, P. 1991. *Language and Symbolic Power*. Cambridge, MA: Harvard University Press.

Canagarajah, A.S. 2001. Constructing hybrid postcolonial subjects. In M. Heller and M. Martin-Jones, eds., *Voices of Authority: Education and Linguistic Difference*, 193–212. Westport, CT: Ablex.

Chimbutane, F. 2012. The advantages of research in familiar locales, viewed from the perspectives of researcher and researched: Reflections on ethnographic fieldwork in Mozambique. In S. Gardner and M. Martin-Jones, eds., *Multilingualism, Discourse and Ethnography*, 288–304. New York: Routledge.

Cincotta-Segi, A.R. 2011a. Talking in, talking around and talking about the L2: Three different literacy teaching responses to L2 medium of instruction in the Lao PDR. *Compare: A Journal of Comparative and International Education* 4(2): 195–209.

Cincotta-Segi, A.R. 2011b. Signalling L2 centrality, maintaining L1 dominance: Teacher language choice in an ethnic minority primary classroom in the Lao PDR. *Language and Education* 25(1): 19–31.

Cincotta-Segi, A.R. 2013. Negotiating bilingual classroom spaces in the Lao People's Democratic Republic: Opportunity and constraint. In J. Arthur Shoba, and F. Chimbutane, eds., *Bilingual Education and Language Policy in the Global South*, 157–172. New York: Routledge.

De Castell, S., Luke, A., and Luke, C., eds. 1989. *Language, Authority and Criticism: Readings on the School Textbook*. Lewes, UK: Falmer Press.

de Mejía, A.M. 1998. Bilingual story-telling and codeswitching: Discourse control and learning opportunities. *TESOL Journal* 7(6): 4–10.

Erickson, F. 1975. Gatekeeping and the melting pot: Interaction in counselling encounters. *Harvard Educational Review* 45: 44–70.

Erickson, F. 2004. Dymystifying data construction and analysis. *Anthropology and Education Quarterly* 35(4): 486–493.

Goffman, E. 1981. *Forms of Talk*. Philadelphia: University of Pennsylvania Press.

Gumperz, J.J. 1982. *Discourse Strategies*. Cambridge: Cambridge University Press.

Heller, M. 1999. *Linguistic Minorities and Modernity*. London: Longman.

Heller, M., and Martin-Jones, M., eds. 2001. *Voices of Authority: Education and Linguistic Difference*. Westport, CT: Ablex.

Hornberger, N.H., and Johnson, D.C. 2007. Slicing the onion ethnographically: Layers and spaces in multilingual language policy and practice. *TESOL Quarterly* 41: 509–532.

Hymes, D. 1964. Introduction: Towards ethnographies of communication. *American Anthropologist* 66(6): ii, 1–34.

Jaffe, A. 1999. *Ideologies in Action: Language Politics on Corsica*. Berlin: Mouton de Gruyter.

Jaffe, A. 2012. Collaborative practice, linguistic anthropological enquiry and the mediation between researcher and practitioner discourses. In S. Gardner and M. Martin-Jones, eds. *Multilingualism, Discourse and Ethnography*, 334–352. New

York: Routledge.

Jenks, C.J. 2011. *Transcribing Talk and Interaction*. Amsterdam: John Benjamins.

Johnson, D.C. 2009. Ethnography of language policy. *Language Policy* 8(2): 139–159.

Lin, A.M.Y. 2001. Symbolic domination and bilingual classroom practices in Hong Kong. In M. Heller and M. Martin-Jones, eds., *Voices of Authority: Education and Linguistic Difference*, 139–168. Westport, CT: Ablex.

Lin, A.M.Y. 2008. Codeswitching in the classroom: Research paradigms and approaches. In K.A. King and N.H. Hornberger, eds., *Encyclopedia of Language and Education, vol. 10: Research Methods in Language and Education*, 273–286. New York: Springer.

Lin, A.M.Y., and Martin, P.W., eds. 2005. *Decolonisation, Globalisation: Language-in-Education Policy and Practice*. Clevedon, UK: Multilingual Matters.

Martin-Jones, M., and Heller, M., eds. 1996. Introduction: Language and social reproduction in multilingual settings. *Linguistics and Education* 8(1–2): 3–16. (Double special issue: *Education in Multilingual Settings: Discourse, Identities and Power.*)

Mehan, H. 1981. Ethnography of bilingual education. In H.T. Trueba, G.P. Guthrie, and K.H. Au, eds., *Culture and the Bilingual Classroom: Studies in Classroom Ethnography*, 36–55. Rowley, MA: Newbury House.

Pennycook, A. 2001. *Critical Applied Linguistics*. Mahwah, NJ: Lawrence Erlbaum.

Rojo, L.M. 2010. *Constructing Inequality in Multilingual Classrooms*. Berlin: Mouton de Gruyter.

Saxena, M., and Martin-Jones, M. 2013. Multilingual resources in classroom interaction: Ethnographic and discourse analytic perspectives. *Language and Education* 27(4): 285–297.

Sunderland, J. 2010. Research questions in linguistics. In L. Litosseliti, ed., *Research Methods in Linguistics*, 9–28. London: Continuum.

拓展阅读

Gardner, S., and Martin-Jones, M., eds. 2012. *Multilingualism, Discourse and Ethnography*. New York: Routledge.

Heller, M. 2008. Doing ethnography. In Li Wei and M. Moyer, eds., *Research Methods in*

Bilingualism and Multilingualism, 249–262. Oxford: Blackwell.

Johnson, D.C. 2009. Ethnography of language policy. Language Policy 8(2): 139–159.

Lin, A.M.Y. 2008. Codeswitching in the classroom: Research paradigms and approaches. In K.A. King and N.H. Hornberger, eds., Encyclopedia of Language and Education, vol. 10: Research Methods in Language and Education, 273–286. New York: Springer.

Saxena, M., and Martin-Jones, M. 2013. Multilingual resources in classroom interaction: Ethnographic and discourse analytic perspectives. *Language and Education* 27(4): 285–297. (Special issue.)

第 10 章　语料库语言学在语言政策研究中的应用

香农·菲茨西蒙–杜兰

10.1　引言

在历史上，语言学家经常采用汇编语言并研究其结果的方法（对前计算机语料库的探索，参见 Francis 1992），但语料库语言学本质上是随着个人电脑和辅助软件的发展而形成的（Flowerdew 2012；McCarthy and O'Keefe 2010）。存储在语料库中的语言学数据通常被定义为自然发生的文本集合，并具有以下特点：(1) 代表一种特定类型的语言；(2) 字数较多；(3) 机器可读[1]（Biber et al. 1998；Flowerdew 2012；McEnery and Hardie 2012；McEnery et al. 2006）。语料库语言学使用计算机对文本模型进行定量和定性分析，研究语料库中的语言数据。[2]（Biber et al. 1998；Flowerdew 2012；McEnery and Hardie 2012）。

语料库语言学为以下研究提供了可靠的研究方法：(1) 语言如何被描述性地使用而非语言被认为如何被使用；(2) 与语言变异相关的模式；以及 (3) 对政治文本中意识形态的识别——这些都是语言政策与规划学者关注的重要问题。本章将讨论语料库语言学和语言规划学之间的重叠领域，并介绍使用语料库语言学方法进行语言政策研究的重要步骤。然而，对语料库语言学的概述和对方法论问题的全面考察超出了本章的范围。如有读者想对这些主题进行更细致的研究，本章末尾推荐的"拓展阅读"资源会有所帮助。

10.2　提出研究问题

研究者在开展基于语料库语言学的语言政策研究时，要记住以下几点：首先，运用语料库语言学方法，通过对语言资料的分析来回答研究问题。然而，正如莫特纳（Mautner 2009）指出的，语料库语言学的研究问题虽然侧重于语言数据，但所研究的问题可能受到社会—语言界面现象的驱动（例如，在文本中如何编码社会结构的问题可以通过基于语料库的语言模式分析来解决）。此外，语料库语言学的研究问题往往是观察性的，即描述性的而不是实验性的（Gilquin and Gries 2009）。尽管语料库语言学方法正迅速应用于越来越多的语言学研究领域（Baker 2009，2010），但迄今极少有语言政策研究应用语料库语言学方法。然而，语料库语言学中一些比较常见的焦点领域与语言政策研究有关，因此，本节将围绕语言政策学者感兴趣的领域，提出语料库语言学的研究问题，并对未来的研究问题提出建议。

语料库语言学家的重要研究领域包括为词典和语法的发展提供信息，以及最近的语言测试。例如，汉克斯（Hanks 2010）报告了与肯·丘奇（Ken Church）合作，使用语料库语言学的方法提出的问题："温室"一词的使用频率和关联性是如何随着时间的推移而变化的？[3] 语料库语言学的方法已经被用于开发著名的语法书，包括《朗文英语口语和书面语语法》（*Longman Grammar of Spoken and Written English*）（Biber et al. 1999）和《剑桥英语语法》（*Cambridge Grammar of English*）（Carter and McCarthy 2006）。这些语法书是通过回答问题发展起来的，比如，如果 x 是一种类似于补语从句的语言特征，那么 x 的分布模式是什么？（Biber et al. 1999）。比伯（Biber 2006）介绍了大学场景中使用的 T2K-SWAL 语料库的开发、分析和解释，其结果用于证实真实使用的语言和托福考试语言之间的一致性（Flowerdew 2012）。指导 T2K-SWAL 项目的研究问题包括：大学生在语言使用中呈现出怎样的特点和语域功能（Biber 2006）。因此，语料库语言学研究与语言政策研究（特别是语料库标准化活动）存在重叠之处，它探索了语言标准化工具（Wright 2004）如何在使用时准确地表示语言的系统变异。

政治语言是语料库语言学与语言政策交叉的另一个领域。阿德尔（Ädel 2010）强调了语料库语言学家们已经有力地研究了四种类型的政治话语：政治演讲、议会辩论、政治新闻发布会和新闻报道。例如，贝克（Baker 2004）利用语料库语言学方法（即关键词、索引和搭配）分析了英国议会话语中的对立立场。贝克随后能够分析（定量和定性）语言特征，例如对立立场语料库中的关键词和特定词汇项的搭配，以回答这些问题。未来的研究问题主要集中在语言政策和规划话语的研究中，运用语料库语言学的方法，可以在语料库语言学研究的基础上，研究语域的语言特征。例如，根据楼必安可（Lo Bianco 2008）对政策活动的分类：（1）"文本"（法律、报告、授权）；（2）"话语"（演讲、电台辩论）；（3）"公共行为（作为榜样的权威个人或机构所坚持的行为）"（Lo Bianco 2008：157），我的问题是：亚利桑那州教育部语言政策文本中表达的语言意识形态差异，是否可以归因于语言管理类型的差异？（Fitzsimmons-Doolan 2011）。通过实例说明，识别语言政策语篇中的语域，并对其进行意识形态定位和语言特征等结构分析，可为今后的研究提供有益的参考。

　　最后，语料库语言学方法越来越多地与其他方法（如评价分析、批评性话语分析和心理语言学）相结合，产生了可以用混合方法解决的研究问题（Gales 2009；Gilquin and Gries 2009；Mautner 2009）。例如，盖尔斯将语料库语言学和评价分析相结合，提出了一个问题："美国移民法中是否存在偏见或歧视？如果是的话，这些消极的意识形态是从哪里产生的？最后，在美国移民的背景下，'多样性'到底意味着什么？"（Gales 2009：223）。在一项结合语料库语言学和批评性话语分析的研究中，加布里埃拉托和贝克（Gabrielatos and Baker 2008）提出了这样一个问题：在新闻中，与难民、寻求庇护者、移民相关的频繁话题或问题是什么？从整体上看，英国报纸对移民的态度如何？[4] 结合这些观点的研究可能会提出批评话语分析中常见的研究问题，但会使用定量语料库语言学分析来确定需要关注的语料库数据，以便对其进行定性的批评话语分析。语料库语言学和批评话语分析方法的结合，对于那些试图利用语言和语境变量对大量政策话语或政策文件提出主张的语言政策研究来说，似乎尤其富有成效。

10.3　选择研究场景

　　影响决策的一个主要场景因素是所研究的语料库语言。如果使用已经存在的语料库，那么相对于英语语料库而言，其他语言的语料库十分有限，即便它们的数量在增加（Lee 2010）。因此，如果需要研究一门非英语的语言，学者很可能需要建立自己的语料库（称为 DIY corpus，即 do it yourself corpus）。此外，分析可能会受到语料库语言的影响。语料库分析在很大程度上依赖于分析人员可用的软件工具（例如 WordSmith）——分析员通过这些软件包进行语料库语言学研究。[5] 并非所有语料库软件工具都能分析非罗曼语。[6] 因此，建议希望分析非英语文本语料库的研究人员确保软件适用于语料库中的语言，并且能针对研究问题进行相应的分析。

　　第二个场景问题源于自建语料库的开发（语言政策研究人员可能会发现他们自己在构建语料库，原因见下一节）。如果要创建自己的语料库，就必须找到数据来源。电子格式文本的使用使网络成为一个有吸引力的源泉，研究人员可以从中开发自己的语料库（McEnery and Hardie 2012）。然而，正如麦肯里和哈迪所指出的，面对这个数据源，研究人员需注意以下事项。第一点是版权问题。由于许多基于网络的文本受版权保护，研究人员必须确保它们的预期用途不违反任何版权法。具体来说，他们需要注意不能出售或重新分发文本，除非获得许可。第二点需要注意的是，网络在不同的语域是相当异质的。因此，除非抽样框架（用于语料库开发）考虑到这一点，否则语料库本身在语域和相关的语言变量方面可能是相当异质性的（Fitzsimmons-Doolan 2014）。

10.4 数据收集和分析方法

本节将探讨一旦确定研究问题后，如何进行基于语料库的语言政策与规划研究过程。这个过程的第一步很可能是构建语料库。尽管存在多个可用的语料库，但在大多数情况下，这些语料库是为了表示一个广泛的语言变体（例如布朗语料库）或一个可选的、狭窄的研究问题，并且只适用于一小部分可能的语言政策与规划研究问题。因此，我们将花一定的篇幅，讨论现有的语料库，并从中进行选择，但更多的篇幅将侧重于构建自建语料库的关键点和步骤上，以便回答特定的研究问题。接下来，我们将介绍语料库语言学研究中同初始定量和二次定性步骤相关的步骤和关键点。

一般来说，语料库语言学的研究包括以下几个步骤：（1）提出研究问题；（2）识别或建立语料库；（3）确定分析技术，以解决基于语料库的研究问题；（4）进行定量分析；（5）进行定性分析。

选择语料库

有可能存在一个已经适合你研究问题的语料库。例如，为表示一种语言的地区性变体而构建的现有语料库，可能对本体规划学者确定语言发展领域很有用（关于尼日利亚英语的讨论，参见 Banjo 1996）。使用现成的语料库将节省大量的时间和精力，但语料库研究的质量取决于研究问题与语料库之间的契合度（McEnery et al. 2006）。因此，只有当现有语料库的数据能够有效地回答研究问题时，才应该使用现有的语料库，研究者也需要花费大量的时间来了解语料库的发展以及现有语料库中文本的性质。

目前，有许多资料都讨论了现有的语料库资源。感兴趣的研究人员可以查询比伯等人（Biber et al. 1998：281-284）、李（Lee 2010）或麦克尼等人（McEnery et al. 2006：59–70）的文献。这些文献描述了各种现成语料库的发展以及如何访问。一个可以集中搜索的网址是 Corpus.BYU.edu，这是一个由马克·戴维斯（Mark Davies）开发的网站，研究人员可以使用多种分析工具搜索七个在线语料库中的任何一个。除了可以在线浏览的语料库外，还可以购买许可证来下载一些语料库。例如，国际英语语料库（ICE）目前包括 12 个可供比较的子语料库，这些语料库中，存有世界各地不同国家及地区（加拿大、东非、大不列颠、中国香港、印度、爱尔兰、牙买加、新西兰、菲律宾、新加坡、斯里兰卡以及美国）的英语语料，还有 12 个仍在开发中，语言政策学者可能会对此颇有兴趣。现有的 12 个子语料库可从网站上免费获得（http://ice-corpora.net/ice/index.htm），供学术使用。

建构语料库

如果研究问题需要一个能代表多种语言的文本语料库，但目前没有合适的语料库，研究人员则可能需要构建自己的语料库。例如，为了解决加布里亚托和贝克（Gabrielatos and Baker 2008）的研究问题（例如，[英国] 关于难民、寻求庇护者和移民的新闻中经常讨论的主题或问题），需要一系列来自英国相关主题的新闻报道。在这种情况下，研究人员确实创建了自己的语料库来进行研究。

建立语料库的下一步是建立一个抽样系统，使语料库具有代表性，并与研究问题中指定的人群（语言变体）保持平衡。对于自建语料库来说，代表性意味着语料库捕捉到了语言特征的变化，这些变化反映了所代表的语言类型（McEnery et al. 2006）。在许多情况下，代表性可以通过将所有文本包含在语料库中来实现。例如，菲茨西蒙–杜兰（Fitzsimmons-Doolan 2011）在一项研究中询问美国亚利桑那州教育部（ADE），语言政策文本中表达的语言意识形态是否可归因于语言管理的差异？研究者提取了发布在 ADE 网站上的所有语言政策文本，并在综合语料库中进行分析。如果一个综合语料库非常小，研究人员需要确保其感兴趣的语言特征数量充足，且可供分析。如果语料库中包含多种文本类型，那么它就是平衡语料库（而且更具代表性）（McEnery et al. 2006）。代表性（或平衡性）没有普遍的衡量标准。相反，对特定语料库这些特征的判断是主观的，这依赖于对设计过程的清晰描述，且与研究问题相关。在任何情况下，我们都需要确保能够系统地收集一个文本样本（如果不是总体的话），这些文本代表了研究问题所指定的语言。在许多情况下，这个问题需要进行若干实际考虑。

实际考虑因素包括研究者能否系统地识别符合抽样标准的文本，并将其转换成可由语料库语言学软件工具阅读的电子形式。关于识别文本，如果有系统界面（如图书馆数据库）供研究人员使用将很有帮助。从识别出的文本中，研究人员可以捕获所有或任意的子集，并将其添加至语料库。研究者还可以制定一个收录标准，用于已识别的文本中，以确定哪些文本最终收入语料库。例如，研究人员可能会排除小于最小容量的文本，或者只包含一组预定内容词的文本。一旦捕获，将文本转换成语料库语言学软件可以阅读的格式是非常重要的。[7] 语料库语言学分析中目前使用的常见软件类型是 WordSmith、AntConc、MonoConc，以及 Xaira（Anthony 2009；McEnery and Hardie 2012）；[8] 如前所述，Unicode 是一种文本语言，可以容纳多种字母类型，并被许多软件包使用。因此，建议将文本文件转换为 Unicode，可以将捕获的文本保存在"文本文档"文件中，并使用 Unicode 编码将文件保存为纯文本。

一旦设计了识别和捕获文本的系统，就必须制定存储文本的计划。例如，研究人员需要决定是将文本存储在一个大文件中，还是为每个语料库文本（例如报纸文章）创建一个文件，并将这些文件存储在一个文件夹中。一般来说，语料库语言学软件程序会对每个文件的一个特征（如一个词、一个短语）进行定量分析。因此，如果语料库中的所有文本都存储在一个文件夹中，那么对一个特征（例如一个词）的所有分析都将描述该词在整个语料库中的分布，而不是该词在语料库每个文本中的分布。例如，如果整个语料库存储在一个文件夹中，则单词的频率计数将指示该单词在整个语料库中出现的次数。另一方面，如果语料库中的每个文本都存储在一个单独的文件夹中，则单词的频率计数将返回该单词在语料库每个文本中出现的次数。因此，根据研究问题的不同，研究者可能希望将文本存储在不同的文件中。在捕获和存储文本的过程中，需要小心地在每个文本的标题中包含重要信息。标题出现在语料库中每个文本之前，可以包含文本标题、检索日期、检索位置以及寄存器和其他情境信息（Reppen 2010）。

除了标题外，研究人员还需要决定，是否要添加进一步的注释来解决研究问题。例如，使用语料库语言学方法来描述语法的学者可以对他们的语料库进行标注，为语料库中的每个单词提供语法信息（Biber et al.

1998）。他们使用标记器或其他辅助程序来实现这一点。对语料库进行标记需要定位标签，将其应用于语料库，并检查结果的精准性。

分析语料库

一旦语料库构建完成，就可以开始分析了。最常见的语料库语言学分析技术是词汇表、关键词分析、搭配分析和索引搜索——尽管还有更多的技术用于更微妙的语言分析。词汇表或词频表非常直接明了，它们告诉研究者语料库中使用的所有单词，并按出现频率列出这些单词。

关键词分析也基于词频，但它是一种比较性的度量。关键词分析可以将两个单词表并置—— 一个单词表来自相对较小的目标语料库，另一个来自更大的一般性参考语料库。通过对两个单词表进行统计比较，可以得到目标语料库中的关键词列表——意外常见的单词，以及关键词的数值度量（意外普遍性）（Scott and Tribble 2006）。关键词可以显示语料库的相关内容，如果参考语料库和感兴趣的语料库在体裁和主题上足够接近，关键词可以用来揭示意识形态（Stubbs 1996）。

搭配分析和索引分析着眼于语境中的单词或短语。搭配分析是在给定的语言窗口（窗口大小可由研究者指定）内研究词汇的共现现象。例如，在英国国家语料库（Hunston 2001）中，statistically 是与 significant 频繁搭配的词，而 significant 是与 statistically 频繁搭配的词。索引反映了语料库中感兴趣的词或短语的语境。索引被应用于定性分析中，包括理解词汇表、关键词分析和搭配表所确定的定量模式在功能方面的含义。除了这四种常见技术外，许多类型的统计分析通常用于探索定量结果，如描述性统计、对数似然检验（用于关键词分析）、方差分析、因子分析和聚类分析（McEnery and Hardie 2012）。与所有统计分析一样，在进行此类测试时，研究人员必须非常小心，确保语言数据（通常遵循不寻常的分布模式）符合所使用的特定测试的假设。

在决定使用上述哪种分析技术时，研究人员需考虑诸多事项。当然，与所有研究一样，我们必须确保分析技术与研究问题相一致。也就是说，当应用于所讨论的数据（语料库）时，给定的技术的应用是否能解答特定的研究问题？从这个意义上说，语料库开发和分析技术的精确应用很重要，应该被全面详细地记录在任何最终的出版物中（McEnery et al. 2006）。用于语料库分析的软件是另一个考虑因素。更常见的索引工具（如已知的基本语料库语言学软件包, 例如 WordSmith、MonoConc 和 AntConc) 能够执行更常见的技术 (McEnery and Hardie 2012)。如计划使用不太常见的技术, 研究人员需要确保有权使用可执行这些技术的软件。

在进行定量分析后 (例如特征的统计和计数的比较), 研究人员需要进行定性分析。这样做是为了让研究人员能够理解定性分析的结果 (Biber et al. 1998)。这种定性分析通常涉及检查索引行, 而索引行总是可以扩展, 以便研究人员检查整个文本文件。语料库语言学传统中没有规定具体的定性方法。

10.5 案例研究

这里介绍的案例研究将突出前面章节中更抽象讨论的选择和问题。在进行这项个案研究时, 我运用语料库语言学的方法解决了一个语言政策研究问题。完整的研究发表在《语言政策》(Fitzsimons-Doolan 2009) 杂志上。在这项研究中, 我对人们如何谈论语言政策和移民之间的关系很感兴趣, 并认为其中或有相似之处。我把 "这些谈话" 的来源限制于美国亚利桑那州两座城市的报纸文章上。

按照上述步骤, 我的第一个任务是找到合适的研究问题。它们是:

- 在两个以亚利桑那州报纸上语言政策为主题的文章所建的语料库 (即官方英语和教育政策中的语言) 与两个该报纸上以移民为主题的文章所建的语料库中, 关键词集有多少重叠?
- 与语言教育政策相关的关键词在与移民主题相关的语料库中的关键性得分是多少?
- 与移民相关的关键词在官方英语和语言教育语料库中的关键性得分是多少? (Fitzsimmons-Doolan 2009: 384)

研究问题反映了语料库语言学方法, 即以语言数据为分析来源, 并以语言政策和移民政策的话语关系的语言政策与规划为关注焦点。

由于目前没有以语言政策和移民为主题的亚利桑那州报纸语料库, 我不得不自建语料库。为了符合代表性的标准, 我选择了亚利桑那州两座城市 (图森和凤凰城) 出版的所有报纸文章, 这些文章在给定的时间段内符合我的入选标准。我利用图书馆数据库, 用指定的搜索词来搜索报纸, 并使用一定标准来确定文章是否会被收入语料库中。大约 10% 的文章由另一位评审者审查，研究中也报告了评审者之间的一致性。我把报纸上的文字复制并粘贴到大型文本文件中，使用 WordSmith（Scott 2004）软件读取它们。对于每个主题语料库（共四个），我将所有文本（报纸文章）存储在同一个文件中。这是因为我不需要每篇文章都有特定的语言特征来回答我的研究问题。相反，我需要每个语料库的计数。每个文本的标题包括文档编号、文章标题、检索到的报纸版面、报纸的检索来源、出版日期、作者和预估的印刷页数。上文提到，关键词分析需要一个比自建主题语料库大得多的参考语料库。我使用《圣何塞杂志》（*San Jose Journal*）现有的文章语料库作为我的参考语料库，它的大小是我构建的四个主题语料库的若干倍。

为了完全解决研究问题，我使用了前面描述的所有四种常见语料库分析技术：词汇表、关键词分析、搭配分析和索引检索：

首先，我为正在使用的五个语料库都创建了词汇表。我使用 WordSmith 中的词汇表功能完成了这项工作，并保存了每个输出文件。这是关键词分析中的一个必要步骤，实际上我并没有分析这些列表。

其次，对我开发的四个主题语料库进行关键词分析，并与参考语料库进行比照。这就产生了四个关键词列表，它们报告了每个主题语料库中最"关键"的词以及关键性得分。

然后，我比较了这些表中的单词，以便回答我的第一个研究问题。

最后，通过比较各个列表的关键性得分来回答我的第二个研究问题。

这些是我的定量分析。结果表明，语言政策语料库和移民政策语料库中的关键词几乎没有重叠。例如，前 100 个关键词中只有 6% 的单词在语料库中发生重叠。我用这些结果来指导我的定性分析。

在定性分析中，我使用索引搜索，对移民语料库和语言政策语料库中最关键的词在语言政策语料库中的使用情况进行了定性研究。例如，English、language 和 Spanish 是语言政策语料库中最"关键"的词。在查看 Spanish 的索引模式时（当语言政策语料库被加载到 WordSmith 中时，将 Spanish 输入索引搜索框），我注意到一种模式，在这种模式中，Spanish 的前面通常有一个限定符（例如 some、more、no）或一个在语义上具有限制作用的动词（例如 banning、refrain、prohibit）。因此，我的结论是，在语言政策语料库中，Spanish 常常被视为一个有限的实体。运用搭配分析工具，我观察到在语言政策语料库中，"非法"是同"移民"和"移居"

最常见的搭配。移民局的情况也是如此。因此，我得出结论，在这两组主题语料库中，"移民"都以类似的负面方式被构建，但因为关键性数据，我注意到这些负面构建方式在语言政策语料库中相对并不突出（例如，在语言政策语料库中，"移民"作为关键词出现较少）。总之，我结合了几种分析技术来解决我的研究问题，正如吉尔昆和格里斯（Gilquin and Gries 2009）所指出的，语料库语言学研究经常这样做。

语料库语言学为研究语言政策与规划提供了一种令人振奋的方法。到目前为止，语料库语言学家和语言政策学者研究的主题（如词典、语法、测试开发以及政治语言）有明显的重叠。此外，语料库语言学方法与其他方法（如批评性话语分析）相结合的趋势也日益明显，这使其成为一种非常强大的工具。

尾注

1. 这里需要指出的是，作为语料库语言学研究的一个文本体，语料库（corpus）一词显然不同于它在语言政策与规划领域的使用。在语言政策与规划领域，它指本体规划，即管理语言自身的一种显性行为。

2. 还应注意的是，有些研究报告了对语料库的调查，但没有使用语料库语言学分析技术。此类研究提出了语言政策与规划问题，例如卡普兰和巴尔道夫（Kaplan and Baldauf 2005）以及德尔瓦莱和维拉（Del Valle and Villa 2006）的研究。

3. 本节提出的研究问题在参考文献中通常没有直接说明。相反，作者将诸如"研究目标"之类的陈述改为在此提出的研究问题。

4. 已经有许多文章阐述了语料库语言学方法与批评性话语分析相结合的可能性。（感兴趣的读者可以参考 Baker et al. 2008，Gabrielatos and Baker 2008，Mautner 2009）。

5. 除非研究人员能够获得计算机编程资源。

6. 随着兼容非罗马字母的 Unicode 系统得到愈发广泛的应用，这个问题正在得到改善（Anthony 2009，McEnery and Hardie 2012）。

7. 下面的分析部分将给出选择语料库语言学软件的考虑因素。

8. 如果研究人员对语料库语言学兴趣渐长，他们可能还会考虑学习或使用计算机编程技术来编写函数以代替软件进行语料库分析。

参考文献

Ädel, A. 2010. How to use corpus linguistics in the study of political discourse. In A. O'Keefe and M. McCarthy, eds., *The Routledge Handbook of Corpus Linguistics*, 591–604. New York: Routledge.

Anthony, L. 2009. Issues in design and development of software tools for corpus studies: The case for collaboration. In P. Baker, ed., *Contemporary Corpus Linguistics*, 87–104. New York: Continuum.

Baker, P. 2004. "Unnatural acts": Discourses of homosexuality within the House of Lords debates on gay male law reform. *Journal of Sociolinguistics* 8(1): 88–106.

Baker, P. 2009. *Contemporary Corpus Linguistics*. New York: Continuum.

Baker, P. 2010. *Sociolinguistics and Corpus Linguistics*. Edinburgh: Edinburgh University Press.

Baker, P., Gabrielatos, C., Khosravinik, M., Krzyzanowski, M., McEnery, T., and Wodak, R. 2008. A useful methodological synergy? Combining critical discourse analysis and corpus linguistics to examine discourses of refugees and asylum seekers in UK press. *Discourse and Society* 19(3): 273–306.

Banjo, A. 1996. The sociolinguistics of English in Nigeria and the ICE project. In S. Greenbaum, ed., *Comparing English Worldwide: The International Corpus of English*, 239–248. Oxford: Clarendon Press.

Biber, D. 2006. *University Language*. Amsterdam: John Benjamins.

Biber, D., Conrad, S., and Reppen, R. 1998. *Corpus Linguistics: Investigating Language Structure and Use*. Cambridge: Cambridge University Press.

Biber, D., Johansson, S., Leech, G., Conrad, S., and Finnegan, E. 1999. *The Longman Grammar of Spoken and Written English*. London: Longman.

Carter, R., and McCarthy, M. 2006. *Cambridge Grammar of English*. Cambridge: Cambridge University Press.

Del Valle, J., and Villa, L. 2006. Spanish in Brazil: Language policy, business, and cultural propaganda. *Language Policy* 5: 369–392.

Fitzsimmons-Doolan, S. 2009. Is public discourse about language policy really public discourse about immigration? *Language Policy* 8: 377–402.

Fitzsimmons-Doolan, S. 2011. Identifying and describing language ideologies related to Arizona educational language policy. Doctoral dissertation, Northern Arizona University.

Fitzsimmons-Doolan, S. 2014. Using lexical variables to identify language ideologies in a policy corpus. *Corpora* 9: 57–82.

Flowerdew, L. 2012. *Corpora and Language Education*. New York: Palgrave Macmillan.

Francis, W. N. 1992. Language corpora B.C. In J. Svartvik, ed., *Directions in Corpus Linguistics*, 17–32. Berlin: Mouton de Gruyter.

Gabrielatos, C., and Baker, P. 2008. Fleeing, sneaking, flooding: A corpus analysis of discursive constructions of refugees and asylum seekers in the UK press, 1996–

2005. *Journal of English Linguistics* 36(1): 5–38.

Gales, T. 2009. "Diversity" as enacted in US immigration politics and law: A corpus-based approach. *Discourse & Society* 20(2): 223–240.

Gilquin, G., and Gries, S.Th. 2009. Corpora and experimental methods: A state-of-the-art review. *Corpus Linguistics and Linguistic Theory* 5(1): 1–26.

Hanks, P. 2010. Compiling a monolingual dictionary for native speakers. *Lexikos* 20: 580–598.

Hunston, S. 2001. Colligation, lexis, pattern, and text. In M. Scott and G. Thompson, eds., *Patterns of Text*, 13–33. Amsterdam: John Benjamins.

Kaplan, R.B., and Baldauf, R.B. 2005. Editing contributed scholarly articles from a language management perspective. *Journal of Second Language Writing* 14: 47–62.

Lee, D.Y.W. 2010. What corpora are available? In A. O'Keefe and M. McCarthy, eds., *The Routledge Handbook of Corpus Linguistics*, 107–121. New York: Routledge.

Lo Bianco, J. 2008. Tense times and language planning. *Current Issues in Language Planning* 9: 155–178.

Mautner, G. 2009 Corpora and critical discourse analysis. In P. Baker, ed., *Contemporary Corpus Linguistics*, 32–46. New York: Continuum.

McCarthy, M., and O'Keefe, A. 2010. Historical perspective. In A. O'Keefe and M. McCarthy, eds., *The Routledge Handbook of Corpus Linguistics*, 3–13. New York: Routledge.

McEnery, T., and Hardie, A. 2012a. *Corpus Linguistics*. Cambridge: Cambridge University Press.

McEnery, T., Xiao, R., and Tono, Y. 2006a. *Corpus-Based Language Studies: An Advanced Resource Book*. New York: Routledge.

Reppen, R. 2010. Building a corpus: What are the key considerations? In A. O'Keefe and M. McCarthy, eds., *The Routledge Handbook of Corpus Linguistics*, 31–37. New York: Routledge.

Scott, M. 2004. *WordSmith Tools Manual: Version 5.0*. Oxford: Oxford University Press.

Scott, M., and Tribble, C. 2006. *Textual Patterns: Key Words and Corpus Linguistics in Language Education*. Studies in Corpus Linguistics 22. Philadelphia: John Benjamins.

Stubbs, M. 1996. *Text and Corpus Analysis: Computer Assisted Studies of Language and Culture*. Oxford: Blackwell.

Wright, S. 2004. *Language Policy and Language Planning*. New York: Palgrave
Macmillan.

拓展阅读

Biber, D., Conrad, S., and Reppen, R. 1998. *Corpus Linguistics: Investigating Language
Structure and Use*. Cambridge: Cambridge University Press.

McEnery, T., and Hardie, A. 2012. *Corpus Linguistics*. Cambridge: Cambridge University
Press.

McEnery, T., Xiao, R., and Tono, Y. 2006. *Corpus-Based Language Studies: An Advanced
Resource Book*. New York: Routledge.

O'Keefe, A., and McCarthy, M., eds., *The Routledge Handbook of Corpus Linguistics*.
New York: Routledge.

第 11 章　语言政策经济学：政策评估导论

弗朗索瓦·格兰，弗朗索瓦·瓦扬古

11.1　引言

本章介绍 20 世纪 70 年代以来，经济学家在制定语言政策方面所使用的主要实证方法。聚焦这个话题是本书主题使然，只不过相对于语言经济学或语言政策评价的经济学而言，其讨论更具局限性。此外，这促使我们强调使用定量数据进行以实践为导向的研究，经济学家们在研究中提出了一些问题，如："将单语教育系统转变为双语系统成本有多大？"或"人们真的能从第二语言技能中受益吗？如果受益，程度有多大？"。因此，我们不讨论认识论问题，也不讨论经济学家在这一过程中的作用。对语言经济学和语言规划的概念性介绍感兴趣的读者可以参考瓦扬古（Vaillancourt 1983）、格兰（Grin 2003）、格兰等人（Grin et al. 2010）或格兰和瓦扬古（Grin and Vaillancourt 2011）的论著。受篇幅所限，本文不详细介绍研究中涉及的统计程序。尽管如此，本章将描述语言经济学中使用的一些关键技术，旨在使这一领域的贡献清晰明了，便于广大读者从其他角度，主要是社会语言学或应用语言学，来研究语言问题。

呈现信息的方式并不是唯一的，这一章节的设计是为了适应本书的结构，并可以映射到其他类型的文献中。

有必要先强调两点。首先，本章不是语言经济学的概述或综述，而只是介绍一些实用工具和方法。因此，在介绍本章内容时，我们主要基于我们自己在这个领域 30 多年的研究或目前正在进行的工作。其次，本章的关键不是给出的实际数字（例如，关于二语技能的回报率或某项政策的实际成本），而是解释这些数字是如何得出的，以及它们的确切含义。此外，我们之所以选择这些例子，并不是因为它们构成了关于某个问题的最新结果，而是因为它们最适合于解释方法论要点。

11.2　提出研究问题

语言经济学可用于研究与迥然不同的各类政策事务相关的一系列问

题，包括有效保护和促进少数民族语言，在教育系统中教授民族语言或广泛使用的语言，为国际组织或超国家组织选择语言制度，以及促进移民融合。然而，无论我们考虑哪些研究问题，要从经济角度解决问题或将语言过程与经济过程联系起来，就需要以某种方式构建它们。换句话说，我们需要注意的是经济学（像其他学科一样）以特定的方式看待世界；这也适用于语言政策与规划的经济工作。因此，研究问题必须以某种方式发展，依赖于我们在这里提出的基本概念。我们将提出"反事实""边际主义"和"聚合"等概念。在本节中，我们还描述了从经济角度回答研究问题所需的数据类型。

第一个概念是反事实。反事实不是与事实相反的东西，而是一个参照点，一个替代方案，或者更具体地说，是"用来评估研究对象的那个东西"。例如，如果我们想估算在公共或私营部门组织中使用五种语言进行交流的成本，我们必须说明替代方法是什么：使用三种语言？或者只使用一种语言——然后，使用哪种语言？请注意，反事实可能是假设性的。在对政策进行事后评估中（即在其实施之后），它始终是假设的，因为它指的是"如果政策没有被采纳和实施，会发生什么。"

第二个关键概念是边际主义，它用于构造如"边际成本"和"边际利益"等概念。边际主义原则本身可以被视为反事实逻辑的一个应用，因为它指的是对现有情况的增量变化。例如，我们应该如何评估一个旨在帮助居住在德国且以土耳其语为母语（L1）的移民提高其德语（L2）的流利程度的项目？标准的经济学答案是首先要评估与达到每个能力水平相关的收益；在这里，我们可以在土耳其语移民的代表性样本中使用标准的六点式量表，控制其他变量可能产生的影响。[1]虽然利益可能是任何类型的（财务或象征性的），但实际上，重点往往放在劳动收入（或"薪水"）上，而同样相关的非财务收益通常因缺乏适当的数据而不得不省略。因此，通过比较德语 B1 水平人群和 A2 水平人群之间的收入差异，可以推导出掌握德语 B1 水平人群的价值。同样，达到 C2 水平人群的价值也由达到 C2 水平的人群与达到 C1 的水平人群的收入差异表示。这些收入差异（有时称为"回报率"，虽然这一术语用于这一例子在技术上并不正确）反映了土耳其语使用者从德语能力的提高中获得的"边际"优势。

第三，政策评估往往需要对数字进行汇总。以上述例子为例，基于语言的收入差异数据可用于评估针对土耳其语移民德语学习项目的总体价值。在所有其他条件相同且平均（有些学习者学得更好，有些学习者学得差）的情况下，假设在第一次研究的基础上，该项目估计能够帮助移民在六级能力量表上提高一个等级。为了估计整个项目的预期收益，我们将这些收入差异乘以每个能力类别的人数，再加上那些低于 A1 水平（但其技能平均提高到 A1 水平）的人数，减去那些已经拥有 C2 等级，且不能在语言能力方面进一步提高的人——或者至少没有对他们的收入产生统计学上显著影响的人。考虑到样本的年龄结构，可以在该项目针对的人员进入劳动力市场的年限内对总数进行预测。考虑到有些人是全职、有些人是兼职、还有些人根本没有工作，因此，数字需要进一步调整。最后，得到的汇总数字需要打折扣，即向下修正，以便考虑到在遥远的将来积累的利益价值不如目前出现的好处。

结果汇总代表了该项目的价值，它只能描述项目的经济影响。但如果有关潜在象征性收益的信息也可用，并且可以转换为货币估计，则后者可以添加到汇总现值中。这样得到的总额可以与项目的成本进行比较（为简单起见，假设成本在期初是一次性的）。如果收益高于成本，则从政策分析的角度来看，这构成了建议采用和实施该政策的坚实的概念基础，除非其他项目的收益成本比更高。[2]

第四，经济分析追求具有普遍有效性，并适用于特殊案例。因此，它必须在统计意义上有代表性、数量充足，并且足够详细（简称 RAD 数据）。"工作人员掌握 X 语言对业务有用"的观点必须基于不止一小部分观察（尽管后者可能很有见地），因此拥有足够数量代表性观察的数据库非常重要。当后者数量充足时，就可以从简单的描述性统计（如样本均值和标准差）过渡到允许探索变量之间关系的推断性统计。当这些关系伴随着合理的解释出现时，可以根据因果联系来解释这些关系。

然而，在统计推断中，仅考虑两个变量（例如，一方面是受访者的外语技能，另一方面是他们的劳动收入）是不够的。当然，一个人的收入很可能受其外语技能的影响，这一点通过按语言技能划分的平均或中位数收入显示出来是非常合理的。同时，收入不仅受外语技能影响，经济学家通常会寻求在数据允许的情况下进行多变量分析，以便共同考虑几个收入决定因素。

限于篇幅，我们无法在此详细介绍这些方法，我们假设读者基本熟悉多元分析的原理，例如普通最小二乘回归（OLS）和其他分析方法。想要了解这方面的读者，可以在任何计量经济学入门教材中找到必要的工具（如 Gujarati 2008）。

11.3 选择研究场景

在经济学中，"情境"的概念很少被详细讨论，但它至关重要。为了解释这一点，让我们回想一下，经济学本质上是关于比较选项并作出更明智的选择。我们在前一节介绍"反事实"概念时暗示了这一点，但我们在这里可以更进一步。

经济分析侧重于对稀缺资源的"有效"（即有针对性的、不浪费的）利用。当资源稀缺时，利用好资源是很重要的。这适用于每周有固定工资的个人、每月有预算的家庭、营业额能够抵消其生产成本并（原则上）产生利润的公司，或税收能够负担公共支出的政府。如果资源不稀缺，经济学就没有存在的理由。但事实是，稀缺性问题以及如何应对稀缺性是人类经验的核心（Becker 1976）。因此，经济学中的"语境"总是指我们面临稀缺性的情况，必须充分利用我们稀缺的资源来实现我们的目标。

需要注意的是，资源和目标不一定都是金钱或物质上的——它们也可以是非物质或象征性的，而当前的问题仍然是经济问题。例如，在决定一个国际组织内部运作中保留多少种语言（以及具体哪些语言）作为官方语言时（由于资源有限，通常认为对组织使用的语言数量设限是明智的），保留 X 语言而不是 Y 语言具有象征意义。这些影响是对本组织备选语言制度进行经济评估的一部分。非物质方面可能非常重要，并产生切实的后果，正如双语或多语在复杂任务的执行控制中的认知益处所示（Diamond 2012）。

因此，在选择研究场景时，首先要确定是否可以就稀缺资源及其最佳使用来进行探讨。例如，考鉴于二语习得的成本（学习者时间、教师、金钱都是稀缺资源），它的收益（物质和非物质的）是什么？因此，一般的情境是稀缺性，而成本和收益的性质和大小将取决于具体语境：在其他条件相同的情况下，以日语为母语的人学习英语的成本通常高于以法语为母语的人；比如说，在德国，对于工作中经常与海外国家的贸易伙伴接触的人来说，懂得英语这种外语带来的收益通常比在本地零售业工作的人更高。同样，鉴于一个国际组织内部的交流需要以某种方式实现，是只将一种语言(无论是英语、世界语、还是克林贡语[①]) 官方化，并让该组织的每一个成员都学习它（这是代价高昂的），还是在该组织内保留几种官方语

---

① 科幻作品《星际迷航》中的一个外星种族的语言，由美国语言学家马克·奥克兰设计，被国际标准化组织承认。

言，增加笔译和口译成本，但减少必要的语言学习成本，这两种方式哪一种效率更高？同样，一般情况仍然是稀缺性，而收益和成本的性质和大小取决于具体情况——例如，北美自由贸易协定（NAFTA，其成员为美国、加拿大和墨西哥）等组织的语言需求与联合国的必然不同。

11.4 数据收集和分析方法

现在让我们转向测量和应用。由于不可能在这一简短的章节中对行业的主要工具进行详尽回顾，我们将重点介绍一些最为成熟的工具以及相关的数据收集和分析方法。

为此，我们首先在表 11.1 中给出了1970 年和2005 年（可获得此类结果的最早和最晚年份）语言技能对魁北克居民收入影响的双变量和多变量估计。这项工作属于语言经济学中最悠久的研究之一，但它仍然是使用人口普查或大规模调查数据的加拿大和美国众多研究的代表。我们为男性呈现了结果，因为语言技能的回报变化对男性来说往往比对女性更大，因此这个结果更具有说明性。经济学家通常更喜欢用收入而不是职业或社会经济成就指标来衡量社会经济地位。

现在让我们简要解释如何阅读这张表。总数字表示不同语言属性的人群之间的平均收入差异（百分比），它表明 1970—2005 年间英语和法语之间的一些趋同趋势。语言技能的净影响与总影响在数值上不同，有时甚至在符号上也不同。最引人注目的例子是 2005 年母语为英语的单语使用者，正面总影响达到 25%，但一旦考虑到控制变量，就变成了 -8% 的负面净影响，两者的差异达到 33 个百分点。但是，人们也发现，当使用净影响而不是总影响时，双语的溢价要小得多，有时甚至不存在。

经济学家认为，在确定语言地位或变化方面，总体差异并不十分有用，因为总体收入差异的水平和变化（从一种语言概况到另一种语言）可能不反映语言技能的回报。差异可以通过其他特征来解释，例如，具有这些语言技能的个人在教育或经历上的差异或变化。这就是为什么经济学家们更看重语言技能的净影响，即净收益差异，它可以使用多元分析来计算。获取这些数据的方法一般如下：

- 必须确保对感兴趣的变量获得 RAD 数据。它们可以从人口普查的公共使用样本（包括魁北克）或调查数据（加拿大魁北克省、美国、以色列、德国、瑞士、澳大利亚）中获得。

- 分析样本或多或少有所限定，通常集中在正常工作年龄范围（20 至 65 岁）的人，有时仅限于上述男性。

- 一般最小二乘回归（OLS）用于估计一个因变量（通常是劳动收入的自然对数）与一组自变量之间的联系。

- 独立（或"解释性"）变量集通常包括年龄、受教育程度、工作经验及其平方，以及工作时长（如果样本不限于全职工人，或未进行其他调整以将兼职收入转换为全职等价物）。这与明瑟等式（Mincerian equation）的标准规范相对应，该等式以经济学家雅各布·明瑟（Mincer 1974）命名。最初，他们是为了评估学校教育回报率而开发的。根据数据的可获得性，还普遍采用诸如婚姻状况、居住地区、就业类型等其他控制变量。

- 然而，关键的独立变量是被调查者的语言属性，包括他们的第一语言（或母语）和他们的第二语言或外语技能。OLS 回归提供了表示每个自变量对因变量值贡献的系数估计（Lewis-Beck 1993）。

使用公共数据集的一个常见难题是缺乏关于语言技能的详细信息。在表 11.1 所报告的工作中，使用了"0–1"的双语定义（"非双语"和"双语"）。这导致了精确度的损失，相比之下，表 11.2 中的数据显示了瑞士的情况。在这里引用的瑞士研究中（Grin 1999），更详细的调查数据使我们能够更仔细地观察不同语言技能水平的影响。在这种情况下，如果我们对双语者使用"0–1"的定义（优秀或良好语言技能者为 1，其他情况为 0），那么双语系数将无法捕捉到一些相关效应，例如，从"基本"技能提高到"良好"技能带来的收益很小（5%），而从"良好"技能提高到"优秀"技能则会带来两倍于前者的回报（12%）。

虽然多元分析主要用于研究语言技能对收入的影响（截至 2014 年末，有超过 300 篇期刊文章、书籍章节、专著和报告记录），但它还有其他用途，如研究语言习得的决定因素，或研究在工作场所和消费活动中使用语言的决定因素，这些在此无法进一步讨论（但请参见 Grin et al. 2010）。

表 11.1　魁北克男性 1970 年和 2005 年七组语言技能的
毛收入和净收入差异（%）

差异类型	总收入（均值）		净收入（边际）	
	1970	2005	1970	2005
语言组别↓				
英语单语使用者	59.	25.	10.1	−8.2
英语双语使用者	74.	36.	17.0	ns
单语法语使用者（参考组）	–	–	–	–
双语法语使用者	43.4	34.0	12.6	4.8
英语非标准变体使用者	25.8	−13	ns	−28.1
法语非标准变体使用者	5.7	−28	ns	−31.7
双语非标准变体使用者	45.7	11.	6.0	−19.3

资料来源：瓦扬古等人（Vaillancourt et al. 2013，表 5，表 7）

表 11.2　瑞士男性英语语言技能对月收入的总影响和净影响 *

	总影响	净影响
优秀	50	31
良好	29	19
一般	16	14
无	–	

资料来源：改编自格兰（Grin 2001：72，表 1，表 2）

* 本章介绍的所有关于瑞士的结果均基于 1994/1995 年收集的 2400 名成人受访者的样本，反映了按性别、年龄和语言地区划分的实际分布情况。此后，该国没有收集到类似的详细样本。

11.5 案例研究

作为一个将经济推理应用于语言政策的案例研究，我们考虑加拿大的情况，评估《官方语言法》的成本和收益。

科什和瓦扬古（Coche and Vaillancourt 2009）估算了因《官方语言法》提供服务而产生的边际成本和收益。英语是加拿大的主要语言，因此是默认语言，《官方语言法》的成本通常被理解为提供法语服务的成本。因此，反事实假设是一个以英语为唯一官方语言的单语联邦政府。方法论上的关键点是如何确定政策的目标群体以及如何衡量成本和收益。

政策目标组

法语使用者有两种可能的定义。一种定义包括只懂法语的人，或懂法语又懂英语但以法语为母语的人。这一种定义基于语言偏好或认同。另一种定义是仅懂法语的人，这是基于严格必要性的概念。

选择一个定义并非没有政治含义，因为使用第一种定义，在提供公共服务方面会导致英语使用者和法语使用者之间的成本差异最小，法语使用者的收益最大；使用第二种定义，成本差异最大，法语人口的收益最小。为什么？因为随着法语使用者数量的增加，一方面，给定服务总量的每个使用者的价值会下降（因为分母更大），另一方面，给定的单位成本差乘以更多讲法语的人数，会增加总成本的差异。

成本

当然，成本信息的可用性高度依赖于国家。以加拿大为例，在官方文件中，主要是加拿大的公共账户，记录了实际支出的数额，而不是预算数额。有些项目，如口译和笔译，可以直接使用公布的数字。对于其他项目，例如加拿大公共广播公司法语分支机构的成本，我们必须确定该机构的边际成本，因为如果没有这个部门，英语分支机构将在魁北克提供英语服务。

在假设边际成本恒定的情况下，特定服务的边际成本按以下方式确定：

- 将为英语人士提供服务的总成本除以加拿大英语人士的人口，得出每个英语人士的单位成本。
- 以英语人士的单位成本计算为法语人士提供服务的假想总成本。为此，将每个英语人士的单位成本乘以加拿大的法语人士数量，得出所有法语人士的假想成本。
- 从为法语人士提供的实际或估计总成本中减去这个假想总成本，得出提供给法语人士的法语服务的额外成本，这反映了双语运营而非单语运营的真实成本。

最后，我们必须考虑既不能直接捕获（如翻译），也不能作为边际成本衡量的项目（如少数民族语言提供）。这些额外的成本项目通常列入在一般部门支出中。例如，与只印制一种语言相比，印制两种语言的报告的额外成本，以及如果一些部门人员进行强制性语言培训（假设如果这种培训是可选的，有些公务员会选择不报名），可能会（因为必要的时间支出）降低生产率。由于使用两种语言而不是一种语言，也可能出现一些沟通不畅和工作放缓的情况；然而，这只会在实际的双语情况下发生，而不是在联邦公务员的所有工作环境中。这使得估算工作变得更加复杂。

如何处理这两个不可预见的成本？科什和瓦扬古（Coche and Vaillancourt 2009）使用的方法是自上而下的减法，而不是上面那种用于直接成本和边际成本的自下而上的加法。他们制定了联邦预算总额，从中去除了不太可能受《官方语言法》影响的项目，得到剩余金额。例如，利息支付或养老金支付不包含与《官方语言法》相关的成本。他们得出结论，专业和特殊服务是包含《官方语言法》额外支出的类别，这应该用这些成本的 5% 份额来核算。[4]

收益

科什和瓦扬古还研究了加拿大联邦政府以两种正式语言提供服务所带来的收益。这一考察使他们拒绝采用文献中有时使用的两种衡量方法。这些方法是：

- 估算语言行业的规模。这是不恰当的，因为问题是"提供双语服务对社会有什么好处？"，而不是"为产生这些福利而花费了多少资源？"。
- 测量商品和服务出口的增长，以及由此带来的在国内生产总值、就业等方面的增长。这只有在政策特别针对与出口有关的领域时才有意义，例如，培训个人使用与出口相关活动中使用的语言。鉴于《官方语言法》所涵盖的领域包括议会辩论、艺术创作和刑事法院，这种做法对加拿大并不适用。省级高等教育政策是决定出口相关语言技能的关键决定性因素。

《官方语言法》的根本好处是，它允许讲法语的人获得联邦政府的法语服务。这些福利的价值是什么？人们可以询问受益人他们愿意为这些服务支付多少费用，但是关于"支付意愿"的信息是不可得的，而且收集这些信息是出了名的困难。[6] 相反，让我们假设联邦政府只提供英语服务。如果这种情况发生，那么法语单语和双语使用者对一些联邦政府服务的需求可能会减少。但对于使用许多联邦政府服务的法语使用者来说，无论是作为普通公民还是作为雇员／雇主，例如与加拿大税务局打交道或获得护照，对联邦服务的需求下降是不可行的。因此，我们可以设想以下三种方式来继续使用这些服务：

- 由讲法语的联邦公务员用法语提供的非正式服务。例如，他们会帮助纳税申报人或护照申请人填写各种表格。如果维持一般服务标准，这将使他们从其他职责中抽离出来，并给联邦政府带来成本，因为这样就需要更多的时间，也需要更多的雇员，当然主要是在讲法语的魁北克省。
- 由法语单语者的朋友或双语家庭向其提供英语知识。这将需要计算法语单语者的私人时间支出。
- 由私人雇用的专业口译员和笔译员提供法语。这将需要法语单语者支付金钱。

这三种应对英语单语政策的合理成本是多少？这取决于下列项的乘积：

- 用户数量，这取决于目标人群。
- 每个用户与服务提供者交互的小时数。
- 与每种类型的提供者交互的一小时的单位成本。
- 所用的语言提供者的总和。

加拿大有 400 万法语单语使用者，我们将其乘以 10 小时（（.33×公务员工资）＋（.33×亲友隐性工资）＋（.33×口译和笔译员工资）），详见科什和瓦扬古（Coche and Vaillancourt 2009）。

目标人群可增加 330 万，以包括法语双语人口的比例。然而，如果考虑到公务员无论如何都会用英语与单语法语者交流的事实，那么公务员所需的总时数就可以减少。

整个结果如表 11.3 所示。

表 11.3 《官方语言法》（加拿大，2006）的成本和收益结果摘要

可观测成本（百万美元）（1）	1139
诱导成本（百万美元）（2）	440
总成本（百万美元）（3）=（1）+（2）	1579
绝对必要的收益（百万美元）（4）	640
偏爱法语的收益（百万美元）（5）	1170
《官方语言法》成本占公共（项目）支出的百分比（6）	1
《官方语言法》成本占 GDP 的百分比（7）	0.15
每个法语人分摊的《官方语言法》成本（百万美元）（8）	230
每个加拿大人分摊的《官方语言法》成本（百万美元）（9）	55

资料来源：科什和瓦扬古（Coche and Vaillancourt 2009）：(1) mean of the two totals, table 4, p. 29; (2) text, p. 31; (4), (5) text, pp. 42–43; (6), (7), (9) text, p 31; (8) calculations using (9) and share of francophones of 24%

　　我们要强调的是，上述只是众多可能的语言政策经济分析中的一个例子。在撰写本文时，语言经济学在语言政策的选择、设计和评估中的应用正变得日益重要，特别是当社会面临带有重大语言影响的新挑战时。常常被冠以"全球化"标签的一系列进程显然是此类分析需求的一个强大驱动力，这种分析有助于加强处理广泛问题所需的信息基础。其中包括（但不限于）：

　　第一，管理日益互联的劳动力市场上的流动性，这些市场具有不同语言特征，公民具备广泛的语言技能，同时确保他们能够轻松获得这些技能以防止造成新的社会排斥模式。

　　第二，管理语言多样性本身，这需要特别注意保护和促进仍以惊人速度消失的小语种。

　　第三，在国际和本地平衡主要语言之间的作用，特别注意的是需要避免在多元化的领域内只使用一种广泛使用的语言（在这种情况下，"通用语"[*lingua franca*] 一词不太恰当），并记住创造力和创新显然得益于通过不同语言分析和处理问题的结果。

　　这些问题在社会上是很重要的，而在分析上则十分困难。只有采用适当的跨学科视角才能妥善处理。自从 20 世纪 60 年代实证语言经济学出现以来（Raynauld et al. 1966），它越来越多地借鉴其他学科，特别是语言社会学和社会语言学，使其具有我们认为必要且值得称赞的跨学科意识。为

了更好地理解社会中的多语言现象，需要继续进行并深化跨学科研究。我们希望本章提供的工具概述能激励更多读者加入这项研究。

尾注

1. 这里所指的六点式量表（出自《欧洲语言共同参考框架》），是国际上最著名的同类系统。它可应用于任何语言，不同于描述学习者在特定语言（如英语、法语或西班牙语）中进步的能力水平。它包括六个能力水平（A1、A2、B1、B2、C1、C2），其中 A1 描述非常基本的水平，C2 描述非常高级的水平。通过描述指标（已达 30 多种语言）测评五种技能（听力理解、口头表达、口头互动、阅读和写作）的每一个水平。有关完整介绍和详细资料，请读者参考 http://www.coe.int/t/dg4/linguistic/cadre1_en.asp（查阅日期：2014 年 12 月 13 日）。

2. 据我们所知，从未有对语言的非经济或非物质利益（也可以说是象征性利益）的严格评估。对此，最有希望的途径在于将最初开发用于评估自然环境的评估技术适应于语言（见 Grin 1994）。

3. 平方项提供了一个更好的统计拟合，它允许估计考虑到一个人职业生涯中技能的逐渐退化，从而产生一个凹形的收入函数。

4. 这个 5% 的数字来源于本章中介绍的关于在教育中使用少数民族语言的研究。

5. 见加拿大工业部《加拿大语言产业经济评估》，网址：http://publications.gc.ca/site/eng/317799/publication.html.

6. 同样，如尾注 2 所示，使用从环境经济学引进的评估技术可能特别有用。

参考文献

Becker, G. 1976. *The Economic Approach to Human Behavior*. Chicago: Chicago University Press.

Coche, O., and Vaillancourt, F. 2009. *Official Language Policies at the Federal Level in Canada: Costs and Benefits in 2006*. Vancouver Fraser Institute. http://www.fraserinstitute.org/research-news/research/publications/Official-Language-Policies-at-the-Federal-Level-in-Canada-Costs-and-Benefits-in-2006/

Diamond, J. 2012. *The World Until Yesterday*. London: Allen Lane.

Grin, F. 1994. L'Identification des bénéfices de l'aménagement linguistique: La Langue comme actif naturel. In C. Phlipponneau and A. Boudreau, eds., *Sociolinguistique et aménagement des langues*, 67–101. Moncton, NB: Centre de Recherche en Linguistique Appliquée.

Grin, F. 1999. *Compétences et récompenses. La Valeur des langues en Suisse*. Fribourg, Switzerland: Éditions Universitaires.

Grin, F. 2001. English as economic value: Facts and fallacies. *World Englishes* 20(1): 65–78.

Grin, F. 2003. Economics and language planning. *Current Issues in Language Planning* 4(1): 1–66.

Grin, F., Sfreddo, C., and Vaillancourt, F. 2010. *The Economics of the Multilingual Workplace*. London: Routledge.

Gujarati, D. 2008. *Basic Econometrics*. 4th ed. New York: McGraw Hill.

Lewis-Beck, M., ed. 1993. *Regression Analysis*. Thousand Oaks, CA: Sage Publications.

Mincer, J. 1974. *Schooling, Experience and Earnings*. New York: Harcourt Brace Jovanovich.

Raynauld, A., Marion, G., and Béland, R. 1966. *La Répartition des revenus selon les groupes ethniques au Canada: Rapport de recherche préparé pour la Commission royale d'enquête sur le bilinguisme et le biculturalisme*. 4 vols. Ottawa.

Vaillancourt, F. 1983. The economics of language and language planning, *Language Problems and Language Planning* 7: 162–178. Reprinted 2002 in D.M. Lamberton, ed., *The Economics of Language*, 9–24. London: Edward Elgar.

Vaillancourt, F., Tousignant J., Chatel-De Repentigny J., and Coutu-Mantha, S. 2013. Revenus de travail et rendement des attributs linguistiques au Québec en 2005 et depuis 1970. *Canadian Public Policy/Analyse de Politiques* 39 (supplement 1): 25–40.

拓展阅读

Chiswick, B., and Miller, P. 2007. *Economics of Language*. London: Routledge.

Ginsburgh, V., and Weber, S. 2011. *How Many Languages Do We Need?* Princeton: Princeton University Press.

Grin, F., Sfreddo, C., and Vaillancourt, F. 2010. *The Economics of the Multilingual Workplace*. London: Routledge.

第 12 章　新媒体中的语言政策分析

海伦·凯利–霍姆斯

12.1 引言

我们可以看到，媒体能够实现语言政策的所有功能，并且可能有自己的显性语言政策、隐性语言政策，或显隐混合的语言政策（Kelly-Holmes 2012）。传统媒体是研究语言政策与规划的一个相对较新的领域，迄今，相关研究主要围绕与少数民族语言振兴有关的地位规划、本体规划和习得规划，关注媒体在其中的作用（如 Cormack and Hourigan 2007；Hult 2010）。传统上，和语言政策与规划联系更为密切的机构，例如国家和教育机构，对媒体具有控制权。然而，数字技术和新媒体的发展将媒体的控制权夺走了。

新媒体，尤其是互联网，是研究语言政策与规划的非传统领域。然而，互联网是语言实践的主要场所，而且，我认为，互联网上的语言政策在很大程度上仍然未受常规语言政策与规划工具的影响。理论上，个人、机构和公司可以在无边界的网络空间自由地做他们想做的事情，而很少关注语言政策以及相关机构的地域性法规。然而，有趣的是，一般来说，这类行为体并不只是依其意愿行事，似乎仍受许多在线下环境中起作用的相同准则的指导。新媒体促进了在线言语社区的发展，根据斯波斯基（Spolsky 2004）的定义，在线言语社区不仅包含语言实践，还包含与这些实践相关的共同规范和理念。因此，在新媒体背景下对语言政策的研究为全面理解语言政策与规划提供了一个新的重要维度，因为它侧重于非传统行为者和非传统领域，这些领域通常不受既定监管框架和国界的限制。在本章中，我们将探讨如何研究新媒体环境下的语言政策，并着重指出一些可能的研究方向，包括"独白式"和"对话式"网络。

12.2 提出研究问题

由于网络具有"不受监管"和"无边界"的性质（尽管这些属性需要谨慎使用），对于这个领域，研究人员可以参照的明确政策相对较少。虽然某些公司网站和社交网站确实有明确的语言政策，主要是关于限制不当语言，而官方网站（如由地方和国家政府维护的网站）则受到适用于与线下环境相同的语言政策的约束，网络上对语言政策的研究需要主要集中在审查已确立和常规化的实践作为政策。因此，我们主要研究隐秘语言政策（Shohamy 2006）或隐性语言政策（Schiffman 1996）。

在现代社会，国家政府一直是语言政策的主要推动者，试图确立语言的边界。最初，国家媒体试图复制这一尝试，沿语言—政治边界设置媒体边界。然而，如上所述，这种边界并不存在，或者至少很难在网络空间实现。虽然互联网的一个关键特征是无国界，但网络上仍然存在"国家"的形式，即顶级域名（如 .uk、.fr、.cn），而且，一般来说，网络既依靠国家边界，也加强了国家边界。例如，大多数站点需要有关用户位置的信息，并且越来越多地通过识别用户的 IP 地址自动收集这些信息，然后将用户分配给服务特定国家和语言的本地化站点。因此，在这方面，一个重要问题是，国家 / 官方 / 法律上的语言政策是否同样在网络空间中实施，以及在多大程度上实施？谁的语言权利得到尊重？谁不在国家边界之外的数字环境中？下文概述的研究探讨了这些问题。

网络作为一种实实在在的全球性媒介，为探讨语言政策和全球化问题提供了一个理想的领域。英语的作用一直是语言政策文献中的一个中心主题，历史和当代研究记录了英语在前殖民地环境中的作用以及作为全球通用语的作用（Ricento 2006；Wright 2005）。尽管最初基于网络起源的担忧是英语将主宰这个新的空间（Crystal 2001），但事实证明，网络已经变得更加多语言化，这是科技、经济和政治因素的共同作用。关于新媒体和网络语境，一个明显的问题是：英语在网络语境中的作用是什么？与线下语境中的作用是否不同？例如，卡楚（Kachru 1996）的"英语三圈论"提供了一个有用的框架，用它来表述和解释英语在网络上的作用。除了上面讨论的英语作用外，我们能观察到与特定的通用语有关的政策出现吗？下面的研究与这些问题有关。

Web 2.0 允许用户在不同地点上传生成的内容，其特点是自下而上的实践场所，因此为研究自下而上的语言政策和监管提供了理想的空间，这些研究由个人和团体在语言政策的微观层面进行（Blommaert et al. 2009）。在这类语境下，群体如何规范自己的网络语言实践？是否有明确的政策强加于他们？他们是否制定了明确的政策？在没有明确政策的情况下，隐性政策（源于实践）是如何形成的？这些是如何被"监管"和监控的？例如，勒尼汉（Lenihan 2013）在全球社交网站上报告了一项关于在爱尔兰语翻译社区的长期虚拟民族志（virtual ethnography）研究（见下文），包括他们对自己言语社区实施的监管和监督、语言实践以及隐性和显性的语言政策。

12.3 选择研究场景

当处理一个像新媒体这样广阔无限的领域时，场景的选择空间同样是巨大的。区分两种研究网络的方法有助于选择研究场景。海因（Hine 2000）区分了作为交互空间的网络和作为文本存储库的网络。前者指的是可称之为对话式网络的东西，它为社会互动创造了空间，并以对话交流理念为前提。对话交流可以是同步的，也可以是异步的。这显然是传统民族志意义上的场所或田野，例如社交网站、游戏网站、球迷和俱乐部网站、特殊利益集团、电子口碑营销（eWom）和消费网站、创意网站（消费者和生产商合作创造产品的网站）、博客和微博、学习型社区、电子商务网站、资讯网站、服务站点。

在探索与自下而上、隐性或隐秘语言政策相关的研究问题时，网络语境最为明显，特别是可以讨论群体如何规范其在线语言实践以及如何制定自身政策等问题。例如，在视频分享的网站上讨论一段视频时，参与者使用什么语言？是如何被监管的？是否涉及自我监管？以及如何对实践偏差进行调节或评论？当视频内容涉及双语情景或包含双语内容时，可能特别有趣且富有启示。

另一类研究关注独白式网络（monologic Web）：一个文本（通常大部分是静态的）存储库，如个人主页、公司网站、某些博客、新闻网站、搜索引擎、门户网站。虽然可能会有互动和一些对话式的交流，但交流的主要特点是独白式，因此，更接近于"旧的"或"传统的"媒体，涉及一对多的交流。

独白式网络作为一个文本存储库，允许考察与自上而下语言政策有关的研究问题，以及线下国家官方的法律政策在网络空间中得到遵守的程度。因此，在查看一个公司或其网站时，可以关注语言本地化程度、在没有法律规定的情形中遵守地方语言立法或事实上的语言政策的程度，当然也包括英语的作用。本章主要研究独白式网络中的语言政策，特别是企业和机构在其门户网站中的语言政策。门户网站是"提供访问互联网起点的服务。互联网服务提供商通常提供一个门户网站，这是用户首次访问的点，并为用户提供一系列不同的形式和活动供其尝试。搜索引擎提供的目录也是门户"（Hine 2000）。公司、机构、政府、国际机构和其他机构都依赖于门户网站，以便为用户分置本地站点（就语言和内容而言）。因此，它们为在线检查语言政策提供了一个特别有用的情形。门户网站展示了这些机构如何管理多种语言、管理用户，并根据语种和地域对用户进行分类的证据。因此，它们是研究新媒体自上而下语言政策的关键场所。

新媒体空间也提供了一个机会来研究自上而下和自下而上语言政策的相互作用。例如，社交网站将网络多语空间分成不同语言站点，这为研究自上而下的政策提供了场所，可以探索线下语言政策的遵守情况；也为调查自下而上语言政策提供了空间，可以观察个人如何规范自己的语言实践并在此过程中形成隐性政策（Lenihan 2013）。

12.4 数据收集和分析方法

研究新媒体环境下的语言政策需要多种方法。鉴于本章讨论的问题类型和上文概述的背景，虚拟民族志（Hine 2000）可以有效地与语言景观分析（Landry and Bourhis 1997）相结合，产生一种可称为"虚拟语言民族志"的方法。

虚拟民族志

海因（Hine 2000）提出的虚拟民族志是一个有用的工具，通过使用民族志的敏感度指标，在线调查语言政策问题，"明确人们理解自己生活中理所当然和通常默许的方式"（Hine 2000：5）。虽然民族志"传统上依赖于旅行、体验和互动"（Hine 2000：44），但对日常生活、机构和媒体的民族志方法都是成熟的。随着人们认识到以计算机为媒介的交流不亚于面对面的交流，可创造短暂而强大的社区（Hine 2000：18），网络也成为民族志方法的一个焦点。传统民族志中固有的访问站点概念，在网络民族志中特别有用，因为网络使新型流动和"旅行"成为可能，这是数字技术带来时空压缩的结果。虚拟民族志可以被视为"传统民族志方法论技术的变体，利用一系列观察和其他定性方法来研究意义在网络环境中的构建方式，并从会话分析的派生中收集了很多分析框架"（Cavanagh 1999：1）。海因和其他学者承认虚拟世界的局限性，他们提倡采用民族志方法或采用民族志敏感度指标，以利用"调整民族志视角，以揭示运行的互联网建构方式……并关注互联网使用的局部偶然性"(Hine 2000：5)。

虚拟民族志允许与被研究的网站进行多种可能的接触：网上冲浪、观察特定网站，以及潜水（即在不公开参与的条件下，与网站保持系统和长期的接触）。潜水和观察还包括下载或归档材料、收集和储存截图等。虚拟民族志者可能会继续积极参与网站。最终，在一项长期研究中，研究者可能希望揭示他们的身份，并与网站所有者和网站参与者或成员进行访谈(Hine 2000)。必须指出的是，研究者没有必要经历所有这些阶段，参与程度应由研究问题和研究目的决定。就我们的目的而言，潜水观察或下载存档通常足以在独白式网络上记录语言政策，尽管与网站发起人的访谈将增强收集的数据（涉及有关道德问题的讨论，请参阅下文）。

虚拟语言民族志

海因（Hine）的方法旨在调查在线社区（即对话式网络）的互动。然而，她的模型也可以方便地调整用以观察门户网站的实践，从而有效地研究隐性和隐秘语言政策。以下是一个基于海因（Hine 2000）模型调整过的研究独白式站点的框架：

第一，研究人员必须暂停在使用网络时认为是理所当然的东西。这可能特别具有挑战性，因为使用过程似乎是正常的日常生活。然而，重要的是要使网络引人注目，并意识到使用它的过程。例如，在语言政策问题上，人们可以在网上搜索某种语言资源。

第二，使用现场工作笔记来记录进入田野的情况。正如海因所指出的，"民族志工作者可能仍然从一个特定的地方开始，但应鼓励遵循从那个环境中产生的有意义的联系"(Hine 2000：60)。这包括记录整个田野过程中使用的语言，并考虑是否可以用一种特定语言或是否需要另一种语言（例如英语）来进行田野工作。

第三，审核网站并提供完整描述。这包括记录网上所有语言、可用语言选项以及所有语言的可用信息范围。这需要不止一次地访问网站，建议研究人员在适当的时间段内观察网站和任何变化。考虑国家网站和语言之间的一致性；将官方或事实上的语言政策与有关国家或地区的语言规定进行比较；检查网站上不同语言的功能——一些语言在多大程度上局限于象征性功能，它们在多大程度上也执行工具性功能；确定哪些语言是通用语。

第四，记录和跟进互文链接和超文本链接——这使研究人员能够通过网络捕捉网站与网站之间的语言轨迹。在研究与多语有关的政策时，这一点尤其令人感兴趣。例如，在一些本地化的国家或地区站点中，这些站点的链接指向英语或其他通用语言的站点或页面，或者不可用，从而限制了使用特定语言在网上"旅行"（travel）的程度。

第五，采用民族志敏感度指标来跟踪看起来有趣的线索。研究者应该准备去那些超链接引导的地方，因为虚拟民族志本质上是多站点的。就语言政策研究而言，超链接的语言及其所指向的内容和网站都是民族志的重要组成部分。灵活处理是很重要的，因为虚拟民族志最适合作为"一种适应性的民族志，旨在适应其所处的条件"（Hine 2000：65）。

第六，记录随时间变化的语言规定和语言内容，以便跟踪语言政策的出现。

第七，记录并在必要时研究网站上的广告；调查网站资金来源和所有权，以及语言选择问题。例如，组织总部设在哪里？公司或品牌的起源地在哪里？这个地方的语言政策是什么？

第八，截图记录"游历"经过。莱姆基（Lemke 2002）使用了"游历"（traversal）的概念来指代网上独特的观看和参与体验。这一概念有助于人们认识到，每一次观看体验都是不同的，不可能对某一特定网站进行全面描述。相反，在特定时间和空间的点上，对于特定个体的特定观点，可以说是正确的。它不是稳定的或静态的，而是不断变化的。因此，"游历"的概念并不是试图冻结时间并抵抗其瞬变性，而是一个包涵性的概念。

从上述框架可以看出，虚拟语言民族志也依赖于对被调查地点的语言景观分析。语言景观分析涉及在特定地区或区域内的公共和商业标志，评估这些标志上语言的可见性和重要性。这是在特定地区或领域内理解隐性和显性语言政策与规划的方法，它的基础是假设"语言景观作为居住在该地区的语言社区的相对权力和地位的标志，具有重要的信息和符号功能"（Landry and Bourhis 1997）。自从兰德里（Landry）和布尔希斯（Bourhis）提出语言景观以来，许多学者将其作为研究语言政策的方法论（研究实例有 Shohamy and Gorter 2009；Gorter et al. 2011）。最近，语言景观研究的焦点转向了网络（例如 Ivkovic and Lotherington 2009；Kelly-Holmes 2006a，2006b；Troyer 2012）。

数据和伦理问题

可以使用虚拟民族志方法收集有关该网站的各种数据。就我们的目的而言，这将包括：

- "田野"记录的观察笔记，这些笔记记录了使用特定语言和在浏览网页时出现的语言。
- 截图显示网站提供哪些语言以及语言的组织方式。
- 网站中语言种类、可选语言和内容的更改记录。
- 网站流量和其他统计数据，表明用户来自何处，以及有关他们的任何社会语言数据。
- 多模态数据（听觉、视觉、文本等）。
- 关于网站、现象的次要文本（例如关于组织及其语言政策的任何官方文件）。
- 网站的链接和轨迹，以及在其中遇到的有关语言的信息。

虽然使用虚拟民族志来调查互动和在线社区涉及复杂的伦理问题，但幸运的是，使用这种经过调整的模型来检查独白式网络上的语言政策引发的担忧较少。在网络空间潜伏比在物理空间观察更容易，因为为了检查语言政策访问在线企业和机构网站时，研究人员不需要像访问线下机构或公司网站那样进行协商。研究语言政策的虚拟民族志的另一个主要优点是，研究者有时间的时候就可以访问网站，而不需要等待参与者有时间。尽管对话式网络的伦理问题更为重要，但在研究独白式网络的内容和审查自上而下的政策时，仍然必须牢记这一点（Buchanan 2004；Enyon et al. 2008）。

然而，这种方法的一个主要挑战是可以积累的数据量巨大以及数据归档问题，这与另一个挑战有关，即何时停止的问题。当然，这意味着研究者需要非常严格地坚持研究问题，并决定何时他有足够的信息来回答相关问题。这将有助于决定何时停止跟踪链接，因为理论上浏览链接是无止境的；或者设计一个随机或故意选择的分界点，超过这个分界点就不再观察网站（例如，在跟踪了100个链接之后或在观察了100天之后）。或者，民族志研究者可能会决定观察一段时间，这对语言政策特别相关，例如开拓一个新市场或一个新的国家链接，然后观察这段时间发生的变化。同样重要的是要注意研究的短暂性，报告数据或作出结论都只是一个快照，仅反映观察时段内的情况。这与在线研究的另一个问题有关，也是其本质的一部分，即问题在不断变化。这是我经常要处理的事情（见下面的案例研究）。网站可能消失，也可能在很短的时间内完全改变。因此，虚拟民族志方法涉及接受"对互联网的理解至多只是局部（和暂时）稳定的现象"（Hine 2000：147）。

12.5 案例研究

德斯旺（De Swaan 2001）提出了一个世界语言体系，以解释不同语言在全球范围内的力量和功能。我想看看这个系统是否适用于全球品牌在其门户网站上的语言政策（Kelly-Holmes 2006a）。德斯旺将语言分为超中心语言、中心语言和外围语言。超中心语言是具有超越其国家边界的功能和重要性的通用语（如西班牙语、法语、德语、葡萄牙语、阿拉伯语、斯瓦希里语、印地语）和/或是人口众多且经济富裕国家的国语或官方语言（如日语、汉语）。中心语言是各国的国语或官方语言（如捷克语、波兰语、土耳其语、乌尔都语、古吉拉特语、泰语），而外围语言则主要是口头语言，没有官方功能——德斯旺以非洲部落语言为例。最后，德斯旺赋予英语超核心语言的特殊地位，作为连接整个系统的全球通用语言。

为了解决这些问题，我们调查了 10 个全球品牌的门户网站。这些品牌选自 2004 年《商业周刊》国际品牌咨询公司（Interbrand Corp）"百强品牌"排行榜（Business Week 2004）。要符合入选资格，该品牌必须"在其母国以外获得大约三分之一的收益"（《商业周刊》2004 年第 68 期）。在评估各个品牌价值时，国际品牌咨询公司将"全球影响力"作为关键标准之一，即品牌"跨越地理和文化边界的能力"（《商业周刊》2004 年第 68期）。这 10 个全球品牌当中，有 6 个美国品牌，2 个德国品牌，还有 1 个芬兰品牌和 1 个日本品牌。

我们总共调查了 548 个网站（从 10 个门户网站到国家和地区站点），并采用虚拟语言民族志方法进行了调查。针对该研究提出了许多假设，并根据从网站收集的数据进行了测试：

（1）全球品牌选择使用"超核心"语言，即英语，与全球消费者建立联系。

（2）全球品牌使用"超中心"语言政策与全球消费者建立联系。

（3）由于互联网使多语种文本的制作和传播比传统媒体更便宜，全球品牌将提供目标国家所有中心语言的网站，并尽可能遵守当地法律和事实上的政策。

（4）在拥有多种官方语言的国家，他们可以选择只承认一种语言的政策，或者可以提供该国的所有中心语言网站。

（5）鉴于德斯旺将外围语言定义为口头语言，这些语言似乎不太可能出现在企业网站的语言政策中（有关调查结果的讨论，请参见 Kelly-Holmes 2006a）。

在进行这项研究时出现了许多挑战，其中一些挑战是虚拟民族志固有的。首先，如上所述，虚拟民族志必然是不稳定的，研究人员需要能够应对一个"无界"的网站和不断变化的现实，这与传统民族志不同。在这个特定的民族志研究过程中，我发现一个全球品牌——麦当劳，没有阿拉伯语网站。相反，麦当劳为一些以阿拉伯语为主要官方语言的国家（如北非和阿拉伯海湾国家）的客户提供了一个本地化（信息方面）的英语网站。当我向期刊提交文章并想核实网址时，我发现就在我的民族志研究结束后的几个月里，阿拉伯语已经添加到这些网站上。这只是虚拟民族志所涉及的不确定性和波动性的一个例子，研究人员需要加以管理。此外，事实证明，很难获得有关这些大型跨国品牌语言政策的辅助文档。我制作了一份简短的问卷，询问组织的语言政策，并就不同网站的本地化选择提出了一些简短的问题。我的调查只收到了一个答复，一个品牌说，为了保护公司信息不被竞争对手获得，他们无法给我的研究提供帮助。这也证明有必要使用语言识别软件来验证研究人员不熟悉的某些语言。最后一个挑战是，对于一些网站来说，我的位置、所在国家、语言选择是由网站和搜索引擎保存的，因此要返回到全球门户站点以用不同的语言重复搜索，就变得极其困难。值得注意的是，随着网络个性化程度的提高，自从我在过去几个月里重复这项研究以来，这种困难与日俱增。

参考文献

Blommaert, J., Kelly-Holmes, H., Lane, P., Leppanen, S., Moriarty, M., Pietikainen, S., & Piirainen-Marsh, A. 2009. Media, multilingualism and language policing: An introduction. *Language Policy* 8(3): 203–207.

Buchanan, E., ed. 2004. *Readings in Virtual Research Ethics: Issues and Controversies.* Hershey, PA: Information Science Publishing.

Business Week 2004. The global brand scoreboard: The 100 top brands. *Business Week* 2 (August): 68–71.

Cavanagh, A. 1999. Behavior in public: Ethics in online ethnography. *Cybersociology* 6. Available at: http://www.cybersociology.com/files/6_2_ethicsinonlineethnog.html.

Cormack, M., and Hourigan, N., eds. 2007. *Minority Language Media: Concepts, Critiques and Case Studies*. Clevedon, UK: Multilingual Matters.

Crystal, D. 2001. *Language and the Internet*. Cambridge: Cambridge University Press.

De Swaan, A. 2001. *Words of the World: The Global Language System*. Cambridge: Polity Press.

Enyon, R., Fry, J., and Schroeder, R. 2008. The ethics of Internet research. In N.G. Fielding, R.M. Lee, and G. Blank, eds., *The SAGE Handbook of Online Research Methods*, 23–41. London: Sage.

Gorter, D., Marten, H.F., and van Mensel, L., eds. 2011. *Minority Languages in the Linguistic Landscape*. Basingstoke: Palgrave Macmillan.

Hine, C. 2000. *Virtual Ethnography*. London: Sage.

Hult, F.M. 2010. Swedish television as a mechanism for language planning and policy. *Language Problems and Language Planning* 34: 158–181.

Ivkovic, D., and Lotherington, H. 2009. Multilingualism in cyberspace: Conceptualising the virtual linguistic landscape. *International Journal of Multilingualism* 6(1): 17–36.

Kachru, B. 1996. World Englishes: Agony and ecstasy. *Journal of Aesthetic Education* 30(2): 135–155.

Kelly-Holmes, H. 2006a. Multilingualism and commercial language practices on the Internet. *Journal of Sociolinguistics* 10(5): 507–519. (Special issue on the sociolinguistics of computer-mediated communication.)

Kelly-Holmes, H. 2006b. Irish on the World Wide Web: Searches and sites. *Journal of Language and Politics* 5(1): 217–238. (Special issue on the multilingual Internet.)

Kelly-Holmes, H. 2012. Multilingualism and media. In M. Martin-Jones, A. Blackledge, and A. Creese, eds., *The Routledge Handbook of Multilingualism*, 333–346. London: Routledge.

Landry, R., and Bourhis, R. 1997. Linguistic landscape and ethnolinguistic vitality. *Journal of Language and Social Psychology* 16(1): 23–49.

Lemke, J. 2002. Travels in hypermodality. *Visual Communication* 1(3): 299–325.

Lenihan, A. 2013. The interaction of language policy, minority languages and new media: A study of the Facebook translations application. PhD dissertation. University of Limerick, Ireland.

Ricento, T. 2006. Language policy: Theory and practice, an introduction. In T. Ricento, ed., *An Introduction to Language Policy: Theory and Method*, 10–23. Oxford: Blackwell.

Schiffman, H. 1996. *Linguistic Culture and Language Policy*. New York: Taylor & Francis.

Shohamy, E. 2006. *Language Policy: Hidden Agendas and New Approaches*. London: Routledge.

Shohamy, E., and Gorter, D. eds. 2009 *Linguistic Landscape: Expanding the Scenery*. New York: Routledge.

Spolsky, B. 2004. *Language Policy*. Cambridge: Cambridge University Press.

Troyer, R.A. 2012. English in the Thai linguistic netscape. *World Englishes* 31(1): 93–112.

Wright, S. 2005. *Language Policy and Language Planning: From Nationalism to Globalisation*. Basingstoke, UK: Palgrave Macmillan.

拓展阅读

Danet, B., and Herring, S.C., eds. 2007. *The Multilingual Internet: Language, Culture, and Communication Online*. New York: Oxford University Press.

Hine, C. 2000. *Virtual Ethnography*. London: Sage.

Thurlow, C., and Mroczek, K., eds. 2011. *Digital Discourse: Language in the New Media*. Oxford: Oxford University Press.

第 13 章　历史—结构分析法

詹姆斯·托尔夫森

13.1 引言

语言政策与规划的历史—结构研究兴起于 20 世纪 90 年代，是对 20 世纪 60 年代和 70 年代许多研究中隐含的基本假设的反应（Fishman 1974；Fishman et al. 1968；Rubin and Jernudd 1971）。这一早期研究始于 20 世纪 60 年代中期，被称为"新古典主义方法"（Tollefson 1991）、"经典语言规划"（Kaplan and Baldauf 1997）或"自治模式"（Street 1994），主要关注民族国家的语言政策，特别是后殖民时期新兴多语国家（如印度尼西亚、印度、坦桑尼亚）的国家教育部门。在这些国家中，政府面临教学媒介语和官方语言使用的决策问题，尤其是殖民语言是否应该继续在教育和政府等"高级"领域享有特权地位（Ferguson 1959）。新古典主义研究的特点是乐观地认为，国家语言政策为社会文化融合、社会"现代化"和经济"发展"提供了基础（Fishman et al. 1968）。

从 20 世纪 90 年代开始，语言政策研究开始转向关注权力、不平等以及强制性政策对语言学习和语言使用的影响。这种研究被称为"历史—结构方法"（Tollefson 1991）或"意识形态模型"（Street 1994），受到了批判理论（Tollefson 2006）、帝国主义研究（Phillipson 1992），尤其是南非案例的影响（南非通过语言规划来支持种族隔离状态）。新古典主义的研究普遍表示了一种乐观的信念，即认为语言规划有益于所有的社会群体，而历史—结构研究探讨语言规划如何创造和维持不平等的体系。越来越多的证据表明，语言政策是一种造成经济资源和政治权力分配不公的重要机制（Tollefson 1991）。运用历史—结构方法的学者在 20 世纪 90 年代开始研究语言规划在经济分层和社会"层阶化"过程中的作用（见 Rojo 2013）。

新古典主义认为，个人的语言决策是由理性的成本效益计算决定的，与此相反，历史—结构研究旨在了解个体和群体是如何被控制决策过程的强大外部力量强迫进入语言习得、语言丧失和语言使用模式的。对权力、不平等和强迫的关注，形成了一些特殊的研究问题。

13.2 提出研究问题

历史—结构研究的广泛目标是发现导致语言政策与规划维持不平等制度的历史和结构因素。"历史—结构"这一术语是指研究问题的两个焦点因素。历史因素可能因环境而异，但它们均关注不同群体的语言使用和语言学习模式的不平等成本和收益的（历史）来源，语言规划过程的可能（历史）解释，规划机构的组成及其代表的利益，以及在规划过程中产生的特殊政策的影响（Tollefson 1991；另见 Wiley 1998）。例如，殖民主义是许多后殖民环境的中心因素（例如肯尼亚、马来西亚），在这些语言环境中可以参考殖民语言政策的历史来解释语言状况，而在前殖民国家中，鉴于与殖民主义有关的历史因素，特定的语言问题比较突出（例如，南亚和加勒比语言在英国的地位）。在美国和加拿大，语言政策只能在欧洲殖民者征服北美大陆，以及根除美洲土著语言的历史语境中理解。在历史进程中考察语言政策的其他实例包括：全球化（涉及英语的传播和世界范围内的语言流失）；土著活动家和政治家在国家层面的崛起（例如，为玻利维亚的语言复兴作出贡献）；国际语言人权运动（例如，在欧洲和许多其他地区推广使用少数民族语言的努力）。研究问题关注这些历史进程如何与某些助长或削弱语言等级制度的语言政策相联系。

结构因素的概念有多种形式，根据研究内容及研究者的意识形态结构而变化。在最有影响力的历史—结构研究中，研究重心集中于宏观经济层面，将语言政策视为一种巩固阶级权利和维持不公平的机制。其他历史—结构研究则考察了相关因素，例如种族、民族和性别（Tollefson 2011）、体制形式和实践（Althusser 1971）、国际劳动分工（见 Phillipson 1992）、决策的政治组织，以及语言在社会政策中的作用（Forester 1985）。这些不同的重点共同关注权力关系，关注结构性因素如何影响语言政策和实践，从而维持社会、经济和政治不平等。

权力可以定义为"通过有意的行动实现自己目标和控制事件的能力"（Tollefson 1991：9），它是历史—结构研究的中心焦点。优势群体是那些能够扩大其选择范围（例如教育和就业机会）的群体，而受支配群体的选择相对于与其共享社会关系的其他人而言是受限的。尽管许多新古典主义语言规划研究都侧重于个体选择和能动性，但历史—结构研究的一个关键特征是它强调影响权力关系的历史和结构性因素，这些因素制约着个人选择。

尽管人们普遍关注权力和不平等，但历史—结构研究中的权力概念却有所不同。对国家权力的研究探究了语言在国家机构（包括在军队、警察和安全部队）中的作用；对意识形态权力的研究集中在优势群体将其语言实践投射为自然和常识的能力；对话语权力的研究是指优势群体控制话语过程的能力，这是政策的基础，在最新的历史结构研究中尤为重要。在所有历史结构研究中，权力被视为所有社会关系和制度的固有属性，语言政策被视为社会群体（尤其是阶级）之间权力斗争的关键场所。

研究语言规划中结构性因素的问题可能集中在三个领域。首先，结构性因素会影响语言规划机构在所有社会的组成和决策（包括州教育当局、私人和公共机构中的决策者，以及各个家庭、教会和社会组织等微观层面的群体）。历史—结构研究可能会调查政策制定者如何在总体上为占主导地位的经济和政治团体服务（尽管不完全如此；见 Johnson 2011），以及行为人如何适应或抵制自上而下的语言规划所颁布的计划和政策（Pérez-Milans 2013）。其次，研究问题可能会考察结构性因素如何确定成本和收益系统，这一系统是决定个人和群体语言行为的强制性因素。例如，为什么有些群体必须承担学习新语言的成本才能进入学校学习，而另一些群体却可以免除此类成本？谁从不平等的成本收益体系中受益？第三，研究问题可能关注语言政策如何影响经济资源和政治权力的分配。当采用特定政策时，谁是赢家，谁是输家？在任何情况下，这个问题对于历史—结构分析都至关重要。

在历史—结构研究中，研究问题常常会颠覆传统的因果概念（或自变量和因变量）。例如，尽管大多数二语习得研究将学习动机、教师培训或语言能力以及课程和教材视为解释语言学习的自变量，但历史—结构研究假设这些是因变量，由结构因素造成。例如盖吉和沃森-盖吉（Gegeo and Watson-Gegeo 2002）认为，所罗门群岛许多农村儿童的失学以及对教育的幻灭，不是因为他们学习动力不足或父母不够支持教育，而是因为由政府和外国援助机构引进的英欧教育模式占据了统治地位。如果所罗门群岛儿童的教育根据本土认识论和学习方式进行，那么孩子们和他们的父母可能会重新参与学校教育。总之，历史—结构研究中的重要问题是那些寻求语言政策和其他语言相关现象的历史和结构性解释的问题。

13.3 选择研究场景

适于历史—结构分析的情境包括那些可用来作为研究的一部分生成的历史和结构数据。在历史—结构研究的前十年中，殖民主义的历史进程及其持续后果受到了特别关注。因此，（后）殖民语境已被广泛研究（例如Rahman 2007）。最近，全球化一直是研究的重点，特别是英语在欧洲和东亚、东南亚的传播（例如，David and Govindasamy 2007；Rojo 2013）。第三个受到较少关注的地区是澳大利亚、新西兰、北美洲以及其他地方的土著社区，在那里，一系列强有力的历史过程和政策导致了语言消亡和语言更替（例如，McCarty 2002，2004）。在此类研究中，相关的历史过程可能很清楚。研究有助于详细分析历史过程如何影响语言使用、语言学习和语言消亡。

在研究中较少受到关注的情境大多难以定义，因为所涉人员与可识别的领土没有关联，例如游牧民族（如北非的图阿雷格人和欧洲的罗姆人）和跨国劳务移民，或研究人员相对难以进入的地区，例如巴布亚新几内亚的农村地区、太平洋地区岛国以及撒哈拉以南非洲。在某些情况下，一些地区可能没有可用的历史或环境信息（例如印度尼西亚的农村地区），因此难以对语言现象给出历史—结构性解释。另外，传统上对国家机构和政策的关注通常意味着非国家行为主体，例如公司和宗教组织得到的研究关注较少。然而，权力和等级制度在所有情况下都很重要，最近对非国家行为主体政策动向的研究（如 Thomas 2008）表明，更广泛的情境值得研究者关注。

选择用于历史—结构分析的情境有一个关键问题，即必须为中心概念（如权力和等级）提供有洞察力的数据。例如，在比较针对西班牙语使用者的西班牙语—英语双语课程的课堂互动和针对移民的西班牙语作为第二语言课程的课堂互动时，罗霍（Rojo 2013）发现，在双语课程中，学生被鼓励使用母语（西班牙语）作为教学资源，而在第二语言课程中则不鼓励使用母语（阿拉伯语和其他语言），因为这会妨碍学习。这项发现是参照权力的概念来解释的，这种权力通过教师参与学生母语互动的不同形式进行运作。这些差异证实了课程中的权力关系。

历史—结构研究可能包括宏观和微观层面的数据和分析。宏观数据包括一系列现象，例如隐含在政策和规划中的意识形态或其背后的理据，语言规划与经济发展之间的联系，经济资源分配（例如以少数民族语言为教学语言的教育项目），劳动力市场的语言分层，以及规划对经济资源和政治权力分配的影响。微观分析可能集中在诸如教室和学校的语言使用等现象上，特别是社会语言学领域中地方英语变体的地位和使用，课程、教材和教学中的语言，对语码转换和其他形式的创造性语言使用的态度，以及家庭代际语言使用。

重要的是要认识到，"宏观"和"微观"两个层次间的区别已在最近的研究中受到了质疑，因为大多数语言现象涉及多个层次。例如，课堂互动不仅是一种微观现象，它还可以被视为教育部制定的（宏观层面）政策在日常生活中的体现。换言之，教室中有意义的实践必须与官方课程的内容和目标、语言和教学的意识形态、社会结构以及复杂社区的多元混合语言实践联系在一起，而这在官方政策和政策实践中可能并没有体现出来。

遗憾的是，宏观与微观之间的区别导致宏观与微观研究关注焦点的分离：一方面，宏观研究侧重于国家规划、明确的政策声明和大型机构；另一方面，微观研究侧重于面对面互动、本地话语进程以及其他身份问题。这种划分导致不同的研究方法，历史—结构研究通常用于解释宏观现象，而互动社会语言学则适用于微观现象。这种区别严重限制了理论和方法在语言政策与规划中的解释力。因此，许多学者呼吁考察来自多个层级的数据，并提供跨层级有效的理论解释（参见 Hornberger 2003；Jones and Martin-Jones 2004）。例如，约翰逊（Johnson 2011）探讨了批评话语分析如何与民族志相结合，以解释多层次政策活动之间的联系，而胡尔特（Hult 2010）则展示了语篇分析方法如何揭示语言政策和个人社会行为之间复杂的、多层次的关系。在最近的一项综合多层次分析的研究案例中，佩雷斯–米兰斯（Pérez-Milans 2013）对中国浙江省的课堂教学进行了批判社会语言学民族志分析，将历史结构因素与课堂数据联系起来，以了解教师和学生如何在与全球经济和政治进程相关的政策法规和意识形态背景下构建社会身份。

尽管作出了这些努力，当前的许多研究仍反映了宏观和微观的区别。然而，所有的历史—结构研究都共同关注权力，以发现语言在社会、政治和经济等级制度中的作用，以及减少与语言相关的不平等方面的可能性。因此，继续关注权力和不平等，并加大整合多层次分析的力度，是未来研究的一个方向。

13.4 数据收集和分析方法

历史—结构研究的过程包括几个必须成功执行的步骤。以下列表是按典型顺序排列的，但在实践中，这些步骤经常会同步或反复出现：

(1) 制订研究问题；
(2) 确定案例的范围、规模、数据和历史解释；
(3) 确定研究方法和数据来源（考虑三角验证）；
(4) 收集数据；
(5) 分析和解释调查结果；
(6) 与参加者核对结果；
(7) 修订完善分析。

可以使用历史—结构研究方法进行调查的主题范围很广，这使得初学者很难决定要在研究计划中包括哪些内容。表 13.1 中详细描述了组织历史—结构研究的一个有效框架。该框架采用了传统的区分，即语言规划过程中的地位规划、本体规划和习得规划（Cooper 1989），以及微观和宏观层面的分析。每个规划过程都可以从微观到宏观的多个层级进行分析。历史—结构因素可能适用于所有层级的全部规划过程。例如，有关地位规划的微观研究可能专注于特定教室或学校中语言使用模式和语言变体的地位。例如，琼斯和马丁–琼斯（Jones and Martin-Jones 2004）研究了威尔士 8 年级（12 岁以上）数学课上师生之间的语码转换（英语—威尔士语）。研究发现了威尔士语和英语在功能上的系统差别。这些差别可以通过参考以下因素来解释，包括威尔士自 19 世纪以来教学媒介语言政策的历史发展、威尔士民族运动支持者对英语统治的抵抗，以及 1988 年《教育改革法》颁布以来，以威尔士语为教学语言的学校和双语学校中涌现的各种语言意识形态。

表 13.1　历史—结构研究的描述性框架 *

语言规划进程	微观分析案例	宏观分析案例	历史结构因素案例
地位规划	课堂和学校中的多语话语实践; 家庭中的隐性语言政策; 警局、法院和其他国家机构的笔译和口译	官方政策声明中的单语意识形态; 官方使用多语言的宪法规定; 少数民族语言社区的政治自觉	殖民主义史; 语言帝国主义; 就业市场的语言分层; 语言在精英圈层中的作用; 语言和民族认同
本体规划	规范编制; 功能和术语阐述; 语言净化程序; 英语和其他广泛交流语言的新变体	语言保存; 多模态素养,本土新文学兴起	教育的标准化和"问责制"; "真相运动"和文化认同; 民族主义民族语言学
习得规划	课程、教科书和材料内容; 标准化测试和反拨作用; 学校的土著教育	土著课程和教学法运动; 语言权利运动之间的国际合作	后殖民国家殖民教育制度的维护; 教材和教师培训资源的可及性和资金来源的影响; 全球化与英语政策; 英语工具价值的话语

* 相关框架的详细介绍,请参阅麦卡蒂 (McCarty 2002)。

确定研究问题后,下一步就是确定研究范围或规模。规模是指"社会事件和过程在一个连续的分层尺度上运动和发展的事实,其中严格地以本地(微观)和全球(宏观)作为这个尺度的两端,多个中间尺度(例如国家层面)介于两者之间"(Blommaert 2006:2)。此外,对任何现象的充分理解都需要分析不同层次之间的相互作用(Hult 2010)。研究规模的确定涉及两个问题。首先,将收集哪些数据?例如,对教室中的双语话语实践的研究可能集中在学校、学区、城市、地区或民族国家,如果有足够的资源来支持这样的研究,它也可能涉及跨国比较数据。另外,这样的数据也可以集中在单个时间段上,或者涉及历时变化。其次,数据的历史和结构解释是什么?例如,琼斯和马丁-琼斯(Jones and Martin-Jones 2004)的数据仅来自 5 所威尔士语—英语双语学校的各两节数学课,但他们的发现是根据过去一个世纪以来地方和国家层面的历史、结构和意识形态因素来解释的。

步骤3和步骤4涉及研究方法的决策。历史—结构分析不是一种单一的研究方法，而是借鉴了适合不同研究问题的各种方法。通常使用的方法包括经济变量分析（尤其是阶级）、媒体分析、话语分析和民族志。下面的历史—结构研究例子说明了这些方法。

第一，尽管某些语言与民族身份紧密联系（例如巴基斯坦的乌尔都语），近年来巴基斯坦支持英文授课的力度在不断加大。英语作为教学媒介语言，如何维持为精英阶层提供特权的经济阶层体系？这个重要的研究问题可以通过经济分析来进行调查，如调查巴基斯坦英语学校和乌尔都语学校的班级生源差异，以及有关学生及其家庭的人口普查和人口统计数据（如 Rahman 2007）。此类研究试图建立班级、收入或其他经济变量与语言政策及其结果（例如各种学校绩效指标）之间的关联。

第二，尽管英语在世界范围内享有压倒性的优势，但在美国颇受欢迎的官方英语运动成功地将英语描述为一种受威胁的语言。官方英语运动在哪些方面是"社会阶级和种族的代名词"（McCarty 2004：87）？我们可以通过分析大众媒体和社交媒体中语言和语言群体话语建构中隐含的意识形态来研究这个问题。内容分析是最常见的媒体分析方法之一，它涉及媒体内容的系统测量（通常是定量的）。

第三，在许多教育系统中，教科书的内容由教育当局确定，这些教育当局与全球化或国家建设等历史进程相关（例如马来西亚）。这些进程如何影响官方批准的教科书中所体现的国民和民族语言身份？哪些群体从中受益？这个问题可以通过对教科书内容进行话语分析，调查教科书编写者和使用者的语言态度，以及分析教科书中隐含的语言意识形态（如 David and Govindasamy 2007）来检验。话语分析类别差异很大，包括批评话语分析和关联分析（nexus analysis）（Scollon and Scollon 2004）。

第四，为什么特定的决策机构（例如双语教育学区办公室）采用了特定的语言政策？我们可以通过民族志方法（例如参与式观察）来考察该问题，调查有关语言和语言政策的意识形态和信念，以及决策机构参与者的决策实践（如 Johnson 2011）。使用民族志方法来分析语言政策制定是近来研究中最重要的发展之一（McCarty 2011）。

历史—结构解释可能依赖于一手数据或二手数据。例如，托尔夫森（Tollefson 1989）对来自东南亚难民的教育分析依赖于参与者观察、政府文件和其他原始资料；威利（Wiley 1998）对 20 世纪初影响德语的美国政策分析依赖于一手数据和二手数据，他在历史—结构框架内对其进行了重新解释。

数据可以是定量的（包括人口、经济或普查数据、测试结果、问卷和观察），也可以是定性的（包括访谈、观察、文件以及口头和书面文本）。三角验证意味着多种来源的数据（可能衍生自多种研究方法）应当被编译或比较，以确保更高的有效性和可靠性。此外，多种数据来源可以帮助研究人员突破有限的微观或宏观层面进行数据分析。

一旦收集了数据，我们就需要对其进行历史和结构上的解释。历史—结构研究者经常与研究对象进行核对，并根据参与者的反馈修改分析结果。这种做法已经成为减少研究人员和参与者之间权力差距的一种方式，以确保参与者的观点被纳入研究报告（见 Gegeo and Watson-Gegeo 2002）。

13.5　案例研究

历史—结构研究的一个很好的例子是高（Gao 2011）对中国香港学校中南亚学生的分析。这项研究有两个目标：(1) 解释来自菲律宾、印度尼西亚、尼泊尔和其他南亚（和东南亚）国家的学生学习成绩不佳的原因；(2) 提出改善学生在校表现的建议。研究发现，南亚学生读到高中阶段的比例相对较少，能上大学的人数则更少，该研究从历史和结构维度对这一发现提出了解释。作者特别指出了语言资本与社会经济分层之间存在复杂而不断变化的关系。

该研究的第一步是记录南亚学生及其家人的情况。人口普查数据提供了该城市种族多样性的基本背景。其他数据可从政府统计数据，南亚语言、教育和就业调查，以及对种族和语言态度的其他研究中获得。作者创造性地组织了这些信息，以构建多面的南亚人形象。例如，尽管香港没有收集有关南亚学生语言能力的数据，但作者援引民政事务局委托进行的一项调查，显示香港只有约一半的南亚人会说广东话，而 87.9% 的南亚人会说英语。在理解要求学生展示高级中文能力才能进入更高教育阶段的政策时，这些信息至关重要。也有数据显示，南亚人主要从事非技术和半技术性工作。大多数南亚学生认为，他们在与香港的中国居民竞争高等教育和就业机会时面临重大障碍。这些不同来源的数据提供了一致的画面：南亚人面临着不平等的教育和就业机会与结果。

下一步是解释南亚人在香港面临的情况。作者的解释包括两个部分：历史解释和结构解释。作者概述了1997年之前的语言政策，表明英语是高地位的语种，可以为会说英语的南亚人提供良好的军队和政府部门就业机会。作者表明，自1997年以来，语言地位规划改变了语言的等级，英语转变为一种国际语言，公务员和许多其他工作都要求具备广东话、普通话和英语的三语能力。除了对语言政策和语言地位广泛变化的总结，作者的历史分析还总结了与地位变化相关的具体语言政策变化，如香港在1997年发布的促进汉语作为教学语言的指令。

作者的历史解释还包括分析可能对南亚学生造成不利影响的特定教育实践，包括举行汉语流利度测试，根据三个质量标准对学校进行排名的等级制度，优质学校减少录取南亚学生的政策，现有的教师培训和认证体系等。这些做法使得南亚学生不太可能拥有懂他们的语言或接受过二语教学培训的教师。作者仔细地解释了这些政策如何在小学、中学和高等教育中对南亚人形成了障碍。总体而言，历史分析表明，自1997年以来的语言政策对香港的南亚人产生了不利影响。

文章第二部分揭示了南亚学生在学校教育中遇到的困难源于政策的历史变化与社会经济结构不平等之间的关联。当英语是工作语言时，南亚人享有在军队和官僚机构中工作的机会，而自1997年以来，广东话和普通话已成为必不可少的语言，因此，南亚人的英语能力失去了大部分资本。作者从教育和就业的语言障碍来解释南亚人有限的就业机会。也就是说，教育体系中的语言政策和实践在一定程度上维持着香港的社会经济阶层。

参考表13.1来总结此案例很有益处。作者的重点是地位规划和习得规划，本体规划没有起作用。作者在地位规划分析中描述了历史和1997年之后的政策变化，这些变化导致了高等教育和就业市场中的种族语言分层。作者关注的是宏观层面的官方国家政策，这些政策给南亚人造成了不利影响，但她也提到了学校中微观层面的话语实践。在学校里，互动在很大程度上取决于种族，教师的做法和态度限制了南亚人接受高等教育的机会。作者还讨论了习得规划，其中包括教育系统的三语结构，以及测试和教学实践对南亚人汉语学习的限制。因此，多个层面的政策和实践都有助于维持与语言相关的社会经济等级制度，而南亚人在这一等级制度中处于显著的劣势。

最后，必须指出的是，作者的分析还包括了针对政策和实践改革的建议。对减少不平等的关注是历史—结构研究传统的重要组成部分。

参考文献

Althusser, L. 1971. Ideology and ideological state apparatuses. In *Lenin and Philosophy and Other Essays*. Trans. B. Brewster, 127–186. New York: Monthly Review Press.

Blommaert, J. 2006. *Sociolinguistic Scales: Working Papers in Urban Language and Literacies*. London: University of London Institute of Education.

Cooper, R. 1989. *Language Planning and Social Change*. Cambridge: Cambridge University Press.

David, M.K., and Govindasamy, S. 2007. The construction of national identity and globalization in multilingual Malaysia. In A.B.M Tsui and J.W. Tollefson, eds., *Language Policy, Culture, and Identity in Asian Contexts*, 55–72. New York: Routledge.

Ferguson, C.A. 1959. Diglossia. *Word* 15: 325–340.

Fishman, J.A., ed. 1974. *Advances in Language Planning*. The Hague: Mouton.

Fishman, J.A., Ferguson, C.A., and Das Gupta, J., eds. 1968. *Language Problems of Developing Nations*. New York: Wiley.

Forester J. 1985. *Critical Theory and Public Life*, 202–227. Cambridge, MA: MIT Press.

Gao, F. 2011. Linguistic capital: Continuity and change in educational language policies for South Asians in Hong Kong primary schools. *Current Issues in Language Planning* 12: 251–263.

Gegeo, D.W., and Watson-Gegeo, K.A. 2002. The critical villager: Transforming language and education in the Solomon Islands. In J.W. Tollefson, ed., *Language Policies in Education: Critical Issues*, 309–325. 1st ed. New York: Routledge.

Hornberger, N.H., ed. 2003. *Continua of Biliteracy: An Ecological Framework for Educational Policy, Research and Practice in Multilingual Settings*. Clevedon, UK: Multilingual Matters.

Hult, F.M. 2010. Analysis of language policy discourses across the scales of space and time. *International Journal of the Sociology of Language* 202: 7–24.

Johnson, D.C. 2011. Critical discourse analysis and the ethnography of language policy. *Critical Discourse Studies* 8(4): 267–279.

Jones, D.V., and Martin-Jones, M. 2004. Bilingual education and language revitalization in Wales: Past achievements and current issues. In J.W. Tollefson and A.B.M. Tsui, eds., *Medium of Instruction Policies: Which Agenda? Whose Agenda?*, 43–70. New York: Routledge.

Kaplan R.B., and Baldauf, R.B. 1997. *Language Planning: From Practice to Theory.* Clevedon, UK: Multilingual Matters.

McCarty, T.L. 2002. Between possibility and constraint: Indigenous language education, planning, and policy in the United States. In J.W. Tollefson, ed., *Language Policies in Education: Critical Issues*, 285–307. 1st ed. New York: Routledge.

McCarty, T.L. 2004. Dangerous difference: A critical-historical analysis of language education policies in the United States. In J.W. Tollefson and A.B.M. Tsui, eds., *Medium of Instruction Policies: Which Agenda? Whose Agenda?*, 71–93. New York: Routledge.

McCarty, T.L., ed. 2011. *Ethnography and Language Policy.* New York: Routledge.

Pérez-Milans, M. 2013. *Urban Schools and English Language Education in Late Modern China: A Critical Sociolinguistic Ethnography.* New York: Routledge.

Phillipson, R. 1992. *Linguistic Imperialism.* Oxford: Oxford University Press.

Rahman, T. 2007. The role of English in Pakistan with special reference to tolerance and militancy. In A.B.M Tsui and J.W. Tollefson, eds., *Language Policy, Culture, and Identity in Asian Contexts*, 219–239. New York: Routledge.

Rojo, L.M. 2013. (De)capitalising students through linguistic practices: A comparative analysis of new educational programmes in a global era. In A. Duchêne, M.G. Moyer, and C. Roberts, eds., *Language, Migration, and Social Inequalities: A Critical Sociolinguistic Perspective on Institutions and Work*, 118–144. Bristol: Multilingual Matters.

Rubin, J., and Jernudd, B., eds. 1971. *Can Language Be Planned? Sociolinguistic Theory and Practice for Developing Nations.* Honolulu: University Press of Hawaii.

Scollon, R., and Scollon, S.B.K. 2004. *Nexus Analysis: Discourse and the Emerging Internet.* London: Routledge.

Street, B. 1994. *Literacy in Theory and Practice.* Cambridge: Cambridge University Press.

Thomas, C.A. 2008. Bridging the gap between theory and practice: Language policy in multilingual organizations. *Language Awareness* 17: 307–325.

Tollefson, J.W. 1989. *Alien Winds: The Reeducation of America's Indochinese Refugees.* New York: Greenwood.

Tollefson, J.W. 1991. *Planning Language, Planning Inequality: Language Policy in the Community.* London: Pearson.

Tollefson, J.W. 2006. Critical theory in language policy. In T. Ricento, ed., *An Introduction to Language Policy: Theory and Method*, 42–59. Oxford: Blackwell.

Tollefson, J.W. 2011. Language planning and language policy. In R. Mesthrie, ed., *The Cambridge Handbook of Sociolinguistics*, 357–376. Cambridge: Cambridge University Press.

Wiley, T.G. 1998. The imposition of World War I era English-only policies and the fate of German in North America. In T. Ricento and B. Burnaby, eds., *Language and Politics in the United States and Canada: Myths and Realities*, 211–241. New York: Routledge.

拓展阅读

Ricento, T., and Burnaby, B., eds. 1998. *Language and Politics in the United States and Canada: Myths and Realities*. New York: Routledge.

Tollefson, J.W. 1991. *Planning Language, Planning Inequality: Language Policy in the Community*. London: Pearson.

Tollefson, J.W., ed. 2013. *Language Policies in Education: Critical Issues*. 2nd ed. New York: Routledge.

Tollefson, J.W., and Tsui, A.B.M., eds. 2004. *Medium of Instruction Policies: Which Agenda? Whose Agenda?* New York: Routledge.

Tsui, A.B.M., and Tollefson, J.W., eds. 2007. *Language Policy, Culture, and Identity in Asian Contexts*. New York: Routledge.

第14章　语言政策的阐释性政策分析

莎拉·摩尔，特伦斯·威利

14.1 引言

本章概述了语言政策研究者如何决定是否选择阐释性政策分析
(interpretive policy analysis，IPA) 以及是否将该方法作为调查框架，这涉
及分析框架的效用和其他一些可能的限制因素。作者概述了阐释性政策分
析者看待数据来源和数据生成的方式，并提出了数据分析方法的若干建
议。本章最后通过一个案例研究，分析了亚利桑那州限制性教育语言政策
的实施状况。

语言政策分析面临的一个挑战是理解正式政策文本形成背后的意图及
其社会政治因素、政策的解释和执行方式，以及它们对目标人群的最终影
响。阐释性政策分析还为置身于更大的政策问题及有直接经验的研究人员
提供了一个有用的方向，因为它"假设分析人员不可能置身正在研究的政
策问题之外，不受其价值和意义以及分析人员自身价值观、信仰和感受的
干扰"（Yanow 2000：6）。针对研究伦理的讨论见本书第 4 章（Canagarajah
and Stanley），针对研究者立场的讨论见本书第 3 章（Lin）。阐释性政策分
析关注"人工制品和人类行为，包括政策文件、政策立法、政策实施，它
们不仅具有工具理性，还具有表达意义，其中包括个人认同和集体认同"
（Yanow 2000：6）。

亚诺（Yanow 2000）指出，阐释性政策分析的思想基础是 19 世纪后
期的新康德主义，以及 20 世纪的现象学和诠释学传统。就后一种传统而
言，这一概念性工作得到了项目评估和政策执行领域发展的支持，特别体
现在古巴（Guba 1984）以及古巴和伊冯娜–林肯（Guba and Yvonna Lincoln
1989）的研究工作以及帕伦博和卡莉斯塔（Palumbo and Calista 1987，
1990）的几篇论文成果中。同时，许多政策分析理论家也受到其他阐释领
域的影响，特别是符号人类学的发展，尤其是格尔茨（Geertz 1973，1983）
的著作。在哲学和科学史方面，有库恩（Kuhn 1962）、拉图尔（Latour
1987）和罗蒂（Rorty 1979）；在文学理论方面，有费什（Fish 1980），还

有当代政治哲学的成果（如 Habermas 1987；Ricoeur 1971；Taylor 1971；等等）。

亚诺总结道，"阐释性政策分析这种方法与其说是对现实本质的争论（至少在政策分析的背景下），不如说是关于人类了解周围世界和知识本质的可能性"（Yanow 2000：7）。它着眼于"政策对广泛的政策相关者具有的意义，包括但不限于客户和潜在客户、立法者、同类机构（支持或竞争）、实施者（如执行机构高管、管理者和员工），以及潜在的选民"（Yanow 2000：8）。持相反观点的利益相关者是"情境知情者"，他们基于不同经验形成的观点进行辩论。阐释性分析方法"探索两种意义之间的差异：一是能表达政策制定者意图的政策含义（"作者"文本），二是其他政策相关群体表达的可能有差异甚至大相径庭的含义（"建构"文本）"（Yanow 2000：9）。

政策制定后，其意图成为"评估法规和结果的基准"（Yanow 2000：9）。在传统的政策分析中，"作者"文本成为关注焦点。然而，在阐释性政策分析中，"若将其视作适合评估或与评估相关的唯一政策意义，那就大错特错了，［因为］执行问题往往是由于对政策语言的不同理解造成的；［因此］对于分析者来说，了解其他解释也同样重要，即'建构'文本社区意义的本地知识"（Yanow 2000：10；另见 Barthes 1980，1986；Kristeva 1989；Levinson 2010）。

阐释性政策分析方法论

阐释性政策分析并不使用单一的方法论。从这个意义上讲，它更多的是一种解释性取向，而不是一种具体的研究方法。作为一种取向，它与多种研究方法兼容，包括案例研究法、观察法、访谈法、档案数据收集和分析、民族志方法，以及其他收集数据的方法，用来研究与语言政策和教育政策相关的各种场景、主体／参与者和语境（Yanow 2000）。

阐释性政策分析的四个要素是：（1）人工制品；（2）含义；（3）被阐释社群；（4）话语。人工制品属于"人造符号"，包括"三大类人类行为：语言、目标和行为"（Yanow 2000：15）。一旦确定了这些人工制品，"我们将努力理解它们被赋予的意义，及其道德（信仰）、认知（价值）和情感（感情）基础"（Yanow 2000：16）。从本质上讲，阐释性政策分析方法的一部分涉及识别前两个主要元素：人工制品（语言、目标和行为）及其含义（价值、信念和情感）。这些基本上相互关联，也可能相互衍生。

除了识别人工制品和含义，阐释性政策分析研究者还将确定第三个要素——与政策制定相关的被阐释社群。进而通过扩展，梳理出第四个要素：从确定的被阐释社群中产生的各种话语。同样，与人工制品和含义一道，这些都是紧密联系在一起的，因为话语源于被阐释社群。下面将一道列举阐释性政策分析的四个基本要素。它们不一定依次出现，而可能会以重叠或无序的形式出现，也不一定以明确而单独的方式一一呈现（参见Yanow 2000：22）。

1. 确定对于既定政策具有显著意义的人工制品（语言、目标、行为），这些人工制品被视为政策相关行动者和被阐释社群所感知的意义载体。
2. 确定与所分析的政策问题相关的意义 / 阐释 / 言论 / 实践共同体。
3. 确定"话语"：通过特定人工制品及其蕴含物（在思想、言语和行为中）所传达的特定含义。
4. 确定冲突点及其概念来源（情感、认知和道德），以反映不同群体的不同解释。

识别这四个要素并遵循上述步骤可能不会规定研究设计的其他早期阶段（例如，提出研究问题和选择研究场景），但是在政策案例中处于更有利位置的阐释性政策研究者可能很容易初步确定一些要素及其延伸（如果不是全部四个要素的话）。

14.2 提出研究问题

用于阐释性政策分析的研究问题重点在于更深入地考察看似客观或明确的政策，以便研究人员能够揭示政策制定者或受政策影响者的潜在含义。这反映了一种更具归纳性的政策分析方法，在这种方法中，意义的构建强调围绕特定政策、政策参与者和被阐释社群的隐性知识。这种方法提供了一个机会来构建研究问题并开始解决这些问题及其背景，这种方式可能无法通过其他方法论实现。

为阐释性政策分析提出研究问题时，首先要确定什么样的语言政策作为研究的中心，以及与中心政策相关的关键人工制品。概述研究问题的第一步涉及识别与语言政策相关的人工制品和被阐释社群。

关键的第一步涉及研究者定位概念（参见 Lin，本书）——研究人员参考亚诺的阐释性政策分析方法进行研究，"提出一些问题，例如：'中世纪'或'中东'的'中'，位于什么的'中间'？谁将它们定位于该处？为了什么目的？这种方法认为概念和类别体现并反映了概念创造者的观点"（Yanow 2006：6）。

从特定人工制品和意义制造者的理论出发，在研究问题的背景下建立整体阐释性方法的基础。例如，一项研究可能寻求进一步解释特定政策的语言如何说明其潜在假设的隐性知识。在 1990 年的人口普查中，亚诺重点关注种族和民族问题中的语言类别。具体而言，所采用的研究问题是："我们根据哪些特征划分人口？为什么选择这些特征而不是其他特征？我们还遗漏了哪些特征？也就是说，在我们的类别划分上，哪些人属于沉默群体？这种分类鼓励了何种公共话语，又阻遏了什么话语？"（Yanow 1996：485）。在进一步讨论上述研究问题时，亚诺指出："这些问题是一种询问方式，它们试图了解我们今天在美国围绕种族和族裔身份问题时，创造、维持、交流和改变了什么含义"（Yanow 1995a：123）。

14.3 选择研究场景

研究者之所以选择阐释性政策分析方法来研究语言政策，可能是因为它可用于解释自上而下语言政策的意义建构。阐释性政策分析还允许纳入和解释受语言政策影响的群体，以及语言政策作为一个研究领域本身的复杂性。如上所述，阐释性政策分析者可能对特定的政策具有现有的了解或与之互动并解释的经验。从这个意义上讲，选择阐释性政策分析作为语言政策与规划研究的恰当方法，可能是基于一个人在其背景中的事先安排。

例如，准备研究语言政策与规划案例的毕业生可能会首先考虑"我已经熟悉这个问题的哪些背景？我可能已经接触到了哪些背景？"另外，一个新手计划着手研究那些不太熟悉的政策案例时，可能会考虑"为了适当地设计基于阐释性政策分析的案例研究，我需要获得哪些初步知识？"

在试图理解语言政策、语言规划、语言政治和语言管理时，阐释性政策分析最好专注于各种利益相关者，例如，政策使用者和协商者，以及将政策转化为实践的群体。此外，还可以专注政策实施后，受政策影响的人如何试图驾驭这些政策。

尽管许多阐释性政策分析都集中在自上而下的政策上（Chock 1995；Hoffmann 1995；Yanow 1996b），但自下而上的政策也值得关注（参见Hornberger 1996；McCarty 2011）。例如，教师在课堂上实施的非正式政策和做法，或管理者在学校制定的非正式政策和做法，也可能成为使用阐释性政策分析的沃土（参见 Corson 1999）。在语言政策领域，可以应用阐释性政策分析的其他例子还可能包括分析社区维持代际语言传承的规划。虽然阐释性政策分析有助于说明语言政策的霸权性质，例如限制或压制语言的政策，但它也可以应用于那些旨在维护语言、促进多语使用、语言复兴或语言重建的情景（参见 Fishman 1991；Nettle and Romaine 2000）。

要将阐释性政策分析纳入语言政策研究，一个有效的路径是补充框架和方法。阐释性政策分析的结果通常以叙述的形式呈现，或者可能涉及对人工制品、政策本身和被阐释社群之间动态互动的复杂解释。因此，阐释性政策分析可以利用各种方法，使研究者能够向学界之外的受众展示研究结果。它还可以利用评估工具。例如，一些采用定性方法的阐释性政策分析者（Grijalva 2011；Moore 2008）也使用了基于关注点的采纳模型（Concerns-Based Adoption Model，CBAM）（Hall and Hord 1987）。当教师、管理者和其他利益相关者接触到创新时，该框架经常用于调查和评估学校的变化。基于关注点的采纳模型试图衡量创新的关注阶段以及使用水平。例如，格里哈尔瓦（Grijalva 2011）使用关注度访谈来了解学校管理员对亚利桑那州实施结构化／庇护式英语浸没教学政策的担忧。

14.4 数据生成和分析方法

使用阐释性政策分析的研究者首先要确定与语言政策相关的问题。正如亚诺（Yanow 1996a）对人口普查种族类别的分析证明，问题可能仅限于特定问卷中使用的语言，以理解涉及种族问题时为何选择这类特定词汇，而忽略其他词语。阐释性政策分析还用于理解特定政策如何影响实施过程中的参与者以及正在受到政策影响的人群，例如调查亚利桑那州 203号提案《唯英语法（2000）》中概述的结构式英语浸没教学对教师教育的要求（Moore 2008）。或者，它可能需要解释联邦政策在多大程度上影响了推广特定语言需要的资金，如《关键语言法》（Bale 2008）。此外，阐释性政策分析调查的核心议题与围绕确定的问题或问题构建的象征性人工制品、被阐释社群和意义类型有关。

在提出研究设计的初始阶段，研究人员可能还不了解与该政策相关的所有象征性人工制品和被阐释社群。但是，研究人员在追求特定语言政策时应该对手头的政策有足够的了解，以找出关键角色，这些角色是政策制定、实施和应用环节所涉意义的协商者。如果这一点不够清晰，那么一个有用的办法就是让研究者首先进行初步评估，以弄清与特定语言政策问题相关的关键意义制造者和人工制品。

在政策复杂、层次多面且各种利益相关者在语言政策的制定、实施和应用中发挥不同作用的情况下，使用阐释性政策分析进行语言政策研究是最有价值的。阐释性政策分析方法允许研究人员调查自上而下的决策过程，该决策过程说明了象征性人工制品（包括关键利益相关者，即受政策影响的参与者）的意义活动和解释、行为（行为者通常在执行和实施政策时为响应政策而进行的活动）、语言（可能是政策本身或行为者以自下而上的方式在实践中应用的语言），以及被阐释社群（可能共同形成政策实施和应用的多重共享含义，这些含义与规定的自上而下的政策不同，或以某种方式对其进行修正）。

一旦确定了该项目的核心政策问题，阐释性政策分析研究人员就会概述总体研究问题，以阐明该政策涉及的隐性行为、行为者和语言，并围绕该政策的含义，以及政策制定、实施、应用和强加过程中的其他因素进行说明。利用阐释性政策分析的研究从一开始就承认这些动态因素、符号和含义。在某种程度上，考虑到阐释性政策分析研究人员在特定案例中扮演意义创造者的角色，数据不应被框定为"采集"或"收集"，而应被定义为通过各种方法生成（Yanow 2007：409）。

阐释性政策分析生成数据的三种典型方法包括观察、访谈和文献阅读（Yanow 2007），研究者可以使用其中一种或多种方法。利用阐释性政策分析来进行语言政策调查的研究者，应考虑这三个数据源的可获取性，以及每个数据来源在解决研究问题方面的价值或必要性。

观察

关于观察行为，其核心涉及研究者对受政策影响以及在政策活动中的主体的强制要求，因此有必要重新审视阐释性研究的认识论立场。涉及阐释性政策分析的研究首先应该定位在进行解释性研究的反思性的背景下。因此，阐释性研究人员应该避免对某一特定问题中心性和客观性的潜在错误假设，以及脱离语境的理解。阐释性政策研究人员面临的挑战是，在从事研究工作时，如何将自己定位于其本体论观点。研究人员必须从反思角度和建构主义立场来理解自己在社会政治、社会文化、社会经济和地缘政治权力结构中的地位。阐释性政策研究人员必须认识到自己的角色是围绕特定政策意义的共同建构者，以及"开展"研究活动的潜在参与者。

在进行阐释性政策分析时，观察活动通常使用民族志视角，在这种视角下，观察者并不像一个局外人，而是作为参与者，在与其他行为者或利益相关者一起工作或生活时，意识到自己在特定环境中的位置。例如，学校校长可能正在自己的学校进行研究，或者研究人员可能在收集数据的同时在教室中担任志愿者。阐释性政策分析的观察者经常与一个或多个被阐释社区的成员互动，并与研究中的语言政策相关的象征性人工制品（行为、对象、语言）接触。例如，摩尔（Moore 2008）的研究涉及职前和在职教师培训课程的实施，这项课程是由研究人员教授的。在这个例子中，摩尔扮演了内部人和参与者的角色。在另一种情况下，研究人员可能是一名社区组织者，同时他也在研究国家社会政策的影响（Yanow 1996b）。在阐释性政策分析中，观察者的位置可以位于参与式观察和介入式参与之间的广泛连续统上的某个位置（Yanow 2007）。语言政策阐释性分析的观察内容可能涉及课堂教学、专业或公开简报、政策制定者和专家听证会。

访谈

在通过访谈收集和分析数据时，阐释性政策分析人员需要考虑其在调查中的立场，以及受访者的立场。访谈的认识论方法是基于民族志的，本质上具有批判性。斯普拉德利（Spradley 1979：34）将民族志意图解释为："我想从你的角度来理解这个世界。我想知道你以你了解的方式知道些什么。我想理解你经历的意义，站在你的立场上，像你一样感受事物，像你一样解释事物。"与脚本式访谈不同，阐释性政策分析的访谈试图了解受访者是如何解释政策，理解并体验其影响的。阐释性政策分析的访谈比预先确定的、严格概述的脚本式访谈更具对话性，脚本更少，其目标是深入了解受访者对语言政策及其实施的理解，以更深入地了解受访者如何解释政策。亚诺（Yanow 2007：410）指出："常规的调查员培训规定，调查人员不能偏离书面文本上的问题，无论是语调、表达方式、措辞或问题顺序；阐释性研究者则与此不同，访谈人员通常会试图引出说话者的叙述，就像一个对话伙伴一样，以进一步了解所使用的术语或所表达的观点。"为了调查自上而下的政策，研究者可能需要对制定或指示该政策的高层官员，以及执行政策的参与者进行访谈。访谈数据也可以从下列人员中获取：决策者（Chock 1995）（立法者、政府机构职员、学校行政人员）、政策执行者（Hoffmann 1995）（学校管理人员、教师、社区组织工作人员）或受政策影响的人（Yanow 1996b）（教师、学生、家长、社区成员）。

阅读和解释性文件

阅读和解释性文件是对访谈数据的补充。例如，过去正式会议的记录或政府活动的记录可能会为研究人员提供通过观察甚至访谈也无法获取的数据。与观察和访谈一样，在阐释性政策分析中阅读文件的重点在于理解政策相关的行为者如何在会议记录、报告或法案章节中使一项活动具有意义，或理解意义如何在法律或正式政策中被构建和表达。证据包括用于框定特定问题或受问题或政策影响的群体的语言（Chock 1995）。例如，一项移民政策的制定是基于移民概念及其对国家教育系统成本的影响，还是基于移民群体及其家庭获得平等教育的机会？用于语言政策研究的文件既可能包括自上而下的资料，例如法律和会议纪要，也包括自下而上的资料，例如由学校管理人员、教师、学生或学校中的其他人员提供的资料。

使用阐释性政策分析方法时，以下这些都可以作为书面文件进行分析：州或地方教育机构规定的自上而下的课程、教师制定的自下而上的课程计划、学生作业、教师对学生作业的评估、授课过程中的人工制品（描绘蝴蝶生命周期的双语针轮图案）甚至是墙上显示的课堂规则（"教室内仅用英语"）。其他与语言政策相关的文件还包括州和地方教育机构网站上的资料。由于某些语言政策的政治化性质，例如，对教育部官方网站上的内容进行长期分析可能会很有用。（政策指导是否会随着时间的推移而变化？）

以上这些可能会显示有关政策实施情况的复杂性，甚至前后不一致的叙述，以及受政策影响的学生地位的变化。例如，在过去的几十年里，来自非英语家庭的学生被贴上了"英语能力有限者"的标签，或者最近的"英语语言学习者"的标签。这两种标签都是价值负载的，因为它们只关注英语水平，而忽视其他语言。

数据分析

分析发生在研究的整个过程中，包括调查的概念化、数据来源的确定、数据的生成和报告，并可能在最终结果呈现后继续进行。在进行阐释性政策分析时，研究人员从意义构建的角度对数据源进行分析。它将象征性的人工制品与被阐释社群联系起来，以了解政策的构建方式和经验。研究人员因此尝试了解政策是如何影响目标群体的。亚诺就阐释性政策分析分享了宝贵的见解：

> 解释性分析通常具有揭示"真实"情况的性质。这似乎存在悖论，因为解释方法通常遵循的原则是没有单一的现实。但我相信，揭示"现实"的感觉是叙事表达的产物。为了对"只有一种意义"的信念提出质疑，解释将注意力集中在替代方案上。（Yanow 1995：119）

尽管通过阐释性政策分析生成的数据没有单一的、规定的分析方法。但是这类分析使用的方法多以民族志为基础，例如扎根理论（Strauss and Corbin 1990）或讲故事（Delgado 1989，1990；Tate 1997）。

扎根理论

扎根理论方法需要研究人员与环境和数据建立熟悉的联系，并与之密切合作。通常，这涉及录音的转写，使研究人员能够深入理解数据，并由此呈现突出的主题，以说明数据源中存在的关键思想。一旦从每个数据源（访谈、观察、文档）中确定了主题，研究人员就会将分析扩展到各个数据源，类似于数据三角验证，以确定多个访谈对象和观察点在主题之间是否存在重叠。在检查所有数据源后，研究人员会分析并得出代表整个研究的重要主题。例如，大学教师在其课程中实施庇护式浸没教学时可能遇到三个主要问题：讲授少数民族历史和政治的时间较少；无法批判性地让学生关注与英语学习者教学相关的社会问题；英语二语习得方法价值观中立的感知（Moore 2008）。在不同地区工作的庇护式浸没教学培训师可能会略有不同的关注点，而时间有限会导致培训课程注水（Moore 2008）。两名参与培训实施的人员都对课程设置表示担忧。

讲故事

在故事分析中，研究人员还可在一定程度上就关键主题进行调查，但总体目标是发展一种叙事方式，以解释特定语言政策中涉及的被阐释社群或象征性行为者的立场。故事分析对阐释性政策分析尤其有用，因为它为研究人员提供了一个机会，以揭示和阐释精英或"主流"叙事。与反叙事形成对比，故事分析让政策针对的边缘化群体或社区发出自己的声音。叙事分析的使用起源于法律理论（Tate 1997），后被用于教育研究。随后，它被用作一种分析工具，用以揭示隐含的社会、经济、政治和其他种族主义表现（Delgado 1989，1990；Ladson-Billings and Tate 1995；Tate 1997）。

其他方法

除了上面讨论的两种方法（它们可能最适合语言政策研究）之外，其他适用于阐释性政策分析的数据分析法也可能很适合语言政策研究，包括框架或价值批判分析、叙事分析和类别分析（参见 Yanow 2007：412–413）。在框架或价值批判分析中，基于各自对正在调查的政策或案例的框架，分析两个或更多被阐释的社群。叙事分析侧重于特定问题背景下出现的行动者，它可能借鉴文学理论，并包括故事情节线。最后是类别分析，也许它是三者中最适合语言政策研究的，其目的是通过建立类别或标签，解构政策问题中的假设，如"英语水平有限"的学生（LEP）或"正规教育中断"的学生（SIFE）。研究人员应根据特定政策案例的具体情况，确定通过阐释性政策分析生成的数据分析方法。

14.5 案例研究

2000 年，美国亚利桑那州通过 203 号法案，严格限制双语教育的普及，并将结构化／庇护式英语浸没教学（structured/sheltered English immersion, SEI）定位为全州英语学习者的主要教学方法。为了促进此类浸没式教学的实施，多项州级政策得以制定，包括要求所有认证的教育人员完成两次强制性专业发展课程，以获得新的庇护式英语浸没教学证书。新的证书被认为与之前授予从事英语学习者教育的英语二语教育（ESL）和双语教育（BLE）证书相当。尽管上述证书理论上是相当的，但要获得英语二语教育和双语教育认证，教师需要完成六门大学级别的三个学分的课程（相当于 270 个学时，每个大学学分相当于 15 个学时），而获得庇护式英语浸没教学认证所需的初始专业发展包括 60 个学时的培训（非大学水平或高等教育机构认证），包括两个阶段。每个阶段需 15 个至 45 个小时的听课时间，完成后可获得第一阶段的初步认证，然后再通过完整认证。

美国亚利桑那州教育厅概述了每次批准的课程，并规定所有认证人员在两个各自的截止日期前完成培训的每一项内容；未完成培训的人员可能会被吊销其证书。该政策还要求所有职前教师培训项目也涵盖该课程。持有英语二语教育和双语教育证书的任何个人都能够开发培训材料，在获得教育厅的批准后，提供新的英语浸没教学培训。由于所有人员都必须完成培训，在某些情况下，学区（当地教育机构）被迫向教师提供课程，以避免取消其教师资格。这项新的全州范围的政策结果是，四类完全不同的组织机构提供了培训功能：营利性组织、综合性大学、社区学院和地区。

由于这一特定政策的复杂性，以及参与其实施的利益相关者和决策者的多样性，摩尔（Moore 2008）将阐释性政策分析作为一个框架，用于定位与美国亚利桑那州英语二语教育培训开发、实施和应用相关的象征性人工制品（如行为、语言和对象）及被阐释社群，因为这与该州的唯英语政策相关。研究重点放在实施专业发展课程的个人身上，并确定了四类被阐释社群，与提供英语二语培训课程的四种类型组织（营利性组织、综合性大学、社区学院、地区）保持一致。研究者共对 14 人进行了访谈，由于受到其资历以及与英语二语培训相关的时间和其他因素的制约，其中许多人曾为多所机构工作，因此在某些情况下他们被视为多个被阐释社群的成员。

在对 14 位访谈对象中的 7 位进行初步采访之后，摩尔（Moore 2008）对他们的专业发展课程或课程实施进行了观察。由于研究是在第一个英语浸没教学培训截止日期（15 个小时的英语浸没教学）之后进行的，因此无法对一些参与者进行观察。因此，根据参与者在已完成的最初的 15 个小时课程中进行专业发展或课程作业的情况，研究者对其中的一些进行了访谈，这些访谈对象没有参与 45 小时的课程。

在某些情况下，研究者可以通过收集与培训课程或课程作业相关的人工制品来生成补充数据。另一个重要的数据来源是语言学习者工作组会议（这些会议在调查之前就已经开始，但与浸没教学培训政策的意识形态和政治基础直接相关），以及亚利桑那州 203 号提案的相关政策，这些政策会对教师、学校和学生产生进一步影响（具体而言，在研究、分析和报告期间，英语学习者工作组正在制定英语浸没课堂教学的工作定义，该定义出现在"四小时制"和"离散技能指数"中。有关这些特定政策及其实施，请进一步阅读 Grijalva 2011；Lillie 2011；Markos 2011；Moore 2014）。因此，通过观察英语学习者工作组会议，审查与浸没教学主要实施问题相关的其他档案数据源以及浸没教学培训实施的特定数据源，研究者获得了额外数据。

在数据收集和分析早期，人们清楚地认识到，阐释性政策分析框架可以有效地将这些数据源纳入总体分析和报告中。培训课程（作为更大范围的唯英语政策的一个分支）的复杂性、持续的政治修辞和话语模式以及浸没教学及其培训课程不断变化的定义，每一项都是动态的、高度复杂的，并且一直处于运行之中。阐释性政策分析可以使上述各种相关因素成为关键组成部分，尤其在数据分析时。在展示浸没教学培训实施的多个层面和棘手案例时，使用阐释性政策分析可以更完整地描述场景，而不是仅限于专业发展课程的背景和内容。研究者采用扎根理论方法对访谈和观察数据进行分析，并为每个访谈对象确定了三个关键主题（基于访谈和观察数据，以及在某些情况下的档案文件）。

接下来，根据所有 14 名访谈对象在一个或多个被阐释社群（营利性组织、综合性大学、社区学院和地区）中的成员身份，对他们的主题进行比较，以确定他们在多大程度上与美国亚利桑那州教育厅所概述的浸没教学培训课程相一致或冲突。同时，确定了象征性人工制品，以解释那些不属于培训课程，但与促进 203 号提案的实施有关的活动。

在数据分析的这一阶段，采用讲故事的方法来解释研究结果，以展示四个实践社区的成员如何发挥他们作为培训师、讲师或课程促进者的作用。同样的方法还可以用来解释在亚利桑那州教育厅（需要实施其预定的课程）和职前教师或在职教师之间对话时出现的问题；以及他们进行浸没教学的难易程度。最终，调查结果以两种方式概述：首先，针对教育厅的主流叙事（majoritarian narrative），呈现培训师作为回应的反叙事（counter-narratives）；第二，为四个被阐释社群中产生的每个主题建立两个类别（与教育厅及其浸没教学课程一致或不一致）。

此案例研究说明，阐释性政策分析在处理多样化、动态性和复杂的语言政策案例方面具有实用性。研究与美国亚利桑那州"唯英语政策"相关的众多问题中的某一个时，可能已经孤立地强调了培训课程本身。但是，阐释性政策分析的使用、数据源、分析过程以及结果陈述解释了所涉及的各种象征性人工制品，它们形成一个框架，以揭示政策的复杂性，以及在一线参与阐释政策意义的群体的观点。

从定性的角度来审视语言政策，研究人员不仅意识到自己在政策本身中的角色，更重要的是，他们意识到政策是通过哪些人来实施、强加和应用的。阐释性政策分析，由于能够包容多个（有时是相互冲突的）观点、角色、行为、语言以及与政策相关的其他问题，因此对于具有批判意识的语言政策研究人员来说极有价值。

参考文献

Bale, J. 2008. When Arabic is the "target" language: Title VI, national security, and Arabic language programs, 1958–1991. Unpublished doctoral dissertation. Arizona State University. Tempe, AZ.

Barthes, R. 1980. *New Critical Essays*. New York: Hill & Wang.

Barthes, R. 1986. *The Rustle of Language*. New York: Hill & Wang.

Chock, P.P. 1995. Ambiguity in policy discourse: Congressional talk about immigration. *Policy Sciences* 28(2): 165–184.

Corson, D. 1999. *Language Policy in Schools: A Resource for Teachers and Administrators*. Mahwah, NJ: Lawrence Erlbaum.

Delgado, R. 1989. Storytelling for oppositionists and others: A plea for narrative. *Michigan Law Review* 87: 2411–2441.

Delgado, R. 1990. When a story is just a story: Does voice really matter? *Virginia Law Review* 76: 95.

Fish, S. 1980. *Is There a Text in This Class? The Authority of Interpretive Communities*. Cambridge, MA: Harvard University Press.

Fishman, J.A. 1991. *Reversing Language Shift*. Clevedon, UK: Multilingual Matters.

Geertz, C. 1973. *The Interpretation of Cultures*. New York: Basic Books.

Geertz, C. 1983. *Local Knowledge*. New York: Basic Books.

Grijalva, G. 2011. Implementing language policy: Exploring concerns of school principals. Unpublished doctoral dissertation, Arizona State University. Tempe, AZ.

Guba, E.G. 1984. The effect of definitions of 'policy' on the nature and outcomes of policy analysis. *Educational Leadership* 42(2): 63–70.

Guba, E.G., and Lincoln, Y.S. 1989. *Fourth Generation Evaluation*. Newbury Park, CA: Sage.

Habermas, J. 1987. *The Theory of Communicative Action*. Trans. T. McCarthy. Boston: Beacon.

Hall, G.E., and Hord, S.M. 1987. *Change in Schools: Facilitating the Process*. Albany, NY: State University of New York.

Hoffmann, J. 1995. Implicit theories in policy discourse: Interpretations of reality in German technology policy. *Policy Sciences* 18(2): 127–148.

Hornberger, N., ed. 1996. *Indigenous Literacies in the Americas: Language Planning from the Bottom Up*. New York: Mouton de Gruyter.

Kristeva, J. 1989. *Language – the Unknown: An Initiation into Linguistics*. New York: Columbia University Press.

Kuhn, T.S. 1962. *The Structure of Scientific Revolutions*. Chicago: University of Chicago Press.

Ladson-Billings, G., and Tate, W.F. IV. 1995. Toward a critical race theory of education. *Teachers College Record* 97(1): 47–68.

Latour, B. 1987. *Science in Action*. Cambridge, MA: Harvard University Press.

Levinson, B. 2010. Defending hypothetical intentionalism. *British Journal of Aesthetics* 50(2): 139–150.

Lillie, K. 2011. Giving the students a voice: Surveying students about Arizona's structured English immersion restrictive language policy. Doctoral dissertation. Arizona State University, Tempe.

Markos, A.M. 2011. Guiding preservice teachers to critically reflect: Towards a renewed sense about English learners. Doctoral dissertation. Arizona State University, Tempe.

McCarty, T.L., ed. 2011. *Ethnography and Language Policy*. New York: Routledge.

Moore, S.C.K. 2008. Language policy implementation: Structured English Immersion in Arizona. Unpublished doctoral dissertation, Arizona State University. Tempe, AZ.

Moore, S.C.K., ed. 2014. *Language Policy Processes and Consequences: Arizona Case Studies*. Clevedon, UK: Multilingual Matters.

Nettle, D., and Romaine, S. 2000. *Vanishing Voices: The Extinction of the World's Languages*. Oxford: Oxford University Press.

Palumbo, D.J., and Calista, D.J., eds. 1987. Symposium on implementation. *Policy Studies Review* 7(1): 91–232.

Palumbo, D.J., and Calista, D.J., eds. 1990. *Implementation and Policy Process*. New

York: Greenwood.

Ricoeur, P. 1971. The model of text: Meaningful action considered as text. *Social Science Research* 38: 529–562.

Rorty, R. 1979. *Philosophy in the Mirror of Nature*. Princeton, NJ: Princeton University Press.

Spradley, J. 1979. *The Ethnographic Interview*. New York: Holt, Rinehart, & Winston.

Strauss, A., and Corbin, J. 1990. *Basics of Qualitative Research*. Newbury Park, CA: Sage.

Tate, W.F. 1997. Critical race theory and education: History, theory, and implications. *Review of Research in Education* 22: 195–247.

Taylor, C. 1971. Interpretation and the sciences of man. *Review of Metaphysics* 25: 3–51.

Yanow, D. 1995. Practices of policy interpretation. *Policy Sciences* 28(2): 111–126.

Yanow, D. 1996a. American ethnogenesis and public administration. *Administration and Society* 27(4, February): 483–509.

Yanow, D. 1996b. *How Does a Policy Mean? Interpreting Policy and Organizational Actions*. Washington, DC: Georgetown University Press.

Yanow, D. 2000. *Conducting Interpretive Policy Analysis*. Sage: London.

Yanow, D. 2006. Thinking interpretively: Philosophical presuppositions and the human sciences. In D. Yanow and P. Schwartz-Shea, eds., *Interpretation and Method: Empirical Research Methods and the Interpretive Turn*, 5–26. Armonk, NY: M.E. Sharpe.

Yanow, D. 2007. Qualitative-interpretive methods in policy research. In F. Fischer and G.J. Miller, eds., *Handbook of Public Policy Analysis: Theory, Politics, and Methods*, 405–415. Boca Raton, FL: Taylor & Francis.

Yanow, D., and Schwartz-Shea, P., eds. 2006a. *Interpretation and Method: Empirical Research Methods and the Interpretive Turn*. Armonk, NY: M.E. Sharpe.

拓展阅读

Yanow, D. 1996. *How Does a Policy Mean? Interpreting Policy and Organizational Actions*. Washington, DC: Georgetown University Press.

Yanow, D. 2000. *Conducting Interpretive Policy Analysis*. Qualitative Research Methods Series 47. Thousand Oaks, CA: Sage.

Yanow, D. 2003. *Constructing "Race" and "Ethnicity" in America: Category-Making in Public Policy Administration.* Armonk, NY: M.E. Sharpe.

Yanow, D., and Schwartz-Shea, P., eds. 2006. *Interpretation and Method: Empirical Research Methods and the Interpretive Turn.* Armonk, NY: M.E. Sharpe.

第15章　互文性与语言政策

戴维・约翰逊

15.1 引言

胡尔特（Hult 2010）认为，如何将语言政策文本、话语和实践联系起来，是语言规划与政策领域长期面临的难题。我们如何揭示语言规划活动的多个语域、语境、级别、层次和规模之间的联系？鉴于许多语言政策研究都涉及文本分析，如何确定语言政策文本的含义，理解文本中多重的、潜在的甚至相互冲突的意义、声音和风格，也是一大挑战。为了应对这些挑战，已有其他文章提出了多种话语分析策略，包括言语链分析（Mortimer 2013）、关联分析（Hult，见本书）、批评话语分析（Cincotta-Segi 2009）以及批评话语分析和民族志的结合（Johnson 2011）。本文将聚焦于语篇分析中的互文性策略，即通过分析文本如何从其他文本中获得意义，这种策略可以与多种研究方法相结合。

首先，我们可以借助文学作品来阐明这一观点。在尼尔・盖曼（Neil Gaiman）的小说《美国众神》（Gaiman 2001）中，主角沙豆（Shadow）是一位新获释的囚犯，他与另一个角色"周三"建立了深厚的关系。在一个场景中，沙豆对妻子的离世感到悲痛——她在沙豆服刑期间，因一场车祸而丧生。周三给了他以下建议："这是人类永恒的愚蠢：追求美好的肉体，却没有意识到它只是一副漂亮的皮囊，仅是蠕虫的食物。"就其话语本身意义而言，读者可能会认为周三是在表达对生命价值和意义的讽刺，即我们死后埋葬时真的只会成为蠕虫的食物。然而，当结合先前的其他文本进行解读时，周三的话便呈现出更丰富的含义。例如，哈姆雷特说："蠕虫才是筵席上唯一的皇帝。我们饲养牲畜，肥了自己，而最终又滋养了蠕虫。肥国王，瘦乞丐，不过是两样不同的菜，盛在两个盘子里，而且还是放在一张桌上的，这就是结局。"从这个角度考虑，周三的话或许暗示了更深刻的悲剧性：无论以国王还是乞丐的身份生活，我们最终都会变成蠕虫的食物。我们可以进一步追溯到《圣经》人物约伯，他哀叹生活的不公，因为正义不一定最终会得到回报，"虫子会以他为食；他将不再被人纪念"

（Job 24：20）。同样，另一个圣经人物在《传道书》中虽然没有直接使用蠕虫隐喻，但当他处于生存危机时也表达了类似的意思，宣称"一切都是虚空"。考虑到周三后来揭示的身份是北欧神奥丁时，这种与《圣经》的联系变得更加有趣，读者或许会在周三的陈述中解读出喜剧甚至亵渎神明的意味。这些潜在的不同解读方式，都受到了文本间相互关联的影响，使得我们对周三观点的理解变得复杂而多元。

朱莉娅·克里斯蒂娃（Kristeva 1986）在分析巴赫金（Bakhtin）关于文学符号学的著作时，创造了"互文性"一词，这促使巴赫金的大部分未出版且鲜为人知的作品得以普及（Allen 2011）。巴赫金的对话主义（dialogism）尤为关键，它描述了文学的语句及其意义并非孤立存在，而是与其他话语交织形成"对话"（就像周三与约伯的对话）。巴赫金认为，话语中充满了过往话语的回声，这些互文性副产品赋予话语对话色彩和多重含义，解释任何文本（可能是多声部的）都需要理解这些互文联系："话语是言语交际链中的一个环节，它不能与决定它的前后环节断裂，内在和外在都给予它直接的反应和对话语的回想"（Kristeva 1986：94）。

克里斯蒂娃还采用了巴赫金的矛盾性概念，它解释了文本如何借鉴历史文本，但也"暗示着将历史（社会）融入文本，并将该文本置于历史之中"（Kristeva 1986：39），因此先前作品以及当前作品的意义都会受到影响。克里斯蒂娃进一步区分了横向互文性和纵向互文性。横向互文性描述的关系涉及作者、读者和文本的话语空间，包括读者和其他文本（共时焦点）；而纵向互文性旨在捕捉与先前文本的历史联系（历时焦点）。克里斯蒂娃的横向互文性概念重视读者如何参与文本的符号建构（参见 Barthes 1967），从而拓展了互文途径，涵盖读者接触的所有口头和书面文本。换言之，我如何解释周三的见解取决于我阅读过的其他文本，因为人如蠕虫食物这一隐喻十分普遍，许多潜在的联系都是可能的。巴赫金和克里斯蒂娃的理论在文学理论、艺术批评等多个学科产生了深远影响（见 Allen 2011），实际上，这些理论也适用于语言政策与规划研究领域，有助于解释政策文本含义，揭示它们如何与其他文本和话语相联系，以及这些文本在学校和社区中的解读方式。

费尔克劳（Fairclough 1992）将互文性视作批评话语分析的有用工具，主张互文性理论应与权力理论相结合，因为文本的含义并非无限创新，而是受限于权力关系条件，同时，主导性话语通过影响社会结构和实践，赋予特定意义以特权（参见 Ball 1993）。费尔克劳区分了明示互文性和构成互文性，前者涉及文本的显性逐字并入（例如，通过引用或转述），后者指"构成 [文本] 生产的话语惯例配置"（Fairclough 1992：271），他将其描述为互语性（interdiscursivity），后来定义为"[文本] 借鉴了哪些体裁、话语和风格，以及如何将其转化为特定表达的问题"（Fairclough 2010：234）。互文分析主要涉及文本的词汇语法特征——坎德林称之为"具有文本基础"（Candlin 2006：4），而互语性则是指话语风格与文本之间的联系。

由于存在上述这些联系，意义不只是孤立地归属于特定话语，还贯穿于话语、文本和语篇之中。因此，正如莱姆克（Lemke 1995：23）所指出的，"非常重要的是，要了解特定群体认为哪些其他文本与该特定文本的解释有关。"因为意义的形成是一种社会活动，受到特定语境中传播的意识形态和话语的影响，并且文本是多种社会声音和"矛盾的观点"合成的产物（Bakhtin 1986，281）。因此，各个社群以不同方式来解释语言政策是合理的。从字面上看，某些政策的背景是相互矛盾的，尤其是当这些政策由以辩论和争论著称的委员会或法定立法机构（如议会和立法机关）制定时。语言政策与过去的政策文件相关联，例如较早的政策和同一政策的较早版本（纵向互文性）和当前政策（横向互文性），并且可能与各种过去和现在的话语产生联系（互语性）。

这种理论立场意味着语言政策研究人员可以分析互文联系，从而深入理解特定的语言政策文本。然而，从某种意义上说，这仅仅是一种潜在的含义；"现实生活"的含义是在语境中确定的。因此，人们也可能会考虑那些对其进行阐释和援用的人赋予它的"含义"。任何在特定语境或社会组织级别中创建和阐释的文本，在新语境中都会经历再语境化，而早期版本可以经历扩展、添加、过滤或取消。再语境化的本质既依赖于与过去文本和话语的互文联系，也依赖于新语境中的关系、信仰、意识形态和权力关系（Blackledge 2006；Wodak and Fairclough 2010）。例如，联邦教育语言政策的起草者会按照他们自己的（多种且可能有冲突的）方式来解释政策，但是当教育者解释和采用该政策时，可能会出现新的含义，并且这种再语境化会受到研究范围内传播的特定文本和话语的影响。

15.2 提出研究问题

语言政策文本并非一个仅体现单一作者意图的同质文件，而是杂乱无章的，并且常常充斥着关于语言或语言教育的多样化甚至相互矛盾的观点

（见 Jaffe 2011；Johnson 2013a）。因此，鲍尔（Ball 1993）建议我们不必深究作者的意图，而应关注政策在实践中如何被阐释和援用。他对政策"受众"的关注反映了后结构主义理论，该理论强调读者的解释，而不是像巴特（Barthes 1967）所言的"单一的神学意义（作者—上帝的'信息'）"，还有"文本是来自数千种文化来源的引文组织。"虽然很难（也许是不可能）确定作者的意图（部分是因为无法记录其成千上万的文化来源），但语言政策与规划互文分析若能揭示文本中思想和话语的来源，以及它们与其他文本和话语的关联，则对于负责解释、援用或执行该政策的人员来说很有意义。

一般情况下，在话语分析研究中，研究问题是开放性的，可因新发现而调整（参见 McCarty，本书）。接下来，我提出了一系列潜在的研究问题，这些问题聚焦于：（1）特定语言政策的含义，尤其是其语义内容与其他文本和语篇之间的关联；（2）在学校和社区中对语言政策文本的阐释和援用，即再语境化（recontextualization）。

例如，关于语言政策文件含义的研究问题可能是：语言政策的含义如何随着时间的变化而改变？对于法定立法程序下产生的语言政策，可以进一步阐明：其含义如何在特定语言政策的各种形式之间转换（纵向互文性）？这些变化如何反映（或不反映）关于语言、语言学习者及语言教育的社会话语的变迁？在政治组织的不同层面（宏观、中观、微观等）制定的语言政策如何相互关联（横向互文性）？地方语言政策如何显性地（明示互文性）或概念性地（构成互文性）借鉴中观和宏观层次的文本？鉴于特定语言政策的创建具有话语性和意识形态背景，我们可以从中获得何种启示？

语言政策的意义会在社区或学校的一系列话语事件中产生，互文和互文分析有助于揭示其产生过程。不仅互文联系可能会影响某种政策的含义，特定语境中的特殊信念、意识形态和话语也影响其再语境化，并塑造语言政策的本地化"含义"。这种分析结合了后结构主义的观点，即文本永远不会只有一种权威意义，而是具有多重含义，这取决于互文性和互语性联系以及作者与读者之间的相互作用。这类研究问题可以包括：宏观语言政策的再语境化如何受到本地文本和话语的影响？当不同的参与者解释和应用语言政策时，政策含义会如何变化？这种变化如何依赖社区中的本地文本和话语以及不断变化的社会话语？语言政策的含义如何在不同场景和话语事件中随时间变化而发生改变？

15.3　选择研究场景

根据理查森和沃达克（Richardson and Wodak 2009：255）的观点，此处对语境的四个级别进行了调整，用以分析语言政策：

文本框 15.1　语言政策分析的四个语境层次

1. 文本—语言政策文本的内部分析——包括关注词汇、短语或语法结构等词汇句法单元，以及像论题和体裁这样的话语元素。
2. 与过去和现在的政策文本和话语的互文联系——包括特定语言政策的多个草案、重新授权或修订，或不同语言政策文件之间的关系——以及与过去和现在关于语言、语言使用者或语言教育的话语之间的互语联系。
3. 语言外社会变量——包括制定、阐释和援用语言政策的制度和社会语言环境，即语言政策活动发生的多层语境。
4. 社会政治和历史背景——包括特定语言政策的历史、政治和社会影响，参与语言政策过程的机构，以及语言政策制定者的信念和行动。

当社区和学校中的语言政策需要解释、援用和再语境化时，互文分析可以强化民族志和其他定性研究项目，特别是当研究目标是了解地方政策和实践如何与宏观层面的语言文字和话语相关联时。互文性和互文分析有助于阐明文本生产如何与话语、社会文化习俗相联系，而定性的研究方法，如访谈和参与式观察，可揭示政策为何以及如何以特定的方式再语境化。如果关注语言政策在学校和社区中的再语境化，那么数据收集可以在单个站点（例如教室）或多个站点进行。在语言政策与规划研究中，多点数据收集可能是有益的，因为政策活动发生在多个背景和多种级别的制度权威之间。例如，在教室或学校进行的研究可能会揭示语言习惯，为课堂级别的语言政策提供证据，并探索支撑两者的话语和意识形态，但是除非研究人员将不同级别的机构权威纳入参与者，否则，他们无法说明语言政策如何在课堂外产生、阐释和使用。同样，对语言政策的宏观分析也无法说明此类政策如何影响语言实践。然而，多点数据采集也带来了不同的挑战——可能会使研究者错过重要事件，因为试图多站点收集数据可能会致使研究者们无暇对每一个站点的数据进行详细说明。我们并不是要批驳基于课堂层面或宏观层面的语言政策与规划研究，这两者都具有非常重要的

价值。我们想说明的是，多点研究尤其适用于调查政策文件内外的互文性和互语性。

宏观的国家及跨国语言政策和微观的学校语言政策虽已得到广泛研究，但研究者在这两个领域仍有大量工作要做。目前，对中间层面和中间语境的关注仍然较少，如学区、教师委员会、市议会、教育部，以及其他监督学校和学区的社会机构和教育机构、负责阐释和援用国家语言政策的州或地区机构等（例外情况参见 Cincotta-Segi 2009）。然而我们很快就会发现，宏观、中观和微观的层次分类无法充分覆盖所有内容。例如，虽然我们倾向于认为"宏观"是指影响整个国家的大规模政策，但教师可能会认为学区行政管理人员的政策是"宏观的"，而学区行政管理人员则可能认为他们的工作是"微观的"。换言之，尽管这些术语是便于理解的标签，但它们也是相对的，应在研究参与者解释的"微观"和"宏观"背景下加以理解。此外，布洛马特（Blommaert 2007）提醒我们，在任何互动中，多种语境和话语类型（从宏观到微观）都可以发挥作用，多级互动致使出现"分层话语并置"（见 Hult，本书）。

15.4 数据收集和分析方法

语言政策的互文分析可用于多种情况下的研究，并可与本书中介绍的其他研究方法有效地结合使用，包括历史—结构研究（参见 Tollefson，本书）、民族志研究（参见 McCarty，本书）、语言意识形态研究（参见 Ascjic and McGroarty，本书）和关联分析（参见 Hult，本书）。例如，互文分析有助于突出"导致政策的历史和结构性因素"（参见 Tollefson，本书），尤其是当它们在互文关联的文本中被引用时。此外，当互文分析与关联分析（参见 Hult，本书）结合使用时，还可以帮助"映射来自多级的话语如何与特定的社会现象相交融"，例如语言教育政策的制定、阐释和援用。

互文分析是一种工具，可以利用其他方法在更大的研究项目中分析特定现象（口语和书面语篇中的意义生成）。这是一种方法或技术，而不是一种方法论（见 Crotty 2003 的讨论），但具有极高的可塑性，正如采用它的不同学科和学术机构所证明的那样，它适用于各种各样的主题和研究方法（Allen 2011）。然而，由于文本的异质性本质，缺乏真实或客观的含义，并且由于观察者参与了其意义生成，互文分析带有一定的认识论包袱，可能与客观主义研究相悖。因此，分析人员需审慎思考自己在文本解释中的立场。以我的经验来看，人们更注重文本如何成为主导和边缘化话语的表现形式，而较少关注语法歧义或意识形态和实施空间（Hornberger 2002），这两者都是由于明显的、构成性的互文联系与其他文本混杂在一起而产生的。然而，我对这一领域的看法是由我自己的认识论、语言意识形态和经验驱动的，这些要素本身就是互文和互语联系的产物。对于我们自己抑或潜在读者，我们必须清楚，每个人都有认识论，无论你是客观主义者、建构主义者，还是主观主义者，明确这一点至关重要（参见 Lin，本书）。

在大规模的语言政策与规划研究中组织数据收集是一项复杂的挑战。一种可能的方式是围绕语言政策流程来组织数据收集，即政策制定、阐释和援用。所有的政策都由某个主体制定，无论是通过单一的制定者、委员会、法院、议会／立法机构，还是其他一些组织。它们也是在跨越多个语境和机构权威中制定的；也就是说，提出语言政策的不仅仅是政治组织。学区会制定学区语言政策，教师可以制定影响课堂语言使用的课堂语言政策，家庭往往会发展隐性家庭语言政策。并不是所有这些政策都被记录下来了。有些是事实的、非官方的或隐性的。然后，所有政策都由某些主体来阐释，无论是提出政策的制定者，还是实施政策的执行者。最后，语言政策被那些应该实施它们的人以各种方式援用。

如果分析着重于特定语言政策的含义，则政策的制定及最终形成的政策文本将成为研究的重点。首先，我们需要收集所有可用的和相关的文本资料。这里，"文本"指的是任何话语的产物，它们不仅是书面文件，例如政策、历史文件和媒体报告等传统文本，还包括访谈记录、社区互动、课堂互动和会议记录，以及多模态数据如照片。潜在的数据来源包括：

- 同一语言政策的先前版本，即早期文稿。
- 政策的早期版本，如果该政策是早期政策的新版本。
- 产生政策的话语事件和相应文本，例如，产生相关政策的辩论（话语事件）和该辩论的记录（相应文本）（参见 Schissel 2009）。
- 当前的文本和话语。例如，在媒体报道、政策制定者的公开声明或负责语言政策制定人员的立场文件中引用的其他政策、社会政治和社会语言学话语。

如果重点是在学校、学区或社区中如何阐释和援用语言政策，则可以将上面列出的数据源与以下内容结合使用：

- 所有与当前研究密切相关的官方宏观语言政策文本（例如，国家教育语言政策）。
- 所有非官方的宏观语言政策文本（例如，教育部网站上发布的内容）。
- 学校和学区一级的地方官方语言政策。
- 当地的非官方语言政策（例如，为参加语言教育课程的学生父母提供的小册子；网站上的多语言教育课程的推广）。
- 对于政策制定者以及政策执行者的访谈（见 Weiss 1994）。
- 在学校和社区环境中的参与式观察和田野笔记收集（见 Emerson et al. 1995）。
- 会议和教室中的录音互动记录。
- 基于课堂的文本（单元计划、教学目标、课程设置）。
- 课堂和学校活动的照片，或感兴趣的语言景观。

(Shohamy and Gorter 2009)

分析始于对所有文本的彻底阅读，随着对论题、特定词汇单位、体裁或短语的日益关注，这些内容变得更为突出。数据收集和分析是不间断的、相互交织且循环往复的过程，新的发现会引发新的数据收集站点和方法。尽管可以使用 NVivo 之类的计算机程序快速扫描文档内和文档之间的特定单词或短语，但深入阅读相关文本仍是不可替代的。跟踪特定单词或短语的所有出现情况需要仔细的组织安排和详细的文件记录。尽管研究人员的做法有所不同，有些使用纸质文本和荧光笔，而另一些使用像 NVivo 这样的研究软件，但重要的都是要弄清楚哪些文本包含在最终分析中，以及他们来自哪些情境。在仔细阅读文本之后，会创建初步代码，然后出现一套更明确的分析类别（参见 Saldaña 2013）。这些可以围绕文本的特定句法功能（如词汇、短语和语法结构），或者文本中的话语元素如论题 (topoi) 和体裁（genres）进行组织（见 Wodak and Fairclough 2010 对其他潜在特征的论述）。下面将逐一进行讨论。

巴赫金指出，词语"不属于任何人，它们本身不评价任何事物"(Bakhtin 1986：85)，但在言语中它们可以被操纵，以互文的形式链接到历时使用中。在我自己的研究中，我分析了在美国教育政策——《不让一个孩子掉队法》的制定过程中，"灵活性"一词如何被重复使用，它在该政策语言中如何表现（出现了 119 次），以及立法者和教育者如何解释这种"灵活性"(Johnson 2011)。特定短语通常在各种语言政策文本中都非常突出。例如,在美国的教育中,人们发现联邦、州和地方政策文本中的"平等教育机会"或其变体,可能是参考了最高法院对"刘诉尼科尔斯案"(Lau v. Nichols)的判决,以及《平等教育机会法》或《民权法》。语法结构的分析可能侧重于句法成分如何产生歧义,以及代词在政策辩论中的使用如何将主体置于话语事件中(Johnson 2013b)。

话语要素(如论题和体裁)涉及文本的组织方式和意义所依赖的主题,还与特定的词汇语法特征相关联。论题是用于创建论据和联系思想的文学惯例、主题、主旨或(修辞)惯例。它们揭示互文和互语联系。在我的研究中,我观察了《不让一个孩子掉队法》中"灵活性和问责制"之间反复出现的紧张关系,这通常代表美国教育政策中的政治辩论。这种紧张关系可以在《不让一个孩子掉队法》产生的话语事件(即国会辩论)中观察到,并在文本中具体化,它在促进政策的灵活性与要求问责制措施之间摇摆不定,而问责制措施根本就不灵活。因此,美国政治辩论中存在的紧张局势表现为政策文本内部奇怪的拉锯战,给人的印象是政策实际主张的内容之间互相矛盾(如果我们可以人为地将文件拟人化)。

政治辩论和妥协会产生一种独特体裁的文件,《不让一个孩子掉队法》的这种内部冲突可能就由此而来。体裁是一种依靠修辞惯例的话语类型。费尔克劳将其描述为"与特定社交活动相关的语言使用"(Fairclough 1992:138)。巴赫金则强调了言语体裁的历史性,将其视作"从社会历史到语言历史的传送带,任何新的语言现象(语音、词汇或语法)都需经过漫长而复杂的体裁风格测试和修改才能进入语言系统。"(Bakhtin 1986:65)。人们可能会猜测,语言政策文本会受到政治和教育政策语言、法律语言、法规语言等固有特定体裁的影响,但是这一直是一个未经研究的领域,语言政策中的体裁分析尤其受欢迎。

一旦确定了相关的词汇句法和话语特征,分析就将聚焦于特定的政策文本与先前文本之间的内部特征联系,产生政策文本的话语事件之间的关联,以及多层级的社会政治和历史情境与话语之间的关系(见文本框15.1)。跨文档编码侧重于突显的词汇句法单元或话语要素,揭示当前文本和过往文本之间的互文连接和互语连接。分析也可以关注导致其产生的一系列话语事件,例如导致政策制定的辩论或会议的记录。这样的数据可以由立法辩论的记录提供(例如美国国会记录)或由记录会议和辩论的研究人员提供。关于政策制定的实证研究是语言政策研究中极具可能性的领域，因为此类数据并不常见。政策制定者的公开声明和立场文件，以及引用这些作者的媒体报道，有助于阐明制定者的信念和意图，或者至少是他们对于政策的公开阐释。

当研究重点是对政策进行阐释和援用时，可以将上述研究框架与进一步的分析相结合，重点包括：

- 地方语言政策文本的制定以及地方文本和话语如何影响最终的政策产物。在制定政策时，哪些想法在政策语言中得到了具体化？地方文本如何与宏观和中观文本互文连接？哪些要素被采纳，哪些没有？
- 政策文本的哪些特征被语言政策参与者采用；即它们是如何被解读的。哪些特征得到了突出，而哪些特征被忽略了？
- 教育者和社区成员如何将阐释转化为行动，即他们如何在学校、教室和社区援用语言政策？
- 然后，重点就变成了新语境下政策的"含义"。在研究站点之外产生的政策（例如国家政策）如何被再语境化，这种再语境化的含义如何与分析人员对政策的解读，媒体对政策的描绘或制定者自己对政策的阐释相一致？地方政策文本、话语和实践如何影响再语境化？

为了分析这些语言政策与规划过程，应将互文分析与其他定性数据收集技术（包括访谈、参与式观察、田野笔记、互动记录等）结合起来。下面的案例研究将逐一介绍这些过程。

15.5 案例研究

从 2002 年到 2006 年，我采用民族志和话语分析的研究方法，深入研究了美国费城学区（SDP）的双语教育语言政策。2002 年，当我开始收集数据时，多年来长期支持双语教育项目的美国主要教育语言政策，即《中小学教育法》（ESEA）第七章，也称《双语教育法》（BEA），被最新版的《中小学教育法》第三章所取代，并更名为《不让一个孩子掉队法》。因此，我首先提出了两个较为宽泛的研究问题（RQ）：（1）第三章中的语言是如何随时间的推移而出现的？ （2）不断变化的联邦语言政策如何对费城学区中的教育实践（尤其是双语教育计划）产生影响？在民族志和话语分析方法中，研究问题可以基于研究人员的经验产生，事实上，当我开始在双语教学课堂进行观察时，我很快对行政层面的政策和项目举措产生了兴趣。由于我与该地区的一位外部顾问"伊夫·艾兰"（化名）的关系，我受邀成为费城学区官方语言政策制定小组的一员。因此，我又增加了另一个研究问题：(3) 地方政策文本和话语如何影响《中小学教育法》第三章的再语境化？

政策文本的再语境化受到特定语境中传播的独特意识形态和话语的影响，只有长期参与其中才能真正获得这些信息。有必要提前说明的是，通过参与式观察和访谈，我了解了有关费城学区的一些重要背景信息。该项目的数据收集最终分为两个部分，这既因为教育工作者群体的不同，也因为语言意识形态和语言教育意识形态的多样性与多变性。在数据收集的前半段过程（约 1.5 年）中，语言规划和政策项目由核心小组领导，成员包括行政人员、教师和外部顾问（伊夫·艾兰），他们优先考虑扩展费城学区中的双语教育选项。为此，这些人发起了"双重语言倡议"，旨在增加双语教学项目的数量，并制定了费城学区针对英语学习者的语言政策。费城学区语言政策的制定源于各方的协同合作，并得到了来自各级权威机构的教师和管理人员的积极参与。在获得学区董事会（美国学区的重要委员会）批准后，该语言政策被发布在学区的网站上，但很快被人们遗忘，这主要是因为后半段数据收集期间（约 1.5 年），语言政策倡议发生了变化。这一变化主要由一位特定的管理者造成，她对语言教育以及如何制定语言政策持有不同观点。她把重点转移到侧重于以双语和英语为主的过渡性课程上，并且在没有教师参与的情况下作出了这些决定，也因此削弱了教师和管理人员之间的合作精神。她还为该地区制定了手册，该手册取代了原费城学区语言政策，成为该地区主要的书面语言政策。

在数据收集的前半部分，我开始分析《不让一个孩子掉队法》的第三章，以回答问题一。我收集的文本包括：

(1) 第三章的先前版本——参议院和众议院制定的不同版本。

(2) 第三章所参考的先前政策，尤其是其前身第七章。

(3)《不让一个孩子掉队法》引发的话语事件，即已公开的国会辩论，这是了解立法者如何解释其政策制定的窗口。

（4）政界人士关于该法案潜在影响的公开声明，如在媒体、公共政策公告或选民时事通讯中所给出的内容。

尽管从第七章到第三章的转变（我认为是准确地）被描述成联邦政策从附加型双语教育转向过渡型双语教育和以英语为主的项目，但这些数据总体上描绘了一个复杂的故事。在第三章的文本内部分析（文本框 15.1）中，我着重探讨了哪些语言教育倡议得到了促进、批准和禁止。尽管它显然是由英语主导的，但确实还有其他双语教育项目的余地，也没有什么是违反法令的，例如，最强调的事情似乎是英语的重要性。然后我考虑了该政策与之前的政策《双语教育法》（BEA）之间的互文联系和第三章先后版本之间的关联，因为该政策是在美国国会的两个分支机构（即众议院和参议院）研讨、编写和重写的，这两个分支机构都制定了自己的政策版本。通过比较第三章的不同草案，并关注互文联系（或缺乏互文联系），我发现其中一些草案暗示了对英语的重视（虽然这种关注是短视的），并牺牲了其他语言。而另一些草案则非常注重双语，其中大部分表述是从《双语教育法》中剪切和粘贴过来的内容。最终通过的是对于不同语言进行增减的折中方案，最终的文本是《双语教育法》、参议院和众议院版本以及一些新语言的融合版本。

然后，我试图理解语言外的社会变量（文本框 15.1），即这些文本产生的历史和话语背景。幸运的是，美国国会记录是可获得的公开文件，详细记载了众议院和参议院议员们的发言。我仔细查阅了关于《不让一个孩子掉队法》的辩论记录，其中议员们谈到了语言、语言教育，尤其是该法案的第三章。我将这些文本与立法者的公开声明进行了比较。值得注意的是，这些公开声明中的每一个都代表不同的类型，政界人士利用它们来达到自己的政治目的。尽管如此，分析表明，双语教育的公开支持者和反对者都对该法案表示赞同，认为该法案能够实现他们的目标，并在国会和公开声明中均持此立场。因此，我发现第三章充满了多种声音，而且常常很模糊，尤其是当新制定的内容与较旧的文本混合在一起时。所有这些文本都具有互文历史和路径，与各种各样甚至相互矛盾的话语联系在一起。同样，第三章的产生是一个过程，受到多种有时甚至是相互冲突的话语和作者意图的影响，正如巴赫金（Bakhtin 1986：281）所说的那样，这体现了"相互矛盾的观点"。

在研究的初始阶段，我还试图了解第三章在费城学区中再语境化的过程，以及这种再语境化是如何通过地方文本、语篇和实践（问题2和3）形成的。我收集了以下数据：

（1）与研究密切相关的其他官方宏观语言政策，例如宾夕法尼亚州的教育语言政策。

（2）非官方的宏观文本，例如教育部网站上的文章。

（3）地方官方语言政策，特别是费城学区语言政策手册。

（4）地方非官方语言政策，包括描述语言教育计划的校本文件。

（5）对来自不同背景和权威机构教育者的采访，尤其是负责语言政策制定、阐释和援用的教育者。

（6）在课堂、语言政策或项目会议中的参与式观察。

为了说明如何分析这些数据，我将重点介绍特定的主题。首先，我对各种政策文本（《中小学教育法》第三章、《双语教育法》、费城语言政策、手册等）进行文本内部和互文分析。之后在参与式观察期间，我对《不让一个孩子掉队法》中问责制要求与着重强调英语学习之间的紧张关系，以及该政策在语言政策和项目会议上如何被公开解释产生了兴趣。因此，问责制和灵活性之间的紧张关系由此浮现，这种紧张关系在政策文本内外皆有体现，并且具有互文、互语的影响。此类分析方法的运用得益于民族志和话语分析研究方法的结合，这进一步揭示了参与者如何操纵他们的话语环境。

在数据收集初期，教育工作者倾向于关注联邦和州政策的灵活性，扩展多语项目的可能性以及支持此类项目研究的可靠性。例如，费城学区语言政策制定小组的主要依据是《双语教育法》和教育研究中有关多语的叙述，这些话语显示了对双语教育项目相对有效性的支持。他们还公开地将第三章解释为"灵活的"，并有选择性地将第三章的部分内容纳入地方倡议。他们有意识地构建互文性和互语性联系。这些教育者在第三章中解释的灵活性与语言政策倡议的"灵活性"相呼应。这些语言政策倡议"灵活"，因为它们接纳了各级权威机构的各类教师和行政人员的意见。换言之，如果一个地方话语强调了语言政策倡议的灵活性，无论是宏观层面政策的阐释和援用，还是地方政策的制定，我认为此举都创造了一个使教师获权参与语言政策制定的新态势。

在数据收集的后半段，第三章的再语境化非常不同，主要聚焦于第三章的僵化和问责制要求。这种新的再语境化导致了地方倡议对于增益性双语教育关注度的下降。此外，这种在联邦政策中被认为僵化的现象反映在一些话语事件中，如领导层自上而下地下达命令，以及认为教师缺乏语言教育和政策制定方面的专业知识。政策问责制和教师问责制经常被强调。负责该地区语言政策和教育项目的主要领导人专注于《不让一个孩子掉队法》的问责制和第三章的"唯英语论"。第三章的再语境化反过来又与管理层制定的手册相关联。虽然互文分析表明第三章和手册之间存在联系，但访谈又显示这位管理者是如何有意建立这些互文联系的，这些联系又由她对语言学习和教育的独特信念所推动。

　　民族志和互文性话语分析的结合揭示了跨不同层次、级别和时间范围传播的多个政策文本和话语如何相互联系，以及它们如何在费城学区中被再语境化。管理者和教师没有被困在他们无法控制的主导性话语中，而是利用了特定的互文路径（从满足其需求的政策语言中进行选择）来援用联邦政策，并以独特的方式制定了地方政策。因此，互文性和互语性关联，或此类关联的缺乏，有助于解释政策文本是如何被阐释和援用的。这种类型的分析揭示了教育工作者如何利用其能动性来操纵文本和话语，以满足学生的需求，但同时也表明，政策不仅是话语，也是一种强大的机制，为语言教育引入强大的外部结构。

参考文献

Allen, G. 2011. *Intertextuality*. 2nd ed. Abingdon, UK: Routledge.

Bakhtin, M.M. 1986. *Speech Genres and Other Late Essays*. Austin: University of Texas Press.

Ball, S.J. 1993. What is policy? Texts, trajectories and toolboxes. *Discourse* 13(2): 10–17.

Barthes, R. 1967. The death of the author. Aspen 5+6, item 3. Web version: http://www. ubu.com/aspen/aspen5and6/threeEssays.html#barthes (accessed December 14, 2014).

Blackledge, A. 2006. The magical frontier between the dominant and the dominated: Sociolinguistics and social justice in a multilingual world. *Journal of Multilingual and Multicultural Development* 27(1): 22–41.

Blommaert, J. 2007. Sociolinguistic scales. *Intercultural Pragmatics* 4(1): 1–19.

Candlin, C. 2006. Accounting for interdiscursivity: Challenges the professional expertise.

In M. Gotti and D. Giannoni, eds., *New Trends in Specialized Discourse Analysis*, 21–45. Bern: Peter Lang.

Cincotta-Segi, A. 2009. "The big ones swallow the small ones." Or do they? The language policy and practice of ethnic minority education in the Lao PDR: A case study from Nalae. PhD thesis. Canberra: Australian National University.

Crotty, M. 2003. *The Foundations of Social Research: Meaning and Perspective in the Research Process*. Thousand Oaks, CA: Sage.

Emerson, R.M., Fretz, R.I., and Shaw, L.L. 1995. *Writing Ethnographic Fieldnotes*. Chicago: University of Chicago Press.

Fairclough, N. 1992. Intertextuality in critical discourse analysis. *Linguistics and Education* 4: 269–293.

Fairclough, N. 2010. *Critical Discourse Analysis: The Critical Study of Language*. 2nd ed. Harlow, UK: Pearson.

Gaiman, N. 2001. *American Gods*. New York: William Morrow.

Hult, F.M. 2010. Analysis of language policy discourses across the scales of space and time. *International Journal of the Sociology of Language* 202: 7–24.

Hornberger, N.H. 2002. Multilingual language policies and the continua of biliteracy: An ecological approach. *Language Policy* 1(1): 27–51.

Jaffe, A. 2011. Critical perspectives on language-in-education policy: The Corsican example. In T. McCarty, ed., *Ethnography and Language Policy*, 205–229. New York: Routledge.

Johnson, D.C. 2011. Critical discourse analysis and the ethnography of language policy. *Critical Discourse Studies* 8(4): 267–279.

Johnson, D.C. 2013a. *Language Policy*. Basingstoke, UK: Palgrave Macmillan.

Johnson, D.C. 2013b. Positioning the language policy arbiter: Governmentality and footing in the school district of Philadelphia. In. J.W. Tollefson, ed., *Language Policies in Education: Critical Issues*, 116–136. New York: Routledge.

Kristeva, J. 1986. Word, dialogue, and novel. In T. Moi, ed., *The Kristeva Reader*, 34–61. Oxford: Basil Blackwell.

Lemke, J. 1995. *Textual Politics: Discourse and Social Dynamics*. Abingdon, UK: Taylor & Francis.

Mortimer, K. 2013. Communicative event chains in an ethnography of Paraguayan language policy. *International Journal of the Sociology of Language*, 219: 67–99.

Richardson, J.E., and Wodak, R. 2009. Recontextualising fascist ideologies of the past: Right-wing discourses on employment and nativism in Austria and the United Kingdom. *Critical Discourse Studies* 6(4): 251–267.

Saldaña, J. 2013. The Coding Manual for Qualitative Researchers. 2nd ed. Thousand Oaks, CA: Sage.

Schissel, J.L. 2009. Narrative self-constructions of Senator Ralph Yarborough in the 1967 congressional hearings on the Bilingual Education Act. *Working Papers in Educational Linguistics* 24(1): 79–99

Shohamy, E., and Gorter, D. eds. 2009. *Linguistic Landscape: Expanding the Scenery*. New York: Routledge.

Weiss, R.S. 1994. *Learning from Strangers*. New York: The Free Press.

Wodak, R., and Fairclough, N. 2010. Recontextualizing European higher education policies: The cases of Austria and Romania. *Critical Discourse Studies* 7(1): 19–40.

拓展阅读

Allen, G. 2011. *Intertextuality*. 2nd ed. Abingdon, UK: Routledge.

Bakhtin, M.M. 1986. *Speech Genres and Other Late Essays*. Austin: University of Texas Press.

Fairclough, N. 2010. *Critical Discourse Analysis: The Critical Study of Language*. 2nd ed. Harlow, UK: Pearson.

Johnson, D.C. 2013. *Language Policy*. Basingstoke, UK: Palgrave Macmillan.

Lemke, J. 1995. *Textual Politics: Discourse and Social Dynamics*. Abingdon, UK: Taylor & Francis.

第16章　语言意识形态分析

阿德南·阿杰西克，玛丽·麦克罗蒂

16.1 引言

作为语言学术研究中公认的分支领域，语言意识形态研究直到 20 世纪最后 20 年才开始出现，尽管在此之前已有一些有影响力的学术前辈，但该研究领域"在很大程度上仍在建设中"（Blommaert 2006：510）。它在当代的出现通常可以追溯到迈克尔·西尔弗斯坦（Michael Silverstein）的研究，特别是他 1979 年的开创性论文《语言结构和语言意识形态》（Silverstein 1979）。不过，正如西尔弗斯坦（Silverstein 2000）本人所指出的那样，20 世纪早期美国的人类学家和语言学家确实考虑过语言意识形态问题，但他们很快就认为这无关紧要。克罗斯克立蒂（Kroskrity 2004）简述了 20 世纪结构主义在人类学和语言学中忽视语言意识形态的历史，指出交际民族志（ethnography of communication）和互动社会语言学（interactional sociolinguistics）领域的研究影响了后来的语言意识形态研究。语言意识形态在 20 世纪的大部分时间里，相对来说被忽视（德博格兰德 [de Beaugrande 1999：260] 将其归因于"科学主义"，并将语言意识形态定义为"一种大众化的意识形态 [……]，认为只有科学知识才是真实有效的"），这意味着对于该话题目前还没有出现唯一的核心文献，尽管人们已经开始围绕语言人类学对该话题进行整合（参见 Blommaert 1999；Gal and Woolard 2001；Kroskrity 2000；Schieffelin et al. 1998；Blackledge and Pavlenko 2002；Duchêne and Heller 2007；Ricento 2000；以及应用语言学和社会语言学文集 [Johnson and Milani 2010] 对这一主题的探索）。

16.2 提出研究问题

语言意识形态研究对语言政策与规划的重要性或许最能体现在语言政策三分法的概念中，即语言实践、语言管理和语言意识形态（Spolsky 2004，2009），以及将语言政策视作隐性意识形态的体现（Shohamy 2006）。语言意识形态的一个基本的、普遍认同的定义是关于语言的一系列信念（想法或概念）。虽然可以在语言实践和各个领域的各种管理工作中识别出语言意识形态，但尤其有意思的是调查管理者能够在多大程度上影响（以及如何影响）整个言语社区的语言意识形态状况。这是因为言语社区内任何领域的任何管理或政策，其成败在很大程度上取决于它们与社区内主流语言意识形态的一致性。

由于学科间不同的研究传统，也因为该领域的理论和方法论尚处于初级阶段，目前有关语言意识形态问题的研究陈述并非总是明确的，而是比较隐晦甚至难以确定的。当然，此类问题应尽量避免。在当前的研究中，对于语言态度和语言意识形态在民族主义身份建构和再现中的作用仍然是关键（Fitzsimmons-Doolan 2011；Fleischer 2007；O'Rourke and Ramallo 2013；Vessey 2013）。其他的研究贡献还涉及公共机构在语言意识形态产生中的特定作用（Spitulnik 1998），以及与全球化有关的问题，例如在经济新自由主义、政治正确性和宗教激进主义的意识形态话语中操纵语言（de Beaugrande 1999；Johnson and Suhr 2003；Salama 201），以及移民和跨国流动社群（Baker et al. 2008）。

当然，确定研究问题的方法可能大相径庭，但我们可以从中看到一些主要趋势。早期研究更多依赖于民族志和历史学方法以及各种形式的话语分析，倾向于提出两类问题。因此，基于民族志和历史学分析的研究提出了以下宏观层面的问题：语言意识形态的结构是什么？语言意识形态（对政治、研究）的影响是什么？（Irvine and Gal 2000）语言、民族和国家的意识形态是如何相互联系的，它们与社会语言学实践又是如何联系的？（Heller 1999）另一方面，基于话语分析的研究更多倾向于关注微观层面或局部问题，它们提出以下问题："自由"及其衍生词"自由主义"和"自由化"有哪些话语韵律（和意识形态）？（de Beaugrande 1999）在 1992 年巴塞罗那奥运会期间，语言意识形态在加泰罗尼亚民族主义和西班牙民族主义冲突中扮演着什么角色？（DiGiacomo 1999）然而，布洛马特和维索尔伦（Blommaert and Verschueren 1998）依赖话语分析却提出了宏观层面的问题（语言在当前民族主义意识形态中的具体作用是什么？意识形态研究的适当方法是什么？），而贾菲（Jaffe 1999）利用民族志提出当地的以及更多全球性问题（科西嘉岛语言规划者使用的策略背后的意识形态基础是什么？他们的语言意识形态如何根植于欧洲和法国的政治经济？）。

与此相反，近期的研究更倾向于共时导向（即当前的）、本地化和基于文本的研究，它们越来越依赖混合方法，这种设计结合了各种语料库语言学技术，如关键词和搭配分析以及批评话语分析。在近期的研究中，研究问题的例子包括：英美和德国关于"政治正确性"的论述有哪些相似之处和不同之处？（Johnson and Suhr 2003）在英国媒体上，难民、寻求庇护者、移民的常见代表类别是什么？哪些文本具有代表性？（Baker et al. 2008）加拿大语境能否为跨语言语料库辅助话语研究（CADS）提供一个有用的场景？跨语言语料辅助话语研究如何揭示加拿大报纸中的语言意识形态？（Freake 2011）

有趣的是，尽管意识形态的定位问题（Woolard and Schieffelin 1994）对于语言意识形态的识别和解释至关重要，但迄今，现有研究在很大程度上未能提出综合性的解释，以探究和比较来自生产（或再生产）不同意识形态场所的数据（参见 Blackledge 2005；Jaffe 1999；Vessey 2013）。最近一些研究主要采用民族志方法，表明紧张关系可能源于机构语言政策和实践之间的差异以及它们对所服务语言的影响（或缺乏影响）。研究的典型焦点是教育（Figueroa 2013）和医疗卫生领域（Martínez 2008）。语言意识形态、管理和实践之间的联系较少受到关注，它们属于政府支持、监督或监管之外的个人和社会行为领域，在某种程度上是地区和国家所特有的。巴尔道夫（Baldauf 2005）表明，关注语言规划（例如企业、工人或教育、宗教组织的语言规划问题）的研究生提出了重要的见解。对语言意识形态感兴趣的人可以关注类似的"微观语言规划"焦点，以进一步探究围绕与语言相关的信仰的话语。在宗教领域，研究可以涉及语言的方方面面，例如用于祈祷、祭祀的口头和书面语言，或是其他一些相关场所使用的福传，探索宗教官员及其信徒对特殊词汇或术语在演讲、歌曲或写作中的特殊使用，或在吸引潜在新成员时使用的语言。对于企业，最受欢迎的研究问题可能是消费者反应和销售中与语言相关的信念和行为（例如代码选择、新术语或日常词汇的新内涵）之间的可能联系。（注意：研究宗教或商业实体时，如果相关语料被认为是专有的，研究人员可能会遇到可及性的问题。）同时，来自各种社交媒体以及学术来源的丰富可用的公共数据可以提供一个机会，以更综合、更具创新性的视角来考虑和比较不同层次话语的意识形态（再）生产场所。

16.3 可行性与场景选择

与许多其他领域相比，与语言政策与规划相关的语言意识形态研究必须从一开始就考虑到可行性。可行性问题需要考虑语料是否与该主题匹配，接触此类数据的便利性，数据收集和分析的成本（在财务和时间方面），以及调查人员对恰当分析技术的了解程度。独自进行研究的新手研究人员面临的困难可能与来自较大研究团队的研究人员不同。有时，研究人员可能有个人关系，能较为方便地进入一个研究场所，这可能包括（或不包括）允许使用那里的机构随机收集的数据（如学生出勤或成绩记录；讨论聘用或甄选人员的委员会或小组；员工人数统计数据）。研究者需要与导师（如论文指导教师）和多个知识渊博的人在现场进行明确、反复的协商；研究人员必须愿意完善研究方案，重新调整重点，有时需要修改其最初的主题，有时还需要改变研究方法，以反映他们面临的可能性和制约因素。一些传统、规范的研究场所会要求对研究程序进行正式审查以保护研究参与者，研究者必须遵守所有相关的指导原则。当研究者通过文本（政治或宗教演讲、报纸话语、立法和其他政府文件或出版物、教科书）对意识形态进行调查时，调查人员必须具备必要的语言和文化理解能力，以了解各种文本类型在上下文中所表示的含义。

　　现有研究在很大程度上是跨学科的，可以大致分为三大主题焦点：语言意识形态和语言教育（例如 Hornberger and McKay 2010），语言意识形态和身份、种族和民族主义（如 Kroskrity 2000），语言意识形态和社会正义（如 Blackledge and Pavlenko 2002）。然而，应该注意的是，这些主题往往是重叠的。例如，语言教育政策可能对种族和民族身份以及社会正义产生影响（如 Lippi-Green 2007）。理论和方法论的取向同样是异质的。

　　尽管存在理论和方法上的异质性，但即使我们粗略地看一眼现有的文献，也会发现它们严重依赖现成的文本材料，尽管这种情况在侧重于语言意识形态和语言教育的研究中要少得多，此类研究基于调查、观察语料（如语音记录）和定量工具（如那些与变语配对技术和态度／动机测量相关的工具）以及在印刷教学材料和政策文件上的语料。因此，语言意识形态研究中语境的选择在很大程度上取决于研究的主题焦点。在语言意识形态和语言教育的研究中，典型环境包括课堂和课堂之外的教育环境，如学区或大学院系（相关概述见 McGroarty 2010），而对于语言意识形态与身份、种族和民族主义以及社会正义方面的研究，则更多地依赖政治架构语境（如国家或地区和地方实体，一些研究采用跨国比较的方法）。此外，与教育背景下的研究不同，另外两个焦点的研究强烈偏好文本资料，如报纸话语和官方政策文件语料库或特定制度背景下各种体裁的历史文件（如

Ricento 2003）。

　　不论主题焦点和方法取向（即定性、定量或混合方法）如何，大多数对于语言意识形态的研究都被限制于这样或那样的机构背景。导致这一现象的主要原因为语言意识形态是社会认知的现象，作为主要的话语节点（无论是文化、政治、教育或宗教）更有可能包含意识形态的痕迹，并对其再现产生影响。只关注机构背景的一个主要问题是，它们往往由官方的、自上而下的话语和意识形态所支配，通常排除了可能会挑战或复杂化官方话语（和政策！）的自下而上的过程，甚至表现出反霸权的意识形态。因此，更多的研究需要关注更有可能显示出非官方或另类话语和意识形态痕迹的语境，例如，（底层民众的）语言激进主义（Jaffe 1999）、在线读者评论（Vessey 2013）、网络空间讨论（即网上论坛和社交网络，如 Johnson et al. 2010），以及多语种教育环境（Johnson 2010）。然而，这里需要注意的是：尽管匿名在线交流具有（通常是可疑的）优势，即不受面对面交流的许多限制（除了易于访问之外），因此可以洞察某些缺乏实用主义考虑的态度和信念，但此类数据的代表性总是存在问题，因此必须谨慎对待，并尽可能与其他来源的数据进行三角验证。

16.4　数据收集和分析方法

　　语言意识形态研究可以是定性或定量的，包括调查、问卷调查、观察语料，以及以教学材料、官方政策文件、报纸和其他媒体话语、历史文献为形式的语料。除此之外，相对来说受到较少关注的语料类型包括在实验条件下产生的文本（Wallis 1998）、广播媒体中不同语言的时间分配（Hult 2010；Spitulnik 1998）以及通过焦点小组获得的数据（O'Rourke and Ramallo 2013）。由于篇幅的限制，无法讨论收集和分析所有数据类型的方法。因此我们将讨论限制在两种最常用的数据类型——调查和报纸话语及其相关的分析方法。

语言相关意见调查

　　调查是一种结构化的心理测量手段，要求被调查者对一组描述进行评级或对一组陈述进行选择。自 20 世纪 60 年代以来，此类调查就被用于识别和探索与语言相关的态度，尽管调查技术在各种社会科学研究中已有超过一个世纪的历史。在北美的研究传统中，"调查"一词往往意味着一种标准化的手段——常常包括代表不同构念的子量表——它基于陈述或问题，参与者在不同的级别中打分。该方法通常与语言态度研究有关。另一方面，"问卷调查"一词往往意味着一种更开放的手段，要求被调查者报告或详细说明他们的个人经历，作为个人访谈或观察的补充，或代替个人访谈或观察。这种方法在语言人类学中更为典型。在社会心理学中，"调查"往往要求先进行试点调查和分析，并使用定量方法来评估信度和效度；在民族志或社会学的某些分支中，"调查问卷"可以用于更定性的研究，但也可能不以这种方式进行。然而，这两个术语（questionnaire 和 survey）经常可以互换使用，研究人员也会因此意识到，对于某些受众来说，术语的选择可能会引发他们未曾预料到的方法论要求。

社会心理学对语言态度的典型焦点与语言人类学家的关注点之间有惊人的相似之处，但却很少得到承认（McGroarty 2010：10–15）。虽然社会心理学家最初开发这类调查是为了研究可能影响学习者坚持并成功习得第二语言的个体差异。近期使用这些研究工具的调查反映了对社会语境模型发展的关注，该模型检查了认同第一或第二语言社区的倾向，寻求与第二语言使用者的联系，以及使用第二语言媒介的倾向（Rubenfeld et al. 2006）。调查研究也被用来识别英国人对不同英语口音的态度（Coupland and Bishop 2007），以及比较中国香港中学生对粤语、普通话和英语的态度。

许多基础研究文本（如 Babbie 2008）提供了调查研究的处理方法，并就设计、实施和结果解释提供了有用的建议（又见 Palvianinen and Huhta，本书）。关于标准化调查工具的基本考虑因素包括措辞的清晰性、试点调查的必要性以及数据的有效性和可靠性。调查需要注意抽样问题，即为了代表相关人群，需要征询多少人的意见或可以征询多少人的意见？应该如何选择他们（是随机抽样，还是目的抽样，或是方便抽样）？调查结果需要通过统计技术进行分析，其中包括基本的描述性结果，也可能包括推断统计和通过相关性等数学关系来确定模式。同样，指导调查研究的方法论传统可能需要制定并遵守基于数学的抽样计划。另外，在应用语言学、教育人类学和定性社会学流派（如会话分析）的许多小规模研究中，研究人员通常使用的实际上是方便样本。在以上这些传统中，问卷可以作为观察数据或录音语料的补充。

报纸话语分析

报纸话语可能是语言意识形态研究中最常用的语料类型，尤其是在教育实践领域以外的研究中。相对于其他潜在的数据来源，报纸和其他印刷媒体（如杂志）之所以受到相对重视有几个原因。首先，或许也是最重要的原因是，"报纸是意识形态生产的自觉场所"（DiGiacomo 1999：105）以及"各种社会行动者之间语言意识形态辩论的关键场所"（Ensslin and Johnson 2006：155；另见 Rickford，本书）。其次，尽管报纸在新媒体（如电视、互联网）面前节节败退，但在全球大多数社会中，报纸仍然具有影响力，以越来越容易获取和操作的形式（即电子文本）提供丰富的信息。第三，由于新闻话语组织策略在不同的报纸，甚至语言之间存在着相对相似性，报纸数据允许基于独立变量（如政治派别和 [民族] 国家认同）对话语和意识形态进行有效的共时比较。第四，报纸格式在不同时间的相对恒定性使同样有效的历时比较成为可能，这在展示话语和意识形态随时间变化的性质及其与所处文化、社会和经济条件的对话关系方面特别有用。

虽然语言意识形态可以是显性或隐性的，但隐性语言意识形态很难自动识别。因此，在识别报纸语言意识形态时，目前使用的大多数混合方法都依赖其明确的词汇表现形式。因此，第一步是基于文献、初步分析或研究者直觉，确定少量的核心搜索词或概念（例如，语言、语言学、单语等），以选择纳入主要或节点语料库中的文本。一旦完成对选定出版物和时间框架中核心术语的电子搜索，即可将识别的文本下载或复制到研究人员的计算机上。虽然生成的语料库可以像语料库语言学中常见的那样，用各种附加信息进行有用的注释和标记，但基于语料库的语言意识形态研究主要依赖于词汇单元的频率和分布模式，因此通常依赖于原始语料库（见 Fitzsimmons-Doolan，本书）。

16.5 案例研究

自 1991 年南斯拉夫解体以来，语言一直是其前组成国家和新独立国家之间身份建构和意识形态争论的主要场所。最近，在 2013 年夏季，波黑发生了一场与语言政策相关的语言意识形态辩论，辩论的焦点是民族语言身份和国家人口普查中被问及的通用语言名称（2013 年 10 月）。虽然这两个问题都已由该国宪法合法解决了，但仍存有争议，因此成为政治操纵的沃土。接下来，我们简要介绍一个案例研究，以分析主流语言意识形态在民族认同建构和语言决策过程中的作用。

关于社会重要问题的公开辩论有多种形式，但出于上述原因，报纸话语为研究主流公共话语中的意识形态提供了特别合适和方便的语料来源。然而，报纸话语只是意识形态（再）生产的众多场所之一，已有研究普遍认为意识形态是矛盾的，而且往往只是部分地被社会主体内化。因此，重要的是探究和比较不同话语意识层次的意识形态（再）生产的显性和隐性表现，它们可能会显示两种话语间的对比（即专家意见与普通公众意见），而报纸话语通常代表着两者之间的一种中间地带。为了实现这一点，我们对比了报纸、专家和普通公众话语中语言意识形态的词汇表现形式，包括语言政策和民族认同。

这个过程的第一步是编译各种节点和参考语料库。因为这里的重点是主流意识形态，所以只考虑发行量最高的报纸和杂志。报纸文集是从波斯尼亚在线数字媒体档案下载的相关文章编辑而成的。除此之外，还使用基于 Python 程序编译的两个较小的语料库，一个包含专家对语言政策问题的意见报告或专家自己编写的意见片段，另一个包含在线论坛中用户关于语言政策问题的讨论帖子。

分析分为两个阶段进行：定量和定性。由于篇幅所限，这里仅讨论定量阶段。该阶段包括以下步骤：

（1）使用 WordSmith 工具（WST；Scott 2012）自动进行关键词分析。

（2）根据共享属性如参考类别或领域（例如人口普查、教育），将选择进一步分析的关键词分组到语义场中。

（3）使用 WordSmith 工具对"语言"一词进行搭配分析。

（4）基于一致性分析，筛选出并列搭配词表，并排除以下情形：(a) 所有功能词，除了人称代词和物主代词，这些代词有助于识别话语策略，以构建内外群体（Wodak and Meyer 2001）；(b) 所有与语言意识形态无关的词项。

（5）一旦确定了所有潜在的有趣搭配，它们也被分组到语义场中，这些语义场在很大程度上对应于通过关键词分析识别出的语义场。

研究结果表明，尽管每个话语场所（报纸、专家和普通公众话语）都展示了一组基于词汇模式的特征语义场，但这三个场所都共享与命名变体、民族身份以及内外群体构建相关的语义场。如果我们将语义场作为语篇的指标，它们的模式化表明存在大量与语言相关的话语及其相关的语言意识形态。例如，整个语料库中最突出的语义场是"语言"场，其中包括提及命名变体的词汇项（例如波斯尼亚语、塞尔维亚语、英语等）。从这些所指的一致性来看，它们都参考了可能是离散的、命名的、标准化的变体，这些变体显然被认为是指类似划分的（民族）国家身份，这里最广泛传播的话语是本质主义（essentialist）话语，它认为"'语言'和'身份'的内容及其标志性关系 [……] 是固定的、归因的、自然的和毋庸置疑的"（Jaffe 2007：58）。

除了识别和分析这场辩论中的主流语言意识形态，这项研究还试图找出语言管理者，特别是他们成功的证据。更仔细的分析发现，主要的语言管理者似乎是政治家和宗教权威，这对于一个名义上的非宗教国家来说有点令人惊讶。基于这些证据我们预测，那些作为语言管理者且对种族政治感兴趣的政治家和宗教人物，通过对语言意识形态的话语复制，在追求有利于他们利益的语言政策方面取得了相当大的成功。衡量这种管理成功或失败的一个方法是将人口普查的结果（即民主认可的政策）与上述管理人员所支持的意识形态立场进行比较。初步的人口普查数据显示，这两者之间存在高度相关性。这证实了语言意识形态的研究有助于我们理解语言政策与规划；意识形态代表了政策基础，因为政策的表述（可能还有其最终的接受程度和影响，尽管这些也可能反映出多个其他因素）取决于它与主流意识形态的一致性。

总的来说，研究语言政策中明示或隐含的语言意识形态的方法来自多种研究传统。鉴于意识形态的抽象本质，这种方法上的多样性并不奇怪。研究人员在设计相关调查时，最好认识到这里讨论的方法的潜力和相关权衡。

参考文献

Babbie, E. 2008. *The Basics of Social Research,* 4th ed. Belmont, CA: Thomson.

Baker, P., Gabrielators, C., Khosravinik, M., Krzyzanowski, M., McEnery, T., and Wodak, R. 2008. A useful methodological synergy? Combining critical discourse analysis and corpus linguistics to examine discourses of refugees and asylum seekers in UK press. *Discourse & Society* 19(3): 273–306.

Baldauf, R., Jr. 2005. Micro language planning. In P. Bruthiaux, D. Atkinson, W.

Eggington, W. Grabe, and V. Ramanathan, eds., *Directions in Applied Linguistics: Essays in Honor of Robert B. Kaplan*, 227–239. Clevedon, UK: Multilingual Matters.

Blackledge, A. 2005. *Discourse and Power in a Multilingual World*. Amsterdam: John Benjamins.

Blackledge, A., and Pavlenko, A., eds. 2002. Language ideologies in multilingual contexts. *Multilingua* 21(2/3). (Special issue.)

Blommaert, J., ed. 1999. *Language Ideological Debates*. Berlin: Mouton de Gruyter.

Blommaert, J. 2006. Language ideology. In B. Keith, ed., *Encyclopedia of Language and Linguistics*, 510–522. Boston: Elsevier.

Blommaert, J., and Verschueren, J. 1998. The role of language in European nationalist ideologies. In B.B. Schieffelin, K.A. Woolard and P.V. Kroskrity, eds., *Language Ideologies: Practice and Theory*, 189–210. New York: Oxford University Press.

Coupland, N., and Bishop, H. 2007. Ideologised values for British accents. *Journal of Sociolinguistics* 11(1): 74–93.

de Beaugrande, R. 1999. Discourse studies and the ideology of "liberalism". *Discourse Studies* 1(3): 259–295.

DiGiacomo, S.M. 1999. Language ideological debates in an Olympic city: Barcelona 1992–1996. In J. Blommaert, ed., *Language Ideological Debates*, 105–142. Berlin: Mouton de Gruyter.

Duchêne, A., and Heller, M., eds. 2007. *Discourses of Endangerment: Ideology and Interest in the Defence of Languages*. London: Continuum.

Ensslin, A., and Johnson, S. 2006. Language in the news: Investigating representations of "Englishness" using WordSmith Tools. *Corpora* 1(2): 153–185.

Fitzsimmons-Doolan, S. 2011. Identifying and describing language ideologies related to Arizona Educational language policy. Doctoral dissertation, Northern Arizona University. Available from ProQuest Dissertations and Theses Database. (UMI No. 3467048)

Fleischer, A. 2007. The politics of language in Quebec: Language policy and language ideologies in a pluriethnic society. Doctoral dissertation, Georgetown University.

Freake, R. 2011. A cross-linguistic corpus-assisted discourse study of language ideology in Canadian newspapers. Paper presented at the Corpus Linguistics Conference, Birmingham, UK. Available from http://www.birmingham.ac.uk/documents/

college-artslaw/corpus/conference-archives/2011/Paper-17.pdf (accessed December 15, 2014).

Gal, S., and Woolard, K.A., eds. 2001. *Languages and Publics: The Making of Authority.* Manchester: St. Jerome.

Heller, M. 1999. Heated language in a cold climate. In J. Blommaert, ed., *Language Ideological Debates*, 143–172. Berlin: Mouton de Gruyter.

Hornberger, N.H., and McKay, S.L., eds. 2010. *Sociolinguistics and Language Education.* Bristol: Multilingual Matters.

Hult, F.M. 2010. Swedish television as a mechanism for language planning and policy. *Language Problems and Language Planning* 34(2): 158–181.

Irvine, J.T., and Gal, S. 2000. Language ideology and linguistic differentiation. In P.V. Kroskrity, ed., *Language Regimes: Ideologies, Polities, and Identities*, 35–83. Santa Fe: School of American Research Press.

Jaffe, A. 1999. *Ideologies in Action: Language Politics on Corsica.* Berlin: Mouton de Gruyter.

Jaffe, A. 2007. Discourses of endangerment: Contexts and consequences of essentializing discourses. In A. Duchêne and M. Heller, eds., *Discourses of Endangerment: Ideology and Interest in the Defence of Languages*, 57–75. London: Continuum.

Johnson, D.C. 2010. Implementational and ideological spaces in bilingual education language policy. *International Journal of Bilingual Education and Bilingualism* 13(1): 61–79.

Johnson, S., and Milani, T.M., eds. 2010. *Language Ideologies and Media Discourse: Texts, Practices, Politics.* London: Continuum.

Johnson, S., Milani, T.M., and Upton, C. 2010. Language ideological debates on the BBC "Voices" website: Hypermodality in theory and practice. In S. Johnson, and T.M. Milani, eds., *Language Ideologies and Media Discourse: Texts, Practices, Politics*, 223–251. London: Continuum.

Johnson, S., and Suhr, S. 2003. From "political correctness" to "politische Korrektheit": Discourses of "PC" in the German newspaper *Die Welt. Discourse & Society* 14(1): 49–68.

Kroskrity, P.V., ed. 2000. *Language Regimes: Ideologies, Polities, and Identities.* Santa Fe: School of American Research Press.

Kroskrity, P.V. 2004. Language ideologies. In A. Duranti, ed., *A Companion to Linguistic Anthropology*, 496–517. Malden, MA: Blackwell Publishing.

Lippi-Green, R. 2007. *English with an Accent: Language, Ideology, and Discrimination in the United States*. London: Routledge.

Mangual Figueroa, A. 2013. Citizenship and language education policy in an emerging Latino community in the United States. *Language Policy* 12(4): 333–354.

Martínez, G. 2008. Language-in-healthcare policy, interaction patterns, and unequal care on the US–Mexico border. *Language Policy* 7(4): 345–363.

McGroarty, M. 2010. Language and ideologies. In N. Hornberger and S.L. McKay, eds., *Sociolinguistics and Language Education*, 3–39. Bristol: Multilingual Matters.

O'Rourke, B., and Ramallo, F. 2013. Competing ideologies of linguistic authority amongst new speakers in contemporary Galicia. *Language in Society* 42(3): 287–305.

Ricento, T., ed. 2000. *Ideology, Politics and Language Policies: Focus on English*. Philadelphia: John Benjamins.

Ricento, T. 2003. The discursive construction of Americanism. *Discourse & Society* 14(5): 611–637.

Rubenfeld, S., Clément, R., Lussier, D., Lebrun, M., and Auger, R. 2006. Second language learning and cultural representations: Beyond competence and identity. *Language Learning* 56(4): 609–632.

Salama, A.H.Y. 2011. Ideological collocation and the recontextualization of Wahhabi-Saudi Islam post-9/11: A synergy of corpus linguistics and critical discourse analysis. *Discourse & Society* 22(3): 315–342.

Schieffelin, B.B., Woolard, K.A., and Kroskrity, P.V., eds. 1998a. *Language Ideologies: Practice and Theory*. New York: Oxford University Press.

Scott, M. 2012. WordSmith Tools. Liverpool: Lexical Analysis Software.

Shohamy, E. 2006. *Language Policy: Hidden Agenda and New Approaches*. New York: Routledge.

Silverstein, M. 1979. Language structure and linguistic ideology. In R. Clyne, W. Hanks, and C. Hofbauer, eds., *The Elements: A Parasession on Linguistic Units and Levels*, 193–247. Chicago: Chicago Linguistic Society.

Silverstein, M. 2000. Whorfianism and the linguistic imagination of nationality. In P.V. Kroskrity, ed., *Language Regimes: Ideologies, Polities, and Identities*, 85–138.

Santa Fe: School of American Research Press.

Spitulnik, D. 1998. Mediating unity and diversity: The production of language ideologies in Zambian broadcasting. In B.B. Schieffelin, K.A. Woolard, and P.V. Kroskrity, eds., *Language Ideologies: Practice and Theory*, 163–188. New York: Oxford University Press.

Spolsky, B. 2004. *Language Policy*. Cambridge: Cambridge University Press.

Spolsky, B. 2009. *Language Management*. Cambridge: Cambridge University Press.

Vessey, R. 2013. Too much French? Not enough French? The Vancouver Olympics and a very Canadian language ideological debate. *Multilingua* 32(5): 659–682.

Wallis, D.A. 1998. Language, attitude, and ideology: An experimental social-psychological study. *Journal of Pragmatics* 30: 21–48.

Wodak, R., and Meyer, M., eds. 2001. *Methods of Critical Discourse Analysis*. London: Sage.

Woolard, K.A., and Schieffelin, B.B. 1994. Language ideology. *Annual Review of Anthropology* 23: 55–82.

拓展阅读

Blackledge, A., and Pavlenko, A., eds. 2002. Language ideologies in multilingual contexts. *Multilingua* 21(2/3). (Special issue.)

Blommaert, J., ed. 1999. *Language Ideological Debates*. Berlin: Mouton de Gruyter.

Schieffelin, B.B., Woolard, K.A., and Kroskrity, P.V., eds. 1998. *Language Ideologies: Practice and Theory*. New York: Oxford University Press.

第 17 章　语言态度与语言政策关系研究

阿萨·帕维亚宁，阿里·胡塔

17.1 引言

态度深深地植根于人类的思想之中，相当普遍，且抗拒变化。态度被定义为"一种心理倾向，通过评价一个特定实体来表达某种程度的好恶"(Eagly and Chaiken 1993：1)。态度很少是理性考虑事实的产物，而是对特定目标的评价性和主观反应 (Dörnyei and Taguchi 2010)。它们也是人类行动和行为背后的重要驱动力。态度的普遍性及其对人类行为和意识形态形成的强大影响使其成为语言政策与规划的重要研究对象。个人、言语社区和政策制定者对某一目标 (如某一语言、语言立法和政策或某一种族群) 的态度可能会对语言及其使用者地位、政策实施、语言振兴，甚至语言消亡等重要问题产生广泛的影响。

态度可以用不同的方式进行研究，本章将集中讨论定量调查研究方法。更具体地说，我们将介绍使用书面问卷和态度量表作为绘制和测量特定人群态度的手段。这些方法建立在这样一种观点上：一个庞大人口的特征、行为和态度可以通过仅从该人群的一小部分人口中收集问卷来测量、描述和分析 (另见本书周明朗章节)。这种方法论根植于社会心理学，其中对态度的研究可以追溯到 20 世纪 20 年代。从这种心理—社会传统中衍生出来的态度量表和模型被用于各种研究领域，包括教育、心理学、社会学以及市场研究。

17.2 提出研究问题

首先，必须花足够的时间和精力拟订研究问题 (见文本框 17.1)，因为问题对于确定如何设计问卷以及如何进行数据收集和分析具有决定性作用。研究者需要明确的最基本的问题是：在人群 Y 中，X 将针对哪个目标 Z 检查哪些特定的态度？态度 Z 的可能目标可以是"对语言群体……语言本身，对其特征、用途或文化关联，学习一门语言……提供语言，对语言政策，或对语言实践"(Baker 2006：213–214)。研究人员通常已经决定了要检查哪一个群体 Y（例如某个国家年幼听障儿的父母），但必须确定消极或积极态度 X 的确切目标 Z（例如对听障儿的不同教育和支持替代方案）。在某些情况下，出发点是对某一目标（如人工耳蜗植入物）的态度，然后是选择一个群体（听力障碍人士／拥有正常听力的成年人／青少年／父母／教师／决策者）。这两种方式都是可以接受的。

其次，研究问题总是处于一个特定的语境中，因此研究者也需要考虑：为什么这个主题对调查很重要？这与研究者最初为何对这个问题感兴趣有关。这个问题是当前语言意识形态的辩论、政策实施、新的语言实践，还是一种濒危语言的状态？如果是的话，为什么这是一个问题？前人的研究或理论是否有需要填补的空白；如果有的话，如何填补？还应考虑使用书面问卷进行调查是否为解决这一问题的最佳方法，如果是的话，原因何在？重要的是，语言态度也可以使用其他方法来考察，如民族志访谈（如 King and Fogle 2006）或实验设计，如变语配对测试法（matched guise tests）（Garrett 2010）。

制定研究问题的第三个重要步骤是：作为一个研究者，我的动机是什么？我想要达到什么目的？其动机可能是通过描述一种现象来理解它（"这是人群 Y 中对目标 Z 的态度 X"）或解释它（"人群 Y 中对目标 Z 的态度 X 与年龄、性别、种族等因素在统计上相关，并且可以通过这些因素来解释"）。在这个阶段，需要考虑的是，研究者想要获得什么样的结果，以及潜在的结果会告诉我们什么。

文本框 17.1 制定研究问题时应考虑的问题

- Y 组对目标 Z 的态度 X 是什么？
- 为什么调查（通过使用问卷调查）这一点很重要？
- 作为一名研究人员，我的动机是什么？我想要实现什么？

17.3 选择研究场景

在制定了研究问题之后，需要进一步明确研究的脉络。在这一阶段，必须考虑各种方法和实际问题。这些步骤相互重叠并相互影响，如图 17.1 所示。

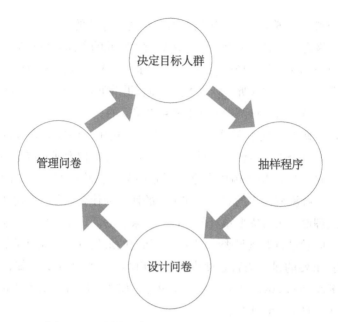

图 17.1 选择研究背景所涉相互依存的步骤

在选择研究背景时（图 17.1），总体和样本是两个关键术语。总体是你有兴趣研究的群体中的每一个人，并且你认为你的研究结果应该适用于他们。总体规模可以有很大的差异，从一个国家的所有公民到一个公共机构的所有雇员，或者一个城市的所有四年级法语学习者。通常情况下，除非总体很少，否则调查总体的每一个成员是不切实际的。相反，你必须决定你想要在调查中包含哪些成员和他们中的多少成员：这个选择过程被称为抽样。另一个考虑因素是如何管理问卷，而这反过来又影响到如何设计问卷和拟订问题。以下将进一步详细描述这些步骤。

一些研究问题和背景使得有必要在日后重复数据收集：研究问题可能涉及随着时间的推移而发生态度的变化。这方面的例子包括干预前后对目标的态度（如法语课教学实践的改变）或政策执行（如国家语言立法的改变）。在这种情况下，我们必须确定数据是纵向的，还是横向的。纵向指相同的个人样本在两个不同时间对同一调查作出的答复（例如，干预前后的法语班学生），横向指同一总体的两个不同样本在两个不同时间对调查作出的答复（例如，一个国家的公民对政策变化作出的反应）。在另一些情况下，我们需要更多类型的数据来回答某个研究问题。例如，如果研究者希望考察父母对幼儿使用多种语言的态度和孩子的语言结果之间的相关性，那么态度和语言使用量表需要辅以测量孩子语言结果的工具。

17.4 数据收集和分析方法

设计调查问卷

使用调查问卷具有明显的优势。一旦设计出一份问卷并对一组人进行测试，就可以相当迅速且经济地收集大量信息。然而，问卷及其内容必须仔细设计，最好先检查是否已经有类似主题的问卷可供直接使用（如Gardner[1985] 关于态度和动机的经典测试）。

一个问卷的研究领域可以从标题中看出。然后问卷需要给出明确说明，以便了解如何填写问卷、问卷的价值、完成问卷需要多长时间以及保密承诺。接下来是问卷项目，这是问卷最重要的部分，最后是礼貌的"致谢"。一份问卷不应超过四页，填写时间不应超过 30 分钟。

态度调查的问卷项目通常包括事实问题和态度问题。事实问题涉及被调查者的背景信息，如年龄、性别、教育程度、婚姻和社会经济状况。由于这些数据是个人数据，因此通常最好放在问卷的末尾。出于统计分析的目的，这些问题应该是有固定选项的封闭式问题，可以轻松转换为统计软件中的数据。

对于态度问题，可以使用不同的量表。如果态度涉及例如对某种语言变体或种族的情感或认知意义的，那么量表可能包括形容词对，如"现代—旧式"或"友好—不友好"（在文献中称为语义差异量表，参见例如Gardner 1985）。研究问题也可能询问调查对象的语言能力或语言习惯。在某些社会语言学量表中，问题可能是"你和你的母亲用什么语言说话？"和选项"仅用语言 X——大部分用语言 X——大约同样用语言 X 和 Y——大部分用语言 Y——仅用语言 Y"。然而，态度调查中最常见的工具是多项目量表，通常被称为李克特量表（Likert scales）。要求调查者从一些精心挑选的陈述中进行选择（例如"应向寻求庇护者提供该国主要语言的教学"）。典型的李克特量表包括五个答复选项：完全不同意——不同意——既不同意也不反对——同意——完全同意，每个选项都有一个数字（1 至5）用于打分。然而，也可以使用偶数选项，以避免调查对象总是选择中间选项。

不同的评分量表和问题类型可以甚至应该混合在一份问卷中，以创造一种多样化的感觉，并使调查对象保持警觉。然而，在这类定量研究中，应避免探索性和开放式问题；封闭式问题使研究者更容易对结果进行统计分析（关于封闭式问题类型的描述和示例，见 Dörnyei and Taguchi 2010）。力求简短明了的问题，使用简单和自然的语言，避免模棱两可或复杂的单词或句子，避免双重问题（一个问题中包含两个问题）（Dörnyei and Csizér 2012）。研究者还应该有多个针对同一个目标的问题，但措辞不同，并把重点放在略微不同的方面。这是为了避免表述不当的问题导致出现误导性回答。最后，在开始真正的数据收集前，用你的问卷进行预测研究。这可以显示问卷中的不一致或问题（例如曲解），以免在正式发放问卷后来不及作出修改。

在调查研究中，总是存在所谓的社会期望或声望偏见的风险，即"结果反映了调查对象报告的感觉或信念，而不是他们实际的感觉或信念"(Dörnyei and Taguchi 2010：8)。在研究诸如对某些语言或种族态度等敏感话题时，尤其需要注意这一潜在陷阱。另一个问题是封闭式问题只能测量严格询问的内容。事实上，调查研究一直受到批评，因为调查对象回答的是缺乏深度的非语境化问题，调查"未能深入了解被抽样人群的含义和理解"(Baker 2006：224)。这些问题表明，未来的研究需要采用混合的方法和量表来解决复杂的研究问题。人们对某个目标的态度可能是多方面的，甚至是相互矛盾的，这些复杂性也需要在未来的研究中得到更多的关注（Eagly and Chaiken 2005）。

数据收集程序

抽样有两大类：概率（或统计）抽样和非概率（或目的）抽样。概率抽样的关键特征是，每个总体的成员都有一定的、可精确计算的机会被纳入研究中；因此，可以通过数学方法估计调查结果的准确性。民意调查的结果经常被认为是准确的（例如，三个百分点的误差范围）。例如，如果一项民意调查中 65% 的受访者以特定的方式回答了一个问题，那么实际的百分比在 62% 到 68% 之间。只有在调查基于概率抽样时才能报告这种边际误差（或置信区间）。置信水平表示总体真实百分比在置信区间内的确定程度。95% 的置信水平意味着你可以 95% 确定真实百分比在特定的置信区间内。从上面的示例中，你可以 95% 确定正确的结果在 62% 到 68% 之间。相反，结果低于 62% 或高于 68% 的可能性为 5%。

概率样本有几种类型（详见 Johnson and Christensen 2008）。最直接的方法是简单随机抽样，给总体中每个成员一个数字，然后随机抽取其中一些人，比如说 300 人，进行调查。或者，也可以采取系统抽样，每隔 n 个人（例如每隔 10 个）挑选一个成员。在更为复杂的调查中（尤其是对学校的研究），研究人员可能首先对学校进行抽样调查，然后再对每个选定学校的学生进行抽样调查。

概率样本的大小取决于你对研究结果的确定程度，大多数研究人员对 95% 的置信水平表示满意。这也取决于你希望结果周围的置信区间有多宽——例如，一个、三个、五个或十个百分点。此外，人口规模也影响所需的样本量，但不是线性的，因为当总体规模大小为一万和数百万时，可以用大约相同的样本量（例如几百）获得相同的精确度。然而，在总体较少的情况下，样本量更重要。计算一个简单的随机样本所需的样本量并不复杂，可以在"创新研究系统网站"（http://www.surveysystem.com/sscalc.htm）上进行，也可以查阅研究方法书籍中的相关表格（如 Johnson and Christensen 2008：242）。

一种完全不同的抽样方法是非概率抽样或目的抽样，在这种抽样方法中，你可以根据自己的判断来选择感兴趣的群体的成员。在目的抽样中，无法计算人口中某一成员被纳入样本的机会，因此调查结果无法从统计上推广到整个人群。从总体研究中得出的结论必须建立在研究者对样本和总体特征的了解上。研究者虽然不能进行统计概括，但可以在思想、概念和理论的层面上概括研究发现（参见 Chalhoub-Deville et al. 2006）。

目的抽样是定性研究的典型方法，但也常用于较小规模的定量研究或混合方法研究。目的抽样的策略包括选择被认为是总体中非常典型的例子，或者是对总体非常重要的例子。其他方法是选择非常不同的案例来说明总体中有多大的差异，或者只选择极端的、非常不寻常的案例进行更仔细的研究（见 Johnson and Christensen 2008）。

关于人口、抽样程序和调查管理类型的决定往往是相互关联的，即考虑使用哪些方法可能最容易接触到某个总体。如果目标人群是一所学校的学生，小组管理可能是收集数据的一种好方法。在这种方法中，研究者进入教室，介绍研究并发放问卷，然后由全班学生完成。使用这一过程的应答率比较高，但需要研究人员在场，而且比较耗时。此外，纸质调查表的答复需要手动输入计算机，除非研究者使用光学可读的答复表。在线调查是一种有效且快速的方式，可以接触到大量的人。通常，你会发送电子邮件，其中包含调查问卷网址链接，或者将该链接发布在互联网讨论组或公告板上。有几种不同的软件程序可用于创建网络问卷，这些软件通常可以将结果自动输入到统计软件上，如 SPSS。在线调查的一个主要缺点是样本可能主要由自我选择的参与者（那些努力作出回应的参与者）组成。这影响了研究的有效性。最后，如果目标总体在地理上分布广泛，并且包括很少或没有计算机技能（或计算机使用能力差）的人，那么也可以使用邮寄调查，但是它的回复率往往很低。

分析问卷调查结果

调查结果分析至少包括四个阶段（见文本框 17.2）。前两个阶段——数据清理和描述性统计的计算（例如频率、平均值和标准差）——通常一起进行。必须逐个检查回复变量的分布，以检查是否存在任何数据输入错误。通常，你会发现一些受访者的反应模式不同寻常。检查所有这些"异常值"以确定是否应将其保留在数据中是很重要的，因为包含或排除此类极端情况结果可能会显著不同，尤其是在样本较小的情况下。被调查者是否在第一时间阅读了这些陈述，并作出深思熟虑的回应？他确实是一个态度明显不同的非同寻常的被调查者，还是一个懒得思考的人？

文本框 17.2 问卷数据收集和分析的检查表
- 问卷设计
  - 结构：标题，说明，测试项目（事实和态度），致谢
  - 量表：李克特量表，语义差异，社会语言学
  - 试点研究
- 抽样程序
  - 概率（统计）抽样或非概率（目标）抽样
- 问卷管理
  - 团体、在线或邮寄问卷
- 结果分析
  - 数据清理
  - 描述性统计的计算
  - 量表属性分析
  - 与背景变量相关的量表分数分析

至于第三阶段，分析态度量表的属性：如果你使用一份以前验证过的问卷，且你的答题者与问卷被验证过的答题者足够相似，那么它应该相对有效。然而，重要的是要检查它是否也适用于你的研究。研究者需要进行信度分析并计算系数 α （也称为科隆巴赫系数），例如可以用 SPSS 检查量表内部一致性。信度分析揭示了哪些语句彼此紧密相关，而哪些语句和其他语句的共同点较少，这表明它们与其他语句的相关性较低。你可以决定删除相关性很低的语句，你的量表也可以测量多个结构（例如，态度类型）。如果你有大约 100 名或更多的受访者，可以使用更强大的分析，如探索性因子分析或主成分分析（De Vellis 2012）来检查量表的属性，例如它测量的态度维度的数量。你也可以进行基于项目反应理论的分析，因为它们可以提供关于陈述和量表更详细的信息（见 Bond and Fox 2007；DeVellis 2012）。

作为一种测量工具，问卷的质量必须首先进行检验，这可以确保所有陈述都可以正常使用，同时所有预期维度都得到了测量。之后，研究者可以继续进行分析，这通常是研究中最有趣的部分。在第四阶段，研究者会分析量表得分与一些背景变量的关系，即检查受访者的某些特征是否与你所测量的态度有关。分析不同性别或国籍的受访者是否具有不同的态度，或者他们的态度是否与年龄、种族、语言水平或教育水平有关，这些都可能是很有趣的问题。

17.5 案例研究

在实施和评估语言政策和语言法律时，一个基本的考量因素是被影响者的态度。本文介绍的调查于 2006—2007 年进行，旨在考察说芬兰语的大学生对瑞典语的态度以及芬兰强制学习瑞典语的情况（Jauhojärvi Koskelo and Palviainen 2011；Palviainen 2010）。《芬兰宪法》（文本编号 731/1999，第 17 款）宣布芬兰语和瑞典语均为具有同等地位的民族语言。虽然在芬兰只有 5.3% 的人口注册说瑞典语（2013 年芬兰官方统计数据），而说芬兰语的人口大约占 90%，但说芬兰语的学生必须在初中、高中和大学学习瑞典语（就像说瑞典语的学生必须学习芬兰语一样）。两种民族语言同时作为学校必修课有时会引发紧张局势，并在媒体上引起许多讨论。在二十一世纪初，芬兰采取的一些政治措施（例如修订 1922 年《语言法》并将瑞典语定为芬兰大学入学考试的选修科目）影响了大学的瑞典语教学，这些措施是进行这项调查的原因。

　　该调查的目标人群是芬兰所有需要学习瑞典语的芬兰语大学生。调查采用非概率抽样法：在 2006 年秋季学期和 2007 年春季学期，研究人员对芬兰一所中等规模大学中所有必修瑞典语的芬兰语学生进行了调查。该大学位于芬兰中部，有七个学院都提供特定学科的瑞典语课程。研究采用分组发放问卷的方法，研究者出席了所有课程的第一堂课，介绍研究目的，并收集纸质问卷。共有 776 名学生填写了问卷，答复率很高（未答题人数不到 10 人）。

　　问卷共三页。第一页是一封说明信，介绍了研究目的、伦理问题和研究人员的联系方式。第二页有一些事实性问题，研究人员想测试一些关于背景变量和表达（积极和消极）态度之间的相关性假设。事实性问题是封闭式的，有固定的备选方案，涉及性别、年龄、大学学习领域、教育背景、受试者瑞典语的最新成绩、语言使用习惯以及学生在芬兰的成长地点。第三页由 19 个态度陈述组成，采用五点李克特量表，要求调查对象填写同意或不同意的程度（见图 17.2）。

　　这些陈述（原问卷中以芬兰语呈现，在此进行翻译）旨在考察对两个主要目标的态度：瑞典语（必修）学习（包括他们当时开始学习的大学课程）（陈述 1、3 和 5），以及他们认为在未来的职业中需要瑞典语的程度（陈述 2 和 4）。这些陈述的侧重点略有不同（例如，陈述 1 和 4 侧重于大学必修课，陈述 2、3 和 5 侧重于一般的瑞典研究）。该量表背后的逻辑是，分数越低，态度就越消极。然而，这不适用于陈述 5，该陈述采用了否定结构，需要在统计分析中反向计数。调查问卷首先在一小群学生中进行测试，并对陈述作了一些小改动。作为一份纸质问卷，所有的回答都被编码并手动输入 SPSS。

B）态度陈述

考虑下面的 19 个陈述，标记你同意或不同意他们的程度：

1 = 完全不同意

2 = 在某种程度上不同意

3 = 既不同意也不反对

4 = 在某种程度上同意

5 = 完全同意

1. 我会参加这门大学课程，即使它不是强制性的。

    1   2   3   4   5

2. 学习瑞典语对我来说很重要，因为这对我将来的工作很有帮助。

    1   2   3   4   5

3. 我喜欢学习瑞典语。

    1   2   3   4   5

4. 我相信这门课程对我未来的工作很有用。

    1   2   3   4   5

5. 如果可以选择，我根本不会学习瑞典语。

    1   2   3   4   5

6. ……

图 17.2 问卷样本

研究问题之一是男女学生的态度是否存在差异（见图 17.3）。在计算描述性统计时，平均数显示，女生（n=518）对于"我喜欢学习瑞典语"（图 17.2 中的陈述 3）的平均分高于男生（n=257）：3.73 比 3.04。换言之，平均而言，女学生比男学生持有略微积极的态度。

然而，平均值可能具有欺骗性，因为存在两种情况的平均得分是完全一样的。例如，一种情况是 50% 的学生回答"完全同意"（选项 5）和其他 50% 回答"完全不同意"（选项 1）；另一种情况是 100% 的学生选择"既不同意也不反对"（选项 3）。这无疑是两种完全不同的回答模式，但这两种模式的平均得分都是 3.0 分。因此，报告标准偏差非常重要。描述数据的另一种方法是提供回答的分布。图 17.4 中的条形图比平均分数更为详细地显示了男女态度的分布情况。

　　尽管这样的描述性数字提供了一些数据的说明性信息，但需要进行统计检验，以确定观察到的差异是否显著。独立样本 t 检验可以系统比较两组人的平均值，并考虑不同的反应模式。在这项研究中，观察到的男女学生之间的差异确实被证明是显著的。

　　在另一项分析中，研究者对不同学科领域的学生态度进行了比较和统计分析。由于要比较两组以上的平均得分（院系数 = 7），因此采用了单因素方差分析（ANOVA）。也可以在统计分析中包含多个背景变量，以检验哪一个变量是表达态度的最强解释变量。在一项对数线性分析（一种多元统计方法）中，研究者发现性别和专业（研究领域）比学生的地理背景更好地解释了学习瑞典语的态度。研究者也可以更多地使用多元统计方法（如聚类分析、结构方程模型和判别函数分析），因为态度本身具有复杂性（Baker 1992；Eagly and Chaiken 2005）。

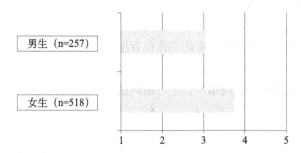

图 17.3　男女学生的态度

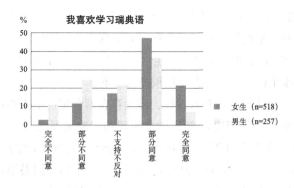

图 17.4　男女学生态度分布图

本章首先指出，对某一目标的态度可能会对立法和政策产生广泛的影响。在今天的芬兰，关于是否应该强制说芬兰语的学生学习瑞典语的问题仍然备受争议（现在比以往任何时候都更加激烈），政府可能很快就会决定瑞典语将成为选修课。上述调查使研究人员更好地理解可能推动这一重大社会变革的潜在机制（即人们的态度）。

参考文献

Baker, C. 1992. *Attitudes and Language*. Clevedon, UK: Multilingual Matters.

Baker, C. 2006. Psycho-social analysis in language policy. In T. Ricento, ed., *An Introduction to Language Policy. Theory and Method*, 210–228. Oxford: Blackwell Publishing.

Bond, T.J., and Fox, C.M. 2007. *Applying the Rasch Model: Fundamental Measurement in the Human Sciences*. 2nd ed. Mahwah, NJ: Lawrence Erlbaum.

Chalhoub-Deville, M., Chapelle, C., and Duff, P., eds. 2006. *Inference and Generalizability in Applied Linguistics: Multiple Perspectives*. Amsterdam: John Benjamins.

DeVellis, R.F. 2012. *Scale Development. Theory and Applications*. Los Angeles: Sage.

Dörnyei, Z., and Csizér, K. 2012. How to design and analyze surveys in second language acquisition research. In A. Mackey, and S.M. Gass, eds., *Research Methods in Second Language Acquisition: A Practical Guide*, 74–94. Oxford: Wiley-Blackwell.

Dörnyei, Z., and Taguchi, T. 2010. *Questionnaires in Second Language Research. Construction, Administration, and Processing*. 2nd ed. New York: Routledge.

Eagly, A.H., and Chaiken, S. 1993. *The Psychology of Attitudes*. Fort Worth, TX: Harcourt, Brace, Jovanovich.

Eagly, A.H., and Chaiken, S. 2005. Attitude research in the 21st century: The current state of knowledge. In D. Albarracín, B.T. Johnson, and M.P. Zanna, eds., *The Handbook of Attitudes*, 743–767. New York: Lawrence Erlbaum.

Gardner, R.C. 1985. *Social Psychology and Second Language Learning: The Role of Attitudes and Motivation*. London: Edward Arnold.

Garrett, P. 2010. *Attitudes to Language*. Cambridge: Cambridge University Press.

Jauhojärvi-Koskelo, C., and Palviainen, Å. 2011. "Jag studerar gärna svenska men är inte nöjd med det jag kan": Motivation, attityder och färdigheter i svenska hos finska universitetsstudenter ["I am happy to study Swedish but I am not satisfied with my proficiency": Motivation, attitudes and proficiency in Swedish of Finnish-speaking university students]. In T. Juurakko-Paavola and Å. Palviainen, eds., *Svenskan i den finska skolan och högre utbildningen: Om kunskaper och motivation genom olika utbildningsstadier* [Swedish in the Finnish school and higher education: Skills and motivation across educational stages], 81–102. Hämeenlinna: Publications of HAMK University of Applied Sciences.

Johnson, B., and Christensen, L. 2008. *Educational Research: Quantitative, Qualitative, and Mixed Approaches*. 3rd ed. Thousand Oaks, CA: Sage.

King, K., and Fogle, L. 2006. Bilingual parenting as good parenting: Parents' perspectives on family language policy for additive bilingualism. *The International Journal of Bilingual Education and Bilingualism* 9(6): 695–712.

Official Statistics of Finland (OSF). 2013. Population structure [e-publication]. Appendix table 1. Population according to language 1980–2013. Helsinki: Statistics Finland. http://www.stat.fi/til/vaerak/2013/vaerak_2013_2014-03-21_tau_001_en.html (accessed January 5, 2015).

Palviainen, Å. 2010. The proficiency in Swedish of Finnish-speaking university students: Status and directions for the future. *Apples – Journal of Applied Language Studies* 4(1): 3–23.

拓展阅读

Albarracín, D., Johnson, B.T., and Zanna, M.P., eds. 2005. *The Handbook of Attitudes*. New York: Lawrence Erlbaum.

Baker, C. 1992. *Attitudes and Language*. Clevedon, UK: Multilingual Matters.

Dörnyei, Z., and Taguchi, T. 2010. *Questionnaires in Second Language Research. Construction, Administration, and Processing*. 2nd ed. New York: Routledge.

Johnson, B., and Christensen, L. 2008. *Educational Research: Quantitative, Qualitative, and Mixed Approaches*. 3rd ed. Thousand Oaks, CA: Sage.

Lowie, W., and Seton, B. 2012. *Essential Statistics for Applied Linguistics*. Basingstoke, UK: Palgrave Macmillan.

第18章　在政策分析中使用普查数据和人口统计

周明朗

18.1 引言

我们始终关注语言政策如何影响人们的语言权利、语言态度、使用模式、识字率、教育、公民权利和社会经济地位，以及政策制定、实施、接受和抵制背后的国际、国家和地方政治因素。例如，我们想知道中国2001年实施的《中华人民共和国国家通用语言文字法》如何影响那些非普通话使用者，德国1999年修订的《公民法》如何影响移民儿童的德语水平，以及美国2001年通过的《不让一个孩子掉队法》如何影响那些英语非母语者的教育程度。为了解特定语言政策对其目标社区的影响，我们需要一些衡量标准来评估语言政策在该地区的实施效果。在我们对语言政策及其影响的批判和评估中，人口普查数据和人口统计数据发挥着重要作用。

18.2 提出研究问题

在提出研究问题时，我们需要有一套研究问题的方法和观点。在方法论上，公共政策研究为我们提供了评估语言政策的工具和维度，包括合理性、效率性、平等性、过程性、产出性、影响性、成本效益以及目标、结果等（参见 Stone 2012；Palviainen and Huhta，本书）。我们可以从共时和历时两个方面来评估一个或多个维度之间的关系。

从共时层面看，我们可以提出问题来考察一个国家语言政策的合理性，以及它对其境内或跨境公民和非公民的影响。例如，我们可以比较德国和法国语言政策的不同理论，德国根据"种族"定义德国国籍，而法国根据"出生地"定义法国国籍（参见 Brubaker 1992），因为语言政策是民族国家建设不可或缺的组成部分（Wright 2004：8）。因此，我们可以假设，德国语言政策对移民及其子女德语熟练程度的负面影响大于法国语言政策对移民及其子女法语熟练程度的负面影响。通过这两个国家的人口普查数据，我们可以比较德国与法国特定年龄段移民的语言熟练程度、识字率和受教育程度。如果我们对其中一个国家感兴趣，我们就可以把研究问题集中在一个国家，而不需要进行跨国比较。

从历时层面看，由于 1999 年德国修订了《公民法》，允许某些移民子女获得德国公民身份，因此我们可以比较这一年前后德国的语言政策变化。我们假设，新政策对年幼移民儿童的德语熟练程度和识字能力产生了积极影响，因为新修订的《公民法》使这些儿童有望从语言教育政策的变化中受益。利用德国的人口普查数据，我们可以将较年长的移民群体的德语熟练程度、识字率和受教育程度与较年轻的移民群体进行比较，并找出这一变化的影响。我们可以在互动维度上提出问题，来评估最终导致这种政策变化的政治进程。

我们经常就语言政策对识字和教育的影响提出研究问题，并通过分析跨社区的共时或历时人口普查数据和人口统计信息来衡量这些影响（参见 Zhou 2000，2001）。有时，当我们考虑到当地语言多样性和语言生态时，简单地衡量多语言环境下的识字和教育可能是不够的（见 Hornberger 2003）。因此，我们需要超越识字和教育水平，以多学科或跨学科的方法考察双语和少数民族语言保护的问题。

为了用这种方法研究语言政策的影响，我们将从更多的视角去研究现有的人口普查和人口统计数据，研究语言水平、识字率、入学率和人们的社会经济地位、民主公民权以及民主参与之间的关系。这是因为语言和权力在课堂内外都是相互交织的（见 Cummins 2004；Kymlicka and Patten 2003；McCarty 2005；Tollefson and Tsui 2004）。我们将从这些角度提出研究问题：

- 语言政策是否影响少数群体社区的识字率？
- 语言政策是否能提高少数群体的受教育程度？
- 语言水平与少数群体的收入之间有何关系？
- 语言能力与选民登记有何关系？
- 登记并投票的少数群体和登记但不投票的少数群体在语言水平方面有何差异？

例如，如果我们对语言熟练程度和社会经济地位之间的关系感兴趣，我们可以将官方语言或双语的熟练程度视为一个变量，询问双语熟练程度与个人的收入是正相关还是负相关，哪种语言熟练程度与高收入相关，哪种与低收入相关。这些问题可以通过分析人口普查数据（通常包含收入信息）来回答（公式见 Grin 2010；案例研究见 Dustmann and Fabbri 2003；
Shapiro and Stelcner 1997）。这类研究的结果为我们评估一项现有语言政策
的影响，或制定一项新政策来解决语言不平等造成的社会经济差异提供了
坚实的基础。另一方面，我们经常谈论语言与权力的关系，但很少针对这
种关系来直接设计定量研究问题。在我们的研究中，能否将语言熟练程度
和语言使用模式作为影响少数民族如何行使民主公民权的变量？研究语言
政策的学生可以在这方面有更多作为，因为目前发表的研究很少将语言视
为政治参与的主要变量或参与式民主的必要因素（见 Parkin and Zlotnick
2011）。

18.3　选择研究场景

对于语言政策的新生来说，选择研究和探讨社会政策和公共政策（如
语言政策）的情境不仅涉及上述讨论的学科、理论、经验和方法问题，而
且与个人经验、培训和资源高度相关。所有这些最终都归结为一个问题，
即如何在可获取和可使用的数据中将研究问题情境化。

首先，我们的个人经历可能会展现出一个无形的视角，它是引发研究
问题的基础。例如，我起初没有充分认识到中国少数民族在教育方面所面
临的语言障碍，直到我在美国成为使用少数语言的少数族裔，回到中国后
我就在少数民族社区做实地调查。因此，生活在少数民族社区过少数民族
的生活和进行实地调查的经历，为我们的研究兴趣开辟了一个新视野，有
助于我们将研究情境化。

第二，在制定具体的研究问题时，我们需要考虑受过的训练和拥有的
资源，在我们的能力和资源范围内将问题情境化。在我早期的研究中，我
提出过一些关于写作系统和识字、教育之间关系的问题，因为我的硕士论
文是关于写作系统和阅读策略的。这些问题促成了我第一次在这个领域发
表作品，分析了已公开的中国人口普查数据（参见 Zhou 2000, 2001）。

第三，如果要对该领域作出贡献，学生必须超越他的个人经验和所受
的学术训练，在理论和方法论的基础上对研究进行语境化。在方法论上，
我们应评估是定性研究还是定量研究更合适，如果我们决定采用后者，则
在使用现有数据时应批判性地评估数据背景。例如，当我们从方法论的角
度来研究美国的《不让一个孩子掉队法》时，我们发现，该法案自 2001
年通过以来，有关这一事实上的语言政策的影响研究通常是定性的，而该

法律要求的数据报告可能存在诸多问题（参见 Koyama 2011）。在这种情况下，我们不能根据该法所报告的数据来设计定量研究项目，因此更可靠的方案是使用美国人口普查的数据，它报告了若干族裔类别中 18 岁及以上人群的语言使用情况和受教育程度（http://www.census.gov/#）。我们可以将受教育程度作为衡量该政策实施效果的一项标准，用学生的母语使用情况来衡量过去十年间该政策对语言多样性的影响，针对特定州甚至县的特定族裔和语言群体来评估这项法律的实施效果。

此外，我们也可以将研究项目的情境化与理论思考联系起来。回到上述语言与权力的问题，并超越象征权力和文化权力，我们或许可以探讨语言与政治权力之间的关系，特别关注母语的使用与民主公民身份是如何关联的。例如，美国人口普查提供了关于特定县和州的特定族裔群体家庭和个人母语使用信息及选民登记与投票率信息，但我们应该意识到这类数据的局限性，下一部分我们会讨论这个问题。我们可以研究特定族裔群体的数据，并调查该群体的家庭语言使用模式作为一个变量如何与该群体的选民登记和投票率相关。我们可以分析一个县或州的数据，比较每一个族裔群体的家庭语言使用情况，选民登记情况和投票率。人们在家里使用何种语言及其使用方式可以很好地衡量他们在民主社会中的政治参与和权力，有助于理解语言政策在促进或限制民主方面的作用。

18.4 数据收集与分析方法

对于个别研究人员的初步研究来说，出于经济和政治上的考虑，几乎不可能亲自进行人口统计调查。最佳策略是利用现有的人口统计数据，这些数据可以从人口普查中挖掘出来，并进行政策评估分析。在有些国家，人口普查数据随时向公众开放。不管人口普查数据的可获得程度如何，我们第一步是研究人口普查的设计、概念、变化和程序，以便我们了解可获得数据的本质。

美国人口普查数据

我们将美国人口普查作为开放获取人口普查和人口统计数据的一个例子（http://www.census.gov/）。美国人口普查自 1790 年开始实施，目前通过十年一次的人口普查（DC）、当前人口调查（CPS）和美国社区调查（ACS）收集数据。

第一，这三项调查所覆盖的人口规模各不相同。每十年进行一次的人口普查对每户家庭进行调查，在全体人口中，以个人为普查目标。美国社区调查全年进行，目前每月抽样约 25 万户，每年抽样约 300 万户。当前人口调查每年开展四个月，目前对大约 5 万至 6 万户家庭进行了抽样调查。因此，样本量和频率是我们在使用人口普查、美国社区调查和当前人口调查数据时应该考虑的因素。当我们需要总人口的数据时，我们使用人口普查。当我们需要最新的数据时，我们使用当前人口调查和美国社区调查。当我们研究人口每月的动态变化时，我们使用美国社区调查。

第二，这三种调查的数据收集方法不同。十年一次的人口普查向每户家庭邮寄一份问卷（短表或长表），由一名家庭成员填写所有居民的问卷。美国社区调查邮寄调查问卷，给选定的家庭打电话或进行个人访问。当前人口调查对选定的家庭进行电话或个人访问。数据收集方法和抽样人群的规模大小，可能会导致不同程度的误差概率。例如，十年一次的人口普查可能不如美国社区调查和当前人口调查可靠，因为每个民族对一户一住所的理解可能不同。美国社区调查和当前人口调查的个人访问和电话访问可能有助于澄清这种混乱。另一方面，美国社区调查和当前人口调查的问题在于样本是否能代表整个人群。

第三，这三项调查涵盖不同的地区。十年一次的人口普查覆盖所有地区，美国社区调查则从人口在 65,000 或以上的地区（包括国家、州、县、市、国会选区和美洲印第安人、阿拉斯加土著地区）中收集数据，当前人口调查样本则在国家和州一级进行抽样。因此，在探讨地理学与人口统计学之间的相互作用时，需要考虑地理限制。例如，当我们关注市政策、县政策或国家政策对特定市或县的影响时，我们可能无法使用当前人口调查数据。

第四，这三项调查提供了不同类型的数据。十年一次的人口普查以其短表和长表提供了最全面的信息，但它自 2010 年起已将其长表内容转移至美国社区调查。2010 年人口普查仅以短表进行，收集了有关年龄、性别和族裔信息。曾用于人口普查的长表，如 2000 年的人口普查长表，为语言政策评估收集了数据，包括英语水平、母语使用情况、受教育程度、在美国的居住时间和收入等。现在美国社区调查收集了所有这些类别的数据。因此，当我们评估某项语言政策的影响时，我们应使用美国社区调查获取当前数据，使用十年一次人口普查获取历史数据。除了常规覆盖范围外，当前人口调查还定期收集专题数据，其中许多专题是语言政策研究人员非常感兴趣的。例如，它每两年（2006 年、2008 年和 2010 年）收集一次选民登记和投票数据。这些数据包括登记投票和实际投票的人口统计信息。另一个例子是当前人口调查收集了 2005 年 10 月至 2011 年期间的学校招生数据，其中包括 3 岁及以上孩童的入学信息。其他有趣的专题包括志愿服务、国际移民、计算机访问和互联网使用等。

在研究了美国人口普查之后，我们现在准备为研究挖掘数据。根据研究问题，我们需要使用来自一项、两项或全部三项调查的数据。我们只需访问美国人口普查局的网站（http://www.census.gov/），并在"人口"的类别下找到特定数据，其中有 40 多个数据类别，包括语言使用、外国出生、收入、入学率、种族、选民登记等。回到我们早先关于语言和民主公民身份的问题，我们可以通过分析亚洲人和西班牙人等主要族裔群体的登记、投票和母语使用的数据，来衡量母语使用与选民登记、投票之间的关系。此外，一些州提供双语或多语种登记表和选票，而另一些州则没有。州与州之间的这种差异可以视为一个变量，根据选民的登记和投票模式来对比，即选民在登记表和选票中是否使用母语。比较母语使用者和未使用母语者的登记和投票模式时，双语、多语材料的缺失可能是一个变量。总之，开放获取的人口普查数据对语言政策评估有很大帮助。

中国人口普查数据

中华人民共和国分别于 1954 年、1964 年、1982 年、1990 年、2000 年和 2010 年进行了全国人口普查。[1] 前三次人口普查采用了何种方法尚不清楚，但后三次人口普查采用了接近国际标准的方法，同时采用了简表和长表。2010 年人口普查简表收集了语言政策学者感兴趣的类别数据，包括年龄、性别、种族、识字能力、受教育程度和流动性。而长表（用于 10% 的人口）收集了其他类别的数据，如职务高低、职业和收入。无论是简表还是长表都没有收集任何关于语言使用的数据。

在这六次全国人口普查中，仅有最近三次的数据在人口普查数据手册上公布。面对数据有限的问题，我们在评估语言政策时必须开发出基于现有数据预测有意义的估计的方法。例如，当我们研究 20 世纪 50 年代、60 年代和 70 年代中国语言政策对少数民族识字能力和受教育程度的影响时，我们必须估算这三十年的数据，因为前三次人口普查的数据没有公布。幸

---

① 本书的英文原著出版于 2015 年，故不涉及近十年的数据。

运的是，每个民族每个年龄组的识字能力和受教育程度都公布了，我们可以利用这些数据来估计相应的受教育年份，从而评估相应时期语言政策的影响（参见 Zhou 2000，2001）。

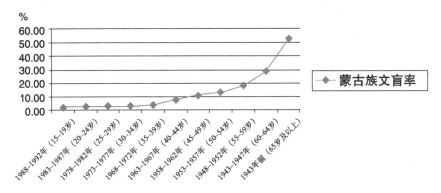

图 18.1 不同年龄段（20 世纪 40 年代至 90 年代）蒙古族文盲率

资料来源:《中国 2003》，第 1 卷，184 页。

我们将通过分析两个案例来说明这一方法，即中国蒙古族社区文盲率和中国哈萨克族社区受教育程度。为了确定蒙古族 15 岁及以上各年龄段在特定时期的文盲率，我们首先确定了各年龄段人群文盲率与该人群预期受教育年限之间的关系。例如，2000 年年满 15 岁–19 岁的人群如果在 7 岁开始上学（15–19 岁减去 7 岁 =8–12 岁；2000 年减去 8–12 年 =1988–1992 年），那么他们应该在 1988–1992 年间上学。2000 年人口普查数据中报告的所有 11 个年龄群体都在图 18.1 中标出，其中一条线表示单一变量——文盲。

这张图表为我们提供了过去 50 年中语言政策随时间影响的最佳估算，尽管我们还需要考虑扫盲衰减、扫盲运动和受教育年龄变化的影响。当我们有证据表明一个变量不同于预期标准时，我们可以调整估算值。例如，如果实地调查或其他数据表明，过去蒙古族大部分人都从 8 岁开始受教育，那我们可以将受教育年龄从 7 岁调整为 8 岁。当我们对这一估计有信心时，就可以用它来评估特定政策或政策变化如何影响特定时期社区的识字率发展（参见 Zhou 2000）。

这种方法可用于估计一个特定社区在特定时间段内的教育成就，就如我们对中国哈萨克族社区情况的分析所示。2000 年的人口普查数据包含了九个层次的受教育程度：未受学校教育、扫盲班、小学、中学、高中、职业学校、大专、四年制大学和研究生院。我们将他们简化为三类：将"未受学校教育"和"扫盲班"简化为"无学校教育"，将"中学""高中""职业学校"简化为"中等教育"，将"大专""四年制大学"和"研究生院"简化为"大学教育"。人口普查数据提供了各年龄组各种不同受教育程度的哈萨克族人口数量。因此，由于人口规模不均衡，我们将每个年龄组的不同受教育程度的人数转换为跨年龄组比较的百分比。换算公式如下：

$$EA \div TC = EA\%$$

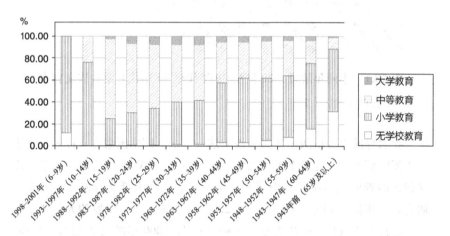

图 18.2　不同时期及不同年龄组的哈萨克族教育程度

资料来源：《中国 2003》，第一卷，第 140—143 页。

我们只需将某个受教育程度（EA）的计数除以这个年龄组（TC）的总计数，即可得出百分比（例如 6 至 9 岁无学校教育 11738÷本年龄组总计数 94796=12.38%），但必须在转换前将合并级别的计数相加。在对一个年龄组的每个级别和所有年龄组重复这一步骤后，我们将结果制成图表，如图 18.2 所示，其中带有不同阴影的队列表示四个变量：无学校教育、小学教育、中等教育和大学教育。图 18.2 将受教育程度与年龄组和推算的教育时间相匹配。以小学入学年份为基准，结合对哈萨克族社区学校系统的了解，我们可以预测每个时期的中等教育和大学教育成就。通过这种方式，我们可以评估这些年来语言政策的变化，并衡量这些变化对哈萨克族社区扫盲、小学、中等和大学教育的影响。

简而言之，当人口普查数据开放获取时，我们收集和分析数据要容易得多，但在人口普查数据获取受限的情况下，我们仍然可以用适当的方法完成这项工作。无论可访问性如何，第一步是研究人口普查的设计，第二步是在我们利用这些数据提出研究问题前，先处理人口普查中的各种数据。

18.5 案例研究

在这一节中，我仍将重点放在人口普查和人口统计数据获取受限的情况上，以便进行语言政策评估。在数据开放获取的情况下，我们需要做的是提出好的研究问题。在数据获取受到限制的情况下，我们同样需要提出好的研究问题，并创造性地使用有限的数据来研究问题。我将通过以下关于中国少数民族使用双语的比例研究来说明这种方法。

中华人民共和国从 20 世纪 50 年代中期开始推广普通话作为国家通用语言。尽管普通话被认为是广泛普及的，但它对中国一亿多少数民族的确切影响范围尚不清楚（Zhou 2012）。这是因为中国人口普查没有收集语言使用方面的数据。中国政府最终认识到，必须对中国的语言使用情况进行全面调查，以便在坚实的科学基础上制定其语言政策、教育政策和其他公共政策（China 2006：341）。因此，它在 1999 至 2001 年进行了这样一项调查，并在 2006 年（China 2006）公布了调查结果。当我得到这份调查数据时，我首先想到的问题是"中国少数民族使用双语的比例有多少？"以及"从少数民族语言转用到汉语的比例是多少？"我问了这两个问题，是因为我在一个少数民族社区做双语教育的实地调查时，总是试图找到一个基准，但一直没有找到。

在搜索大量数据时，我发现最接近回答我的问题的信息是每个少数民族中母语使用者和汉语使用者的百分比数字，如表 18.1 所示，该表显示了少数民族语言的保持和汉语增长的广泛范围。

为了解中国少数民族使用双语的比例，我首先需要两类数据：少数民族语言保持的范围和转用汉语的范围。表 18.1 仅提供了关于少数民族语言保持范围的数据，即少数民族人口中仍使用母语的百分比。为了从现有的第一类数据中挖掘信息，我使用以下公式得出了对变化范围的估计值：

$$T - L1 = S$$

T 代表一个少数民族的总人口（100%），L1 代表人口中母语使用者的百分比，S 代表变化的范围。利用这个公式，我得到了变化范围的估计值，如表 18.2 所示。这只是一个估计，因为一些少数民族成员可能已经转向使用其他占主导地位的临近少数民族的语言，但这些数据无法得到。例如，一些珞巴族人说藏语，但这个数字无法获取。一般来说，以上估计是可靠的，因为随着国家的努力、经济的发展和人口流动，这种转变更多地转向了国家语言，而非地方语言。

回到中国少数民族使用双语的百分比，我提出以下公式：

$$L2 - S = B$$

L2 表示说汉语的少数民族人口百分比，S 代表转用汉语的人口百分比，B 表示使用双语的中国少数民族人口。使用这个公式重新计算表 18.1 中的数据，我得到了表 18.2 中每个少数民族使用双语的比例。双语比例估算的可靠性依赖于转换范围的可靠性。

表 18.1　讲汉语和少数民族语言的少数民族比例（%）

民族	汉语	少数民族语言	民族	汉语	少数民族语言
满族	99.99	0.00	东乡族	85.70	71.05
畲族	99.99	0.20	佤族	84.27	99.26
赫哲族	99.99	2.67	朝鲜族	84.11	93.99
仡佬族	99.87	1.46	白族	83.54	91.37
回族	99.66	4.60	拉祜族	81.46	94.85
土家族	99.39	6.63	彝族	81.43	69.07
俄罗斯族	99.27	49.51	纳西族	80.45	98.34
保安族	99.11	49.25	壮族	79.99	86.16
阿昌族	98.75	86.15	鄂温克族	78.67	94.23
羌族	98.61	14.66	布朗族	77.64	96.93
鄂伦春族	98.58	59.72	撒拉族	73.95	62.41
裕固族	98.14	64.26	蒙古族	71.38	75.52
京族	97.72	93.37	傈僳族	71.18	98.72
基诺族	81.95	96.86	哈尼族	68.28	94.64
黎族	95.51	89.18	怒族	60.27	98.19

（续表）

民族	汉语	少数民族语言	民族	汉语	少数民族语言
布依族	94.55	50.33	土家族	59.58	84.02
达斡尔族	92.50	87.13	水族	58.67	90.77
苗族	92.12	59.70	藏族	51.87	90.40
景颇族	92.09	97.50	独龙族	48.12	95.79
德昂族	89.65	99.90	塔塔尔族	43.25	98.96
瑶族	89.47	74.90	哈萨克族	42.37	99.08
锡伯族	89.36	93.87	珞巴族	35.43	89.74
侗族	89.04	57.27	维吾尔族	19.88	99.74
傣族	88.58	98.28	乌孜别克族	16.09	98.12
毛南族	88.03	47.53	门巴族	13.22	97.52
普米族	86.81	97.77	柯尔克孜族	12.21	98.28
仫佬族	86.26	91.23	塔吉克族	6.60	99.75
高山族	–	–			

资料来源：周（Zhou 2012），表 4，第 6 页。经德古意特出版社许可复制。

表 18.2 显示了中国语言转用和双语使用的三种一般模式。首先，从 0.25%（塔吉克语人）到 100%（满语人），转用汉语的差别很大。第二，中国少数民族的双语使用从 0%（满语人）到 91%（京语人）不等。第三，中国少数民族使用双语不一定会导致转用汉语，特别是在京族、德昂族、景颇族、傣族、普里米族和佤族群体中，他们的转用率保持在个位数，同时双语率达到 80% 或以上。

表 18.2　少数民族中转用汉语和双语的比例（%）

民族	转用汉语	汉—民双语	民族	转用汉语	汉—民双语
满族	100.00	0.00	东乡族	28.95	56.75
畲族	99.80	0.19	佤族	00.74	83.53
赫哲族	97.33	2.66	朝鲜族	06.01	78.10
仡佬族	98.54	1.33	白族	08.63	74.91
回族	95.40	4.62	拉祜族	05.15	76.31

（续表）

民族	转用汉语	汉—民双语	民族	转用汉语	汉—民双语
土家族	93.37	6.02	彝族	30.93	50.50
俄罗斯族	50.49	48.78	纳西族	01.66	78.79
保安族	50.75	48.36	壮族	13.84	66.15
阿昌族	13.85	84.90	鄂温克族	05.77	72.90
羌族	85.34	12.27	布朗族	03.07	74.57
鄂伦春族	58.30	40.28	撒拉族	37.59	36.36
裕固族	35.74	62.40	蒙古族	24.48	46.90
京族	06.63	91.09	傈僳族	01.28	69.90
基诺族	03.14	78.81	哈尼族	05.36	62.92
黎族	10.82	84.69	怒族	01.81	58.46
布依族	49.67	44.88	土家族	15.98	43.60
达斡尔族	12.87	79.63	水族	09.23	49.44
苗族	40.30	51.82	藏族	09.60	42.27
景颇族	02.5	89.59	独龙族	04.21	43.91
德昂族	00.01	89.64	塔塔尔族	01.04	42.21
瑶族	25.10	64.37	哈萨克族	00.92	41.45
锡伯族	06.13	83.23	珞巴族	10.26	25.17
侗族	42.73	46.31	维吾尔族	00.26	19.62
傣族	01.72	86.86	乌孜别克族	01.88	14.21
毛南族	52.47	35.56	门巴族	02.48	10.74
普米族	02.23	84.58	柯尔克孜族	01.72	10.49
仫佬族	08.77	77.49	塔吉克族	00.25	06.35
高山族	－	－			

资料来源：《中国 2006》，125—126 页。这里的汉语包括普通话和汉语方言。

这些研究结果可以用来生成更多的研究问题，比如为什么一些群体大规模转用汉语，以及为什么一些群体保持了较高的双语水平，但却控制了这种转用。由于这项研究不是一项学术活动，而是一个语言政策评估的案例，因此研究结果可能有更广泛的用途。例如，可以在少数民族社区的相关研讨会和其他渠道中介绍这些研究结果，并就此与语言规划者和相关政府部门交流沟通。这需要研究者建立与少数民族群体和政府之间的社交网络。最重要的是，如果想要提出建设性的意见并被政府采纳，需要一定的智慧。

参考文献

Brubaker, R. 1992. *Citizenship and Nationhood in France and Germany*. Cambridge, MA: Harvard University Press.

China. 2003. *Tabulation on Nationalities of 2000 Population Census of China*. 2 vols. Beijing: The Ethnic Publishing House.

China. 2006. *Zhongguo Yuyan Wenzi Shiyong Qingkuang Diaocha Ziliao*. Data from the survey of language and script use in China. Beijing: Language Press.

China. 2012. *Tabulation on the 2010 Population Census of the People's Republic of China*. 3 vols. Beijing: China Statistic Press.

Cummins, J. 2004. *Language, Power, and Pedagogy: Bilingual Children in the Crossfire*. Clevedon, UK: Multilingual Matters.

Dustmann, C., and Fabbri, F. 2003. Language proficiency and labor market performance of immigrants in the UK. *The Economic Journal* 113: 659–717.

Grin, F. 2010. Economics. In J.A. Fishman and O. García, eds., *Handbook of Language and Ethnic Identity: Disciplinary and Regional Perspectives*, 70–88. Oxford: Oxford University Press.

Hornberger, N.H. 2003. *Continua of Biliteracy: An Ecological Framework for Educational Policy, Research and Practice in Multilingual Settings*. Clevedon, UK: Multilingual Matters.

Koyama, J.P. 2011. Generating, comparing, manipulating, categorizing, reporting, and sometimes fabricating data to comply with No Child Left Behind mandates. *Journal of Education Policy* 26(5): 701–720.

Kymlicka, W., and Patten, A., eds. 2003. *Language Rights and Political Theory*. Oxford: Oxford University Press.

McCarty, T.L., ed. 2005. *Language, Literacy, and Power in Schooling*. Mahwah, NJ: Lawrence Erlbaum.

Parkin, M., and Zlotnick, F. 2011. English proficiency and Latino participation in U.S. Elections. *Politics & Policy* 39(4): 515–537.

Shapiro, D.M., and Stelcner, M. 1997. Language and earnings in Quebec: Trends over twenty years, 1979–1990. *Canadian Public Policy – Analyse de Politiques* 23(2): 115–140.

Stone, D. 2012. *Policy Paradox: The Art of Political Decision Making*. 3rd ed. New York: W.W. Norton.

Tollefson, J.W., and Tsui, A.B.M., eds. 2004. *Medium of Instruction Policies: Which Agenda? Whose Agenda?* Mahwah, NJ: Lawrence Erlbaum.

Wright, S. 2004. *Language Policy and Language Planning: From Nationalism to Globalization*. New York: Palgrave Macmillan.

Zhou, M. 2000. Language policy and illiteracy in ethnic minority communities in China. *Journal of Multilingual and Multicultural Development* 21(2): 129–148.

Zhou, M. 2001. The politics of bilingual education and educational levels in ethnic minority communities in China. *International Journal of Bilingual Education and Bilingualism* 4(2): 125–149.

Zhou, M. 2012 Introduction: The contact between Putonghua (Modern Standard Chinese) and minority languages in China. *International Journal of the Sociology of Language* 215: 1–17.

拓展阅读

Barrett, R.E. 1994. *Using the 1990 US Census for Research*. London: Sage.

Broeder, P., and Extra, G. 1999. *Language, Ethnicity and Education: Case Study on Immigrant Minority Groups and Immigrant Minority Language*. Clevedon, UK: Multilingual Matters.

Fry, W.H. 2011. *Investigating Change: Web-Based Analyses of US Census and American Community Survey Data*. Belmont, CA: Wadsworth.

Kertzer, D.I., and Arel, D. 2002. *Census and Identity: The Politics of Race, Ethnicity, and Language in National Census*. Cambridge: Cambridge University Press.

第 19 章　使用关联分析建立跨层级的政策联系

弗朗西斯·胡尔特

19.1　引言

长期以来，社会语言学面临的一大挑战是如何在人类活动的不同层级[1]之间建立联系（例如 Blommaert 2007; Fishman 1972; Lemke 2000），语言政策与规划的研究人员经常试图探索一个国家或机构的政策如何与个人的语言行为相关。为了应对这一挑战，研究人员越来越多地转向使用民族志和话语分析工具来探索这种关系（例如 McCarty 2011；Menken and García 2010）。在这方面，关联分析（Scollon and Scollon 2004）特别有用，因为它通过综合来自交际民族志、互动社会语言学和批判性话语分析的原理和技术，致力于绘制不同层级之间的联系。[2]

因此，关联分析并不是对早期理论和方法的根本背离，而是持续发展的民族志和话语分析社会语言学中的一个分支，其研究问题越来越多地关注符号资源与社会问题之间的关系，这些关系往往是复杂的，且受到从个体到社会政治层级以及两者之间的各种因素的调节（如 Blommaert 2010；Bucholtz and Hall 2008）。关联分析提供了一个系统的分析方法，即在多个环境中使用不同类型的数据来调查这类问题，是一种原则性的折中主义方法（Blommaert 2005：16）。

关联分析：目标与基础

关联分析的主要目的是帮助绘制出多个层级的话语在社会现象中的交集——用关联的术语来说，是一种"实践的关联"——如语言决策、阐释和实施（Scollon and Scollon 2004：12）。作为一个整体，实践的联系是由多个"社会行动"构成的，这是一个从社会文化理论中借用的术语，它们位于特定的时间和物理社会层级上。例如，若将语言教育政策的实施视为一个实践环节，那么社会行动可能出现的相关层级包括州议会、大学和其他机构的教师培训项目、学校和教室等。这些行动的集合共同构成了实践的联系。同时，在特定地点或层级中的任何个体行动都可以被视为其他层级话语的一个联系点（Lane 2010；Lassen 2008；Pietikäinen 2010；Pietikäinen et al. 2011）。因此，社会行动是焦点，分析任务是追踪特定的话语如何调解特定的社会行动，从而将单个行动置于整个实践的联系中（Scollon 2005）。

考虑到这一点，斯科隆和斯科隆（Scollon and Scollon 2004：13–14）呼吁注意在社会行动中可能交叉的三种话语以反映上述三种互补的方法论传统，从而使每一个行动都成为它们的一个节点。第一是"历史个体"（historical body），即参与行动的个人历史及具体生活经历（Scollon and Scollon 2004：13–14）。第二是"在场话语"（discourses in place），即行动时流通的信仰和意识形态。第三是"互动秩序"（interaction order），即个体在行动过程中如何相互关联的情境规范。在这里，话语遵循吉伊（Gee）的"大话语"（大写 D 的 Discourse）概念，意思是语言是如何与"思维、行动、互动、评价、感觉、信念以及在正确的地点和时间使用符号、工具和对象的方式相关联，以便……在我们的经验中建立某种有意义的联系，并优先于其他符号系统和认知方式"（Gee 1999：13，转引自 Scollon and Scollon 2004：4）。

19.2 提出研究问题

关联分析是为关注社会现象作为系统的调查而设计的，这意味着研究一个整体是如何从其各部分之间的关系中产生的（例如，Hult 2010a；Scollon 2005；Larsen-Freeman and Cameron 2008；Lemke 2000）。它不是只强调大层级或小层级，而是指导研究人员关注层级内和层级间的联系（Pietikäinen et al. 2011）。正如斯科隆和斯科隆（Scollon and Scollon 2004：9）所解释的，我们需要"确保研究不会过分地局限于单个时刻、言语行为或事件，或参与者，而没有看到这些与其他时刻、行为、事件和参与者之间的联系"。

因此，在研究语言政策与规划的问题时，有必要考虑全局（整个实践的关联）、构成实践关联的不同层级，以及参与不同层级的个体社会行动者。霍恩伯格和胡尔特（Hornberger and Hult 2008：285）提出了以下统领性问题来指导这种思考：

（1）政策文件如何反映不同语言之间的关系？
（2）语言政策如何与个人的语言使用经验和语言信念相联系？

（3）语言政策如何与"实地"的社会语言环境相联系？

斯科隆和斯科隆确定的三种类型的话语（即在场话语、互动秩序和历史个体）潜藏在这些问题中（Hult 2010a）。第一个问题引导人们寻找在特定语言规划实践关系中存在的语言（及其说话者）在场话语的文本证据，这些话语通过政策文本中明确记载（或未记载）的内容体现。第二个问题关注特定个体的历史主体，以便于理解人的能动性是如何参与政策制定和政策解释的（例如 Menken and García 2010）。第三个问题让人们注意到语言在日常生活使用中的互动秩序以及政策在多大程度上与这些实践相一致（Schiffman 1996：49）。

根据研究者的兴趣或所调查的社会情境语言问题（见 Lo Bianco，本书），我们可以提出更详细的问题。例如，人们可能希望研究语言课程中的话语如何在教师的课堂教学中发生转换或重新符号化（resemiotized）（Scollon and Scollon 2004：70）。反思相关量表，人们可能会思考语言课程中的在场话语，教师在语言意识形态、专业培训或语言学习经验方面的历史个体，以及师生互动和学生互动方面的课堂互动秩序（如 Dressler 2012）。另一个例子是，人们可能希望调查公司的语言管理，这可能涉及以下研究问题：公司战略文件中有关正式语言和工作语言的话语交叉点，公司领导层和员工个人的历史主体，以及公司内部、公司与客户之间特定日常实践的互动秩序（如 Siiner 2014）。

以上的关键是确定语言政策实践关系中的相关层级和参与者，然后对其提出具体问题。值得注意的是，调查的起点可以是任何层级。例如，如果我们要追踪话语的关联性，可以从人际关系的层面入手，以确定哪些政策话语具有相关性，或者从政策文本中的在场话语入手，探究它们如何体现在互动中，这两种做法都是可行的。

19.3 选择研究场景

进行关联分析一般有三个阶段：参与、引导和改变（Scollon and Scollon 2004：9）。参与是指第一阶段或进入阶段。人们可以作为局内人、局外人或者两者的结合开始参与研究。新手研究者面临的一个共同挑战是试图弄清楚要研究什么问题、在何处、和谁一起研究。正如斯科隆和斯科隆（Scollon and Scollon 2004：154）所言，"首先要在你自己的生活、行动和价值体系中寻找这个问题。"作为研究者，我们可能有过与国家语言政策情况相关的个人经历，参与过正实施某项政策的课堂，或在有多语政策的机构场所工作过。因此，我们可以开始调查已经能够接触到的环境，或者我们可能是部分局内人士的类型环境。或者，也可以将重点放在一个有兴趣但还没有访问权限的环境中。与更广泛的民族志一样，在熟悉的环境中工作既有好处也有缺点（Hult 2014a）。即使是在熟悉的场景下开始的关联分析，调查的多维性也使得研究至少需要在一定程度上（如果不是实质性地）多地点进行（例如，Falzon 2009；Marcus 1998），以便在不同层级的地点追踪话语。因此，重要的是在研究计划中要有足够的时间来建立联系、协商准入并参与其中（Hammersley and Atkinson 1995：60—61）。

无论采取何种进入方式，人们都是在参与阶段开始时确定实践的具体联系是什么，什么层级可能是密切相关的，以及谁是关键行为者（Scollon and Scollon 2004：154）。这些可能并不完全透明。即使是像实践自身的联系这样看似基本的东西，也可能需要时间来具体说明。例如，一项研究的出发点可能是探讨双语语言政策的执行情况，而在与社会行动者和不同层级的话语接触后，人们可能会意识到实践的联系实际上是对某一族裔语言群体的歧视，这种歧视在政策中具有不同的根源性，并受到教育者的抵制或复制。

研究人员的初始假设也可能与参与者的不同。在政策研究中，这与对"政策"本身的理解有关。作为语言政策研究人员，我们对语言政策有着学术上的明确定义（例如 Johnson 2013a：4-7），但我们的参与者可能不同意这些定义。事实上，他们甚至可能没有认识到在其环境中存在的各种语言规范实际上就是"政策"，而他们只是将这些规范视为其社会和文化背景中的常规做法（Schiffman 1996：22-23）。因此，如果我们直接问政策是什么，我们未必知道全部的情况。我们甚至可能被告知没有政策。那么，参与阶段的一部分就是要了解参与者所经历的政策，即使他们并不认为这些就是政策。这包括了解影响互动的隐含规范、参与者对于语言使用方式所持有的显性价值观，此外，还需要了解一系列具有政策功能的文本，如课程文件、机构工作人员指南、使命宣言、评估工具、官方指令或指导方针等（Hult，2014b：171；Schiffman，1996：30）。政策真正缺失的情况很少。正如费什曼所说，"一个'无政策'的政策……总是对维持现状以及从中受益者的无声支持"（Fishman 2006：125）。

在选择研究场景方面，参与阶段对于划定调查的实际范围同样具有关键作用。考虑到关联分析的目的是映射跨层级的话语联系，一个主要的潜在问题是焦点太广，或者试图在过多不同的环境中收集太多的数据。虽然研究目标是了解整个实践的联系以及具体行动与整个实践的关系，但我们并不寻求在每个可能的层级里全面覆盖所有可能的行动（Scollon and Scollon 2004：160）。相反，需要对研究环境和参与者作出知情的、选择性的决策，以便从那些与实践连接点相关的"信息丰富的"（Perry 2011：67–68）的人和地方获取数据（Scollon and Scollon 2004：171）。因此，人们必须切实思考，在哪里最有可能获得那些能充分展示关联点要素的相关数据。通常在参与阶段，我们会确定这些相关的层级、行动者和参与场合。为了获得初步见解，可以采用一系列不同的探索性技术，包括访谈、焦点小组、调查和观察等（Scollon and Scollon 2004：156–158；另见 Lo Bianco，本书；Martin-Jones，本书；McCarty，本书）。

参与过程说起来容易做起来难，探索阶段通常需要花费三个月或更长的时间（参见 Scollon and Scollon 2004：153）。在与某个环境中的人接触了几个星期之后，问题开始出现，这些可能包括需要管理的语言和沟通问题，或关于政策解释和实施的争议（Lane 2010；Pietikäinen et al. 2011；Soukup and Kordon 2012）。本质上，人们在跨层级和重复行为中寻找共同的线索，以便梳理出实践关系中值得更仔细研究的特定要素（Hult 2010a）。

19.4 数据收集和分析方法

随着在第一阶段（参与阶段）中不断积累知识并提出更集中的研究问题，研究过程会逐步向第二和第三阶段推进："引导关联"和"改变关联"。在"引导关联"阶段，核心数据的收集和分析得以展开；而在"改变关联"阶段，研究者开始对实践关联产生影响。这两个阶段可以同步进行，也可以依次进行。

继参与阶段之后，数据收集工作开始加强，因为需要有针对性地搜集数据以回答研究问题。关联分析从其民族志根源上整合了数据收集和分析，两者相互交织，这样持续进行的分析能够带来新的见解，而这些见解反过来又能指导进一步的数据收集（例如，Agar 1996：62；Hammersley and Atkinson 1995：207–209）。这种循环往复的分析模式在探索性参与阶段就已经启动，并在引导和改变阶段继续发挥作用，从而得出更为精确的解释和认识。（Gee 2011：37；Scollon and Scollon 2004：159–160）。

重点在于收集多个层级的数据并对其进行分析，以了解这些层级之间的话语关联。在参与阶段中，我们已经识别出了相关的层级以及每个层级上的关键焦点场所，现在我们准备对这些场所进行系统的调查。不同场所和层级可能需要不同类型的数据（例如国家级别的媒体或政策文本和基于互动的录音讲话，这两种数据类型是不同的），因此必须为每项任务选择合适的工具（Hornberger 2006；Hult 2010b）。

在这一方面，关联分析作为一种元方法论，为跨层级的数据收集和分析提供了概念性指导：它系统地融合了来自互动社会语言学、批评性话语分析和交际民族志的数据收集和分析技术，以促进对话语和社会行动之间关系的整体研究（Hult 2010a）。

作为社会行动的政策行为

正如前面关于研究问题的讨论所指出的，研究可以在任何层级上开始。然而，无论研究的起始层面如何，关联分析的起点都是社会行动。在这里，有必要暂停并思考这样一个事实：人类行动发生在各种层级（Hult 2014b；Menken and García 2010：4；Scollon 2008：20）。国家级的政策文本是在立法者及其工作人员之间的互动中被辩论和起草的；新闻媒体由记者和读者生产和消费；机构的决策和指导是在行政人员和管理者之间的谈判中制定的。同样地，教师和学生，雇员和管理者在日常的互动中对机构政策进行解释。因此，当我们把分析重点放在任何特定的层级内时，我们并不是要作出微观和宏观的区分，而是要考虑一项社会行动及其影响的范围（Hult 2010a：19）。例如，总部员工的行动可能会对公司在世界各地的雇员产生影响，国家立法者的行动可能对整个国家产生影响，而教师的行动可能对学校或教室里的学生产生影响。

语言政策研究与民族志或语篇分析的一个更广泛的区别是，语言政策研究的焦点在于政策行动。这里所说的政策行动，是指政策利益相关者针对任何隐含或明确、法定或实际存在的语言政策所采取的行动（Schiffman 1996：30；Scollon 2008：37–38）。这些利益相关方也被称为政策行动者或"仲裁者"（Johnson 2013b；Menken and García 2010：1），他们根据自己对政策的解释行事。这些政策行动可能包括明显的行为，如在备课时阅读语言课程文本，也可能是不太明显的行为，如在课堂上根据对教学媒介的隐性预期选择使用哪种语言。

反过来，政策文本可以被视为一种"冻结行动"（Norris 2007：13），或"过去行动的物化形式"（Pietikäinen et al. 2011：281），因为政策文件是决策过程中互动行为的文本结果（Blommaert 2005：185）。在某些情况下，可以通过研究特定文本是如何协商的来考察政策制定者的互动（如Woodson 2010）。不过，更多时候，文本本身是政策制定者行动的唯一可见痕迹。在这种情况下，我们可以将政策文件的某些部分作为冻结行动进行调查，并进一步探索这些行动是如何与在其他层级中解读和实施政策的利益相关者的行动相关联的（如Compton 2010）。

并置：绘制政策行动中交织的话语

基于关联分析的研究将产生多种数据，如参与者观察的田野笔记、音频录制的（及转写）互动和访谈记录、各类文档（包括政策文本），以及各种多模态数据，如照片和媒体新闻。这些数据反映了从个体层面到人际层面，再到社群、机构层面，最后到社会层面的不同社会语言层级。分析工作的重点是追踪这些层级之间的话语联系。

每一项政策行动都有可能受到我们在本章开头提到的三种类型的调节，并因此成为这三类话语的联系点，即历史个体、在场话语和互动秩序（Scollon and Scollon 2004：20）。如图 19.1 所示，这三种话语类型各自为与不同层级的连接提供了可能，并且使用特定的研究工具收集和分析了与每一种类型相关的数据。

从分析角度来看，研究者会选择一个"关键事件"（Erickson 1977；Kroon and Strum 2007），即在实践连接点上尤为突出的特定时刻，以及该时刻内的某一具体行动。判断一个时刻为何成为关键事件是一个解释性的过程，这一过程依赖于研究者所处的具体情境及其理解（参见 Moore and Wiley，本书）。这样的关键时刻往往汇聚了多种值得关注的话语，因此，它特别有助于我们更深入地洞察和理解政策关联。

当聚焦到一个特定行动后，我们就可以继续确定每种类型的哪些特定话语与调解该行动特别相关。这也是一个解释性过程。正如约翰逊（Johnson）所指出的，"人们周围总是有多种话语，民族志研究者的工作是确定哪些话语是最相关的，以及它们如何与语言政策过程关联"（Johnson 2009：154）。通过关注这三种类型话语的潜在关联性，我们能够在概念上更好地理解多个层级是如何在某个单一时刻或行动中交汇在一起的，这种现象可以被称为"分层同时性"（Blommaert 2005：126–131；参见 Scollon 2008：65）。

"历史个体"的概念改编自西田先生的作品（如 Nishida 1998[1937]），它提醒我们注意个人的经验、技能和信仰如何与政策行动的展开相关（Blommaert and Huang 2011：73）。通过使用（民族志）采访、焦点小组、调查甚至是文本分析（公职人员通过印刷品公开其价值观）等技术，可以深入了解政策参与者的生活经验，进而了解他们在特定时刻采取的行动如何成为他们个人历史轨迹的一部分（Bhalla 2012；Lane 2010；Scollon and Scollon 2004：160–161）。需要特别注意的方面包括：专业培训、对语言和说话者的看法、以往的政策经验和教育经验等。"历史个体"突出了人的主观能动性，帮助研究者深入了解个体如何影响语言政策的过程。

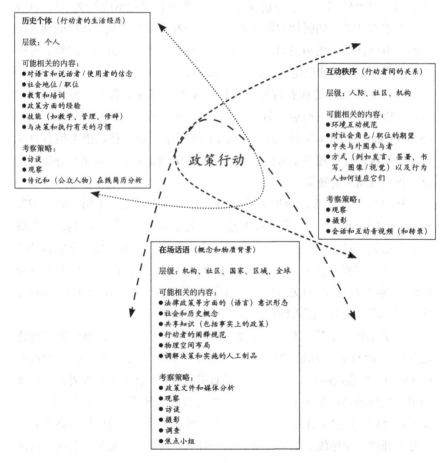

图 19.1 语言政策关系分析中话语类型的交叉

"在场话语"强调行动发生的物质和概念背景（Blommaert and Huang 2011：276；Scollon 2008：34–36；Scollon and Scollon 2004：161–163）。在物质方面，这可能包括教室或办公室的物理布局如何促进或阻碍某些语言政策行动。在概念方面，它可能包括哪些在全国范围内传播的语言意识形态或制度上传播的规范，探讨它们如何调解个人采取的政策行动。批评话语分析工具可用于识别媒体文本、政治演讲、广告或语言景观中公共标志隐含的社会话语和意识形态（如 Pietikäinen 2010；Pietikäinen et al. 2011；Scollon and Scollon 2004：173–174）。这些话语之所以被称为"在场"，是因为它们是调解行动的特定情境（地点）的一部分（Blommaert and Huang 2011：276；Scollon and Scollon 2004：14）。一旦确定了潜在的在场话语，就可以通过寻找互文性、明确引用来自其他层级的文本或与其他层级的框架或观点相联系，以具体的方式追踪它们是如何在特定政策行动中实现在地化的（Blommaert 2005：29；Scollon 2008：22；另见 Johnson，本书）。因此，在场话语有助于追踪单个政策行动如何在话语上与更大的政策网络相关联（Scollon 2008：34–35）。

"互动秩序"（interaction order）借鉴并改编自戈夫曼（例如，Goffman 1983），它关注人际层面（Scollon and Scollon 2004：13），是个人（历史个体）和社会（在场话语）层级之间的桥梁（Blommaert and Huang 2011：277）。借助互动社会语言学的工具，如分析录音对话、交际民族志，分析言语情境观察的田野笔记，我们可以确定在政策行动中个体如何共同构建某些话语，使其被突显或被弱化。谁的经验值得重视？是谁让哪种语言的意识形态在行动的瞬间具有话语关联性？互动规范如何赋予或限制某些发言者的贡献（例如在立法机构、委员会或教室）？关注互动秩序提醒我们，政策过程涉及政策参与者之间的协商（Scollon 2008：32–33）。

必须指出的是，这三种话语类型都不应被视为静态的。相反，它们中的每一种都可能随着时间的推移而改变，特别是当它们相互交叉时。斯科隆和斯科隆（Scollon and Scollon 2004：27）借助水循环进行类比。正如水可以降落，从环境中吸收新的元素，蒸发，再降落一样，话语也类似，它们在社会语境中改变，变得（重新）适当，修改后再显现出来。因此，关联分析不仅可以追踪话语如何在不同层级中移动，还可以考察它们在移动的过程中可能发生的变化（Scollon and Scollon 2004：21–22）。

通过研究不同层级的多种行动，政策体系的整体图景及其各部分之间的话语联系开始显现。对于某些特定层级内的行为，人们可能会发现这三种话语的痕迹。对于其他行为来说，可能甚至更希望仅描绘出一种或两种类型的话语痕迹。这在一定程度上取决于研究问题，另一方面也取决于可用数据的类型。例如，我们可能希望同步研究这三种话语类型如何有助于一个机构的社会建构（如 Dressler 2012），或者我们可能希望研究特定的历史情境下在场话语如何随时间发生变化（如 Hult and Pietikäinen 2014）。在进行成功的关联分析时，没有必要一定关注所有组成部分。

在介绍语言政策与规划关联研究的一个简短例子之前，有必要简单介绍一下第三个阶段，即"改变关联"。这也反映了关联分析的民族志学根源，即研究者并不被视为与研究环境或问题相分离，而是很可能以有意义的方式成为其参与者生活的一部分（Scollon and Scollon 2004：9；另见McCarty，本书）。作为"引导关联"的一部分，研究者也在改变它。因为研究本身提出了新的问题和参与者意识，如果不是研究者的持续参与，这些问题和意识可能不会很突出。在语言政策与规划的研究中，这可能引发思考语言问题或解释语言政策的新方法。或者在研究中，通过数据收集和分析，研究人员可能会得出政策含义或为未来的语言政策制定提出建议，从而改变关联。关联分析与（批判性）民族志和更广泛的（批评）话语分析一样，既允许进行旨在促进社会变革的积极行动研究，也允许对社会产生潜在的（有时是无意的）影响，这是所有社会研究的必要部分。

19.5 案例研究

我的同事玛丽·卡尔克维斯特（Marie Källkvist）和我在瑞典一所大学里进行了一项语言政策发展的纵向研究（Källkvist and Hult，2016）。最初对这个话题的兴趣始于我们得知一个机构正计划制定一项语言政策。相对来说，对政策文本的制定进行实时调查的语言政策与规划的研究较少，大部分研究往往侧重于文本本身或政策执行上。因此，我们认为这是一个机会，可以深入了解决策者之间进行的谈判，因为他们的辩论关系到政策内容以及最终的政策文件。与此同时，各国也对机构语言政策产生兴趣，国家高等教育局鼓励此类政策，其他一些大学也开始实施这些政策。因此，我们还看到一个机会，可以研究一个机构中特定政策制定者的工作与瑞典更大的国家语言政策环境之间的关系。因此，我们的实践联系是瑞典的大学语言政策制定。

基于卡尔克维斯特的学术关系，她能够以具有英语专长的参与观察员身份进入语言政策委员会。根据我之前对瑞典语言政策和卡尔克维斯特对瑞典学术体系的了解，我们设计了一项研究，从语言政策关系的角度来考察委员会的工作。考虑到斯科隆和斯科隆关于研究不应过度局限于特定事件的评论，我们试图从多个政策量表中收集数据，如图 19.1 所示。在全国范围内，我们获得了政府、语言委员会和国家高等教育局的政策和文件，以及瑞典其他大学的语言政策。在制度层面，我们获得了早期的战略规划文件、规定语言政策委员会工作参数的任务，以及大学利益相关者对政策草案的书面回应。[3] 在委员会层面，我们对会议进行了录音，与委员会成员进行了交谈，并获得了草案和其他工作相关的文件，以及九个月来委员会在十次会议后产生的政策文本。

我们的目标不仅仅是对委员会的工作进行互动分析，而是研究语言政策制定中的多层次话语机制。为此，我们提出了以下这两个研究问题：

（1）语言问题是如何确定的，如何随着时间的推移进行协商并将其融入语境的？

（2）来自多个层面（如超国家、国家、机构、个人）的观点如何在决策过程中相互交织？

在民族志的传统中，循环分析开始于卡尔克维斯特在委员会会议上的参与式观察，她注意到了突显的主题、问题和政策联系。通过对其他政策文件的文本分析，我们确定了在国家和制度层面的场景话语。然后，我们选择了一些关键事件作为分析重点。

幸运的是，我们能够与一位研究助理合作，他转写了所有的录音数据，并由卡尔克维斯特验证其准确性，这使我们能够使用转录的语料库以及民族志经验和田野笔记来选择关键事件。虽然这是理想的，但值得注意的是，在关联分析中，对所有录音数据的全面转写可能并不总是必要的。进行关联分析的一个主要挑战是处理来自不同层级的广泛数据（包括文本、口头、视觉）。如何处理并分析这些数据将取决于研究问题。例如，在一项特别侧重于互动秩序的研究中，尽可能多地转写可能是有利的。如我们这样的研究，侧重于通过民族志选择的事件和其他层级的相关话语，这样的全面转写可能是有用的，但当与分析备忘录、田野笔记、内容分析或其他补充技术相结合时，选择性转写可能就足够了（例如，Halcomb and Davidson 2006；Spotti 2011）。

因此，我们将分析重点集中在特定的关键事件上，试图考察历史个体、在场话语和互动秩序如何在政策行动中相互交织。以下例子来自政策委员会第十次会议的一个简短摘录：[4]

> 说话人1：但你认为我们应该开始吗？我认为我们应该加入"冲突"这个词，因为如果说于默奥（Umeå）的政策里不存在冲突，我就很生气。
>
> 卡尔克维斯特：嗯，当然有冲突。
>
> 说话人5：是的，但是你就不能在后面加上这个吗？
>
> 说话人1：遵守《语言法》和提高大都会大学国际化程度的雄心意味着存在冲突。
>
> 说话人2：是的，对，我们从一个陈述开始。
>
> 卡尔克维斯特：意味着有一个冲突。
>
> 说话人1：然后我们可以从另一段中获得，这只能通过全面的平行语言使用来解决。

在这一事件中，语言政策委员会的成员正在辩论如何在大学环境中定位瑞典语和英语之间的关系，以适应最近将瑞典语定为瑞典主要语言的国家立法。抛开对内容的分析不谈，让我们考虑三种类型话语的潜在联系点，以及如何使用它们来追踪与其他层级的联系（见图19.1）。

说话人1是委员会主席。值得注意的是，他提出了一个想法（"冲突"），并在委员会其他一些成员的帮助下，很大程度上推动了这个想法的发展。我们可以询问，他对辩论的控制程度在多大程度上是由委员已建立的互动秩序所促成的，特别是对于作为主席的说话人1来说，什么是预期或可接受的行为。互动秩序周期可以追溯到之前的会议，以检查其发展，并确定哪些规范已经被构建起来，以及在这次事件中，这些规范如何促进说话人1的贡献。

考虑到说话人1在摘录的政策谈判中占据突出地位，人们可能希望更多地了解他的历史个体。如果关键个人的能动性有可能对政策实质产生影响，了解他的语言信念和他在机构语言使用方面的经验是有益的。了解说话人1作为委员会主席或成员的技能和经验也会有助于了解他在互动秩序中如何定位自己和他人。关于他提到的另一个政策文本（于默奥的政策），对于更多地了解国家和机构层面政策的认识和理解或许也会有所帮助。总之，以上这些有助于我们理解说话人 1 生活轨迹的某些方面如何调节他在委员会政策谈判中的行为。

当一个层级的话语被带到另一个层级时，通过寻找"层级跳跃"的例子，也可以追踪更广泛传播的话语是如何与当地相关的（Blommaert 2007：1-2）。节选中有两个这样的跳跃点，指向了当前委员会谈判时的情境。第一个是说话人 1 对冲突话语的暗示，从而将其从于默奥大学政策中带出来，并将其"置于"本次讨论的基础。事实上，谈判的实质是对其他机构政策中这种冲突话语的拒绝。

当说话人 1 后来援引国家层面的政策（《语言法》）和机构层面的政策（"大都会大学提高国际化的雄心"）时，出现了第二次层级跳跃，暗示其中存在相互竞争的话语，应在委员会的政策文本草案中加以说明。对这些话语的追踪反过来又将我们带到对《瑞典语言法》和大学国际化战略计划的批评话语分析中，以确定来自这些其他层面的话语与委员会谈判中提出的问题是如何交织的。

最后，以下政策是摘录中辩论的背景：

> 双语使用
>
> 遵守《语言法》的要求和大都会大学成为一所日益国际化的大学的雄心导致了一种冲突，这种冲突只能通过全面的双语使用来解决。在这种情况下，双语使用意味着在大都会大学的交流中，两种语言——瑞典语和英语——在很大程度上并行使用。

这一事件提供了一个例子，展示了如何使用关联分析来引导人们在分析上放大和缩小特定的行动时刻，以便映射（跨）个人层面和社会层面上的话语是如何交叉的。通过以类似的方式检查多个事件，人们可以越来越清楚地了解总体政策关系以及具体的语言政策行动是如何与之相关的。

尾注

1. 层级是具有意义的空间和时间维度，作为一种"工具，通过它，主体在社会和物质世界的符号化中建立秩序"（Blommaert et al. 2014：2）。层级既可以从分析员的角度（客位）看，也可以从参与者自身的角度（主位）看。把层级作为一个社会语言学概念来全面论述，超出了本章的范围。可以参考进一步的讨论（Blommaert 2007，Blommaert et al. 2014，Hult 2010a，Lemke 2000，Scollon and Scollon 2004）。

2. 受篇幅所限，这里不可能详细阐述这些传统及其在语言政策研究中的应用。在这里，我特别关注关联分析中提出的方法论原则。

3. 在瑞典，即使在国家层面的决策过程中，利益相关方也有机会提供书面反馈，这一过程被称为"协商"（传阅征求意见）。

4. 互动使用的是瑞典语。这段摘录是我们的英文译文。S 表示说话人，MU 是这所大学的代号——大都会大学。转写时，使用的是罗杰斯（Rogers 2004）改编的杰斐逊转写符号码。

参考文献

Agar, M. 1996. *The Professional Stranger: An Informal Introduction to Ethnography*. New York: Academic Press.

Bhalla, S. 2012. Experiencing globalization as South Asian teaching assistants: Navigating tensions in professional and social identities. PhD dissertation. University of Texas at San Antonio.

Blommaert, J. 2005. *Discourse: A Critical Introduction*. New York: Cambridge University Press.

Blommaert, J. 2007. Sociolinguistic scales. *Intercultural Pragmatics* 4(1): 1–19.

Blommaert, J. 2010. *The Sociolinguistics of Globalization*. New York: Cambridge University Press.

Blommaert, J., and Huang, A. 2011. Historical bodies and historical space. *Journal of Applied Linguistics* 6: 267–282.

Blommaert, J., Westinen, E., and Leppänen, S. 2014. Further notes on sociolinguistic scales. *Tilburg Papers in Culture Studies* 89: 1–11.

Bucholtz, M., and Hall, K. 2008. All of the above: New coalitions in sociocultural linguistics. *Journal of Sociolinguistics* 12(4): 401–431.

Compton, S. 2010. Implementing language policy for deaf students from Spanish-speaking homes: The case of agents in a Texas school district. Master's thesis, University of Texas at San Antonio. Available from http://gradworks.umi.com/14/75/1475894.html (accessed December 17, 2014).

Dressler, R.A.H. 2012. Simultaneous and sequential bilinguals in a German bilingual program. PhD dissertation. University of Calgary.

Erickson, F. 1977. Some approaches to inquiry in school-community ethnography. *Anthropology & Education Quarterly* 8(2): 58–69.

Falzon, M., ed. 2009. *Multi-Sited Ethnography: Theory, Praxis and Locality in Contemporary Research*. Aldershot, UK: Ashgate.

Fishman, J.A. 1972. The relationship between micro- and macro-sociolinguistics in the study of who speaks what language to whom and when. In J.B. Pride, and J. Holmes, eds., *Sociolinguistics: Selected Readings*, 15–32. New York: Penguin Books.

Fishman, J.A. 2006. *Do Not Leave Your Language Alone*. Mahwah, NJ: Lawrence Erlbaum.

Gee, J.P. 2011. *How to Do Discourse Analysis: A Toolkit*. London: Routledge.

Goffman, E. 1983. The interaction order. *American Sociological Review* 48: 1–17.

Halcomb, E.J., and Davidson, P.M. 2006. Is verbatim transcription of interview data always necessary? *Applied Nursing Research* 19: 38–42.

Hammersley, M., and Atkinson, P. 1995. *Ethnography: Principles in Practice*. 2nd ed. London: Routledge.

Hornberger, N.H. 2006. Negotiating methodological rich points in applied linguistics. In M. Chalhoub-Deville, C.A. Chapelle, and P. Duff, eds., *Inference and Generalizability in Applied Linguistics: Multiple Perspectives*, 221–240. Philadelphia: John Benjamins.

Hornberger, N.H., and Hult, F.M. 2008. Ecological language education policy. In B. Spolsky and F.M. Hult, eds., *Handbook of Educational Linguistics* 280–296. Malden, MA: Blackwell.

Hult, F.M. 2010a. Analysis of language policy discourses across the scales of space and time. *International Journal of the Sociology of Language* 202: 7–24.

Hult, F.M. 2010b. Theme-based research in the transdisciplinary field of educational linguistics. In F.M. Hult, ed., *Directions and Prospects for Educational Linguistics* 19–32. New York: Springer.

Hult, F.M. 2014a. Covert bilingualism and symbolic competence: Analytical reflections on negotiating insider/outsider positionality in Swedish speech situations. *Applied Linguistics* 35(1): 63–81.

Hult, F.M. 2014b. How does policy influence language in education? In R.E. Silver and S.M. Lwin, eds., *Language in Education: Social Implications*, 159–175. New York: Bloomsbury.

Hult, F.M., and Pietikäinen, S. 2004. Shaping discourses of multilingualism through a language ideological debate: The case of Swedish in Finland. *Journal of Language and Politics* 13: 1–20.

Johnson, D. C. 2009. Ethnography of language policy. *Language Policy* 8: 139–159.

Johnson, D.C. 2013a. *Language Policy*. New York: Palgrave Macmillan.

Johnson, D.C. 2013b. Positioning the language policy arbiter: Governmentality and footing in the School District of Philadelphia. In J.W. Tollefson, ed., *Language Policies in Education: Critical Issues,* 116–136. 2nd ed. London: Routledge.

Källkvist, M., and Hult, F.M. 2016. Discursive mechanisms and human agency in language policy formation: Negotiating bilingualism and parallel language use at a Swedish university. *International Journal of Bilingual Education and Bilingualism* 19(1): 1–17.

Kroon, S., and Strum, J. 2007. International comparative case study research in education: Key incident analysis and international triangulation. In W. Herrlitz, S. Ongstad, and P. van de Ven, eds., *Research on Mother Tongue Education in a Comparative International Perspective: Theoretical and Methodological Issues*, 99–118. New York: Rodopi.

Lane, P. 2010. "We did what we thought was best for our children": A nexus analysis of language shift in a Kven community. *International Journal of the Sociology of Language* 202: 63–78.

Larsen-Freeman, D., and Cameron, L. 2008. *Complex Systems and Applied Linguistics.* New York: Oxford University Press.

Lassen, I. 2008. *The Red Gold*: Analyzing a nexus of practices. *Critical Discourse Studies* 5(1): 1–19.

Lemke, J.L. 2000. Across the scales of time: Artifacts, activities, and meanings in ecosocial systems. *Mind, Culture, Activity* 7(4): 273–290.

Marcus, G. 1998. *Ethnography Through Thick and Thin*. Princeton, NJ: Princeton University Press.

McCarty, T.L., ed. 2011. *Ethnography and Language Policy*. London: Routledge.

Menken, K., and García, O., eds. 2010, *Negotiating Language Policies in Schools: Educators as Policymakers*. London: Routledge.

Nishida, K. 1998 [1937]. The historical body. In D.A. Dilworth, V.H. Vigliemo and A.J. Zavala, eds., *Sourcebook for Modern Japanese Philosophy*, 37–53. Westport, CT: Greenwood Press.

Norris, S. 2007. The micropolitics of personal national and ethnic identity. *Discourse & Society* 18: 653–674.

Perry, F.L. 2011. Research in applied linguistics: Becoming a discerning consumer. London: Routledge.

Pietikäinen, S. 2010, Sámi language mobility: Scales and discourses of multilingualism in a polycentric environment. *International Journal of the Sociology of Language* 202: 79–101.

Pietikäinen, S., Lane, P., Salo, H., and Laihiala-Kankainen, S. 2011. Frozen actions in the Arctic linguistic landscape: A nexus analysis of language processes in visual space. *International Journal of Multilingualism* 8(4): 277–298.

Ricento, Thomas. 2000. Historical and theoretical perspectives in language policy and planning. *Journal of Sociolinguistics* 4(2): 196–213.

Rogers, R. 2004. A critical discourse analysis of literate identities across contexts: Alignment and conflict. In R. Rogers, ed., *An Introduction to Critical Discourse Analysis in Education*, 51–78. Mahwah, NJ: Lawrence Erlbaum.

Schiffman, H.F. 1996. *Linguistic Culture and Language Policy*. London: Routledge.

Scollon, R. 2005. The discourses of food in the world system. *Journal of Language and Politics* 4(3): 465–488.

Scollon, R. 2008. *Analyzing Public Discourse: Discourse Analysis in the Making of Public Policy*. London: Routledge.

Scollon, R., and Scollon, S.W. 2004. *Nexus Analysis*. London: Routledge.

Siiner, M. 2014. The internationalization process of a Swedish financial institution to the Baltic market: Communicating one's "culture" in English. Presented March 22 at English in Business and Commerce: Interactions and Policies. Prague, Czech Republic.

Soukup, B., and Kordon, K. 2012. ELF in international supervision: A nexus analysis approach. *Journal of English as a Lingua Franca* 1(2): 315–335.

Spotti, M. 2011. Modernist language ideologies, indexicalities and identities: Looking at the multilingual classroom through a post-Fishmanian lens. *Applied Linguistics Review* 2: 29–50.

Woodson, K. 2010, Discursive relationships between dominant US language policy ideologies and the congressional record in relation to Title III of the No Child Left Behind Act of 2001. Master's thesis, University of Texas at San Antonio.

拓展阅读

Rogers, R., ed. 2011. *An Introduction to Critical Discourse Analysis in Education*. 2nd ed. London: Routledge.

Saville-Troike, M. 2003. *The Ethnography of Communication: An Introduction* 3rd ed. Malden, MA: Blackwell.

Schiffrin, D. 1994. *Approaches to Discourse*. Malden, MA: Blackwell.

Scollon, R. 2008. *Analyzing Public Discourse: Discourse Analysis in the Making of Public Policy*. London: Routledge.

Scollon, R., and Scollon, S.W. 2003. *Discourses in Place: Language in the Material World*. London: Routledge.

Scollon, R., and Scollon, S.W. 2004. *Nexus Analysis*. London: Routledge.

附录

语言规划学者的社会参与

附录 1　如何与学校和社区进行交流

丽贝卡·菲尔德

语言政策与规划的研究者和外部顾问在与学校和社区就使命、愿景、目标、预期成果以及合作过程达成共识时，可以有效地互动。我的研究和实践旨在实现公平和双语主义，我选择与那些有共同目标的组织合作。在这里，我提供了一些指导原则和具体策略，以帮助吸引学校和社区参与制定学校语言政策。

根据科森（Corson 1999）的观点，学校语言政策应该确定语言问题，阐明学校如何处理关注领域，包括监测和修订政策的条款。它是一个动态的行动声明，随着学校和社区的变化而变化。但是，在某些情况下，语言政策并不是明确书写的，而是隐含在语言政策研究人员使用民族志和话语分析方法观察并记录的实践中。在其他情况下，政策是明确书写的，但是在课堂上工作的教育从业人员并不知道这些策略的存在或含义。学校和社区对语言教学、学习和使用的信念之间的复杂关系也会影响语言政策在当地的援用方式。语言政策研究人员和顾问通常需要在当地协商各种差距、困惑、矛盾和争议。

一、在学校环境中工作

在与学校和社区互动时，重要的是发展关系，使教师、管理者和学生将自己视为研究过程中不可或缺的参与者，而不是研究对象。以下是一般的指导原则，可以帮助研究人员定位自己，鼓励教师和行政人员与我们合作：

- 清晰地阐述你的研究议程，用教育工作者能理解和接受的语言表述。请记住，教师和行政人员使用的术语与语言政策研究者不同，像语言规划、语言意识形态和语言政策援用这样的概念必须明确定义。
- 主动提供志愿服务（例如辅导学生、编写课程材料、加强社区宣传），以换取开展研究的机会。作为一名研究人员，一定要平衡你的工作和你对他们需求的关注。

- 利用你的研究回答委托人提出的问题（以及你自己的问题），鼓励教育从业者与你一起反思实践，并采取行动改进实践。
- 允许内部人士指导你的注意点、数据收集和分析，关注他们认为重要的内容（例如，要观察的关键互动、要采访的参与者以及要审查的现场文档）。询问他们对数据的解释，从而可以提供三角验证。期望这些观点能支持或丰富你的分析，或挑战、驳斥现有数据，从而始终丰富你的分析。
- 努力确保所有参与者了解他们参与研究的重要性。邀请学校和社区成员参加当地会议，或在当地报纸、同行评议期刊或书籍章节上共同发表文章。

语言政策与规划研究人员和顾问可以与学校和社区成员协作，了解他们所发现的复杂性，并制定连贯的学校 / 地区语言政策和实施计划，以促进平等和双语主义的共同目标。我们也可以有意把语言作为一种资源来讨论，或者讨论学生能用他们语言库中的语言做些什么，以挑战关于英语学习者的母语缺陷话语。

二、在学校进行语言政策与规划咨询的机会

学校和地区通常不需要制定正式的语言政策。然而，他们通常需要聘请一名外部顾问来评估他们的英语二语学习、双语或世界语言项目，这样的项目评估自然需要语言政策与规划方面的建议。在我同意进行项目评估之前，我提交了一份提案。由于项目评估是一项要求，因此主管必须批准该提案，提案内容概述如下：

- 目的。审查学校 / 地区的语言教育政策、项目和实践，并提出具体的改进建议。
- 指导问题。学生们是谁？目标是什么？学生表现如何？提供哪些服务？项目优势是什么？必须应对哪些挑战？如何改善服务？建议采取哪些行动步骤？（详见 Hamayan and Freeman Field 2012：5）
- 数据收集和分析方法。定量和定性相结合，包括学生表现数据，政

策声明和项目描述，课堂互动观察，以及与教师、行政人员、校长、学生、家长和社区成员的访谈和焦点小组。

- 交付成果。包括提交给领导团队的口头项目评审报告，以及围绕指导性问题组织的书面课程评审报告，并将定性和定量数据作为证据。

我进行项目评估的方法反映了我对以行动为导向的语言政策与规划民族志研究和话语分析研究的方法，同时我也注意到项目评估员的权力和权威，我们收取一定费用并只在有限的时间内与学区合作。我通过以下步骤组织项目评审，有策略地使用这种权力和权威：

1. 请求学区召集一个负责促进审查的领导团队。领导团队应包括相关语言和文化社区的代表以及不同决策层的教育工作者，包括学校和学区行政人员、普通教育教师或双语教师、学生、家长和社区成员。团队应该足够大，以具有代表性，但也不应太大，能够高效工作。团队中必须有人有权根据报告中的建议采取行动。

2. 向所有相关方阐明项目评审的目的。从学校领导小组开始，因为这是一个将促进审查并根据顾问建议采取行动的小组。应创造空间倾听所有参与者对以下内容的想法：（1）学生和社区的优势和需求；（2）语言教育课程的目标、结构和预期成果；（3）管理者和教师的角色和职责。回答有关语言教育政策、项目和实践的问题，用每个人都能理解的术语回答，并反映出明确的语言资源导向。努力创造一个旨在实现公平和双语主义的连贯的愿景和使命。注意关于双语学习者教育的冲突、争议和竞争性话语（de Jong 2011）。

3. 为项目评审收集必要的定性和定量数据。要求领导团队在现场访问前收集对指导性问题作出回应的数据，并将这些数据整理成一个共享的电子文件。要求领导团队组织现场参观，并提供机会观察课程、进行访谈，以及促成与关键参与者的焦点小组。向领导团队汇报情况，并要求提供完成项目评审所需的任何额外数据。讨论你的初步发现，重点关注优势、挑战、未来的可能性和建议采取的行动。

4. 分析数据并撰写项目评审报告。使用指导性问题来组织定量和定性数据分析。描述你在数据中看到的模式，使用不同成分的解释来丰富你的分析，并利用研究来解释你的发现。对行动步骤提出明确具体的建议，并通过研究予以支持。提出一个符合当地优先事项、资源和约束条件的行动计划。写一页纸篇幅的执行摘要，突出重要的想法并列出行动步骤。

5. 与所有参与者分享项目审查/评估的结果。与领导团队合作，准备口头和书面陈述，使所有参与者都能理解。与校长及校董会成员会面，讨论报告建议。让领导团队与家长和社区成员进行双语会议，讨论符合社区利益的变化。与学区人员会面，讨论如何规划和实施报告中推荐的专业发展类型。

为了使项目评审有效，参与者必须投入到评审过程中。最重要的是，领导小组必须掌握主动权，并负责推进报告建议。当其中一项建议是让学区制定语言政策时，领导团队（必要时在语言政策研究者或顾问的支持和指导下）可以利用他们在整个审查过程和报告中所学到的知识，制定有效的学校/学区语言政策。

三、制定有效的学校/学区语言政策

有效的学校或学区语言政策和实施计划必须：（1）符合所有联邦、州和地方政策和问责要求；（2）响应当地社区的需求、利益和关切；（3）促进为双语学习者（包括但不限于英语学习者）制定和实施具有良好教育效果的课程，提供有效和可靠的结果；（4）得到所有参与者（行政人员、教师、学生、家长、社区成员）的理解和支持；（5）推动有关项目实施和专业学习的决策制定。语言政策应该以一份使命声明开始，明确阐明学区或学校对英语以外语言的立场。致力于保持和发展英语以外的其他语言的学区和学校需要在其所有政策和程序中体现这一使命。

制定有效的学校或学区语言政策是一项复杂的挑战，如果没有以民族志为导向的语言政策与规划研究者和顾问的指导，大多数学区和学校管理人员都无法胜任。本文概述的指导原则和具体策略旨在帮助语言政策与规划研究者和顾问将教师、管理人员、社区成员和教育决策者定位为我们在学校/学区语言规划与政策制定方面的合作伙伴。

参考文献

Corson, D. 1999. *Language Policy in Schools: A Resource for Teachers and Administrators*. Mahwah, NJ: Lawrence Erlbaum.

De Jong, E. 2011. *Foundations for Multilingualism in Education: From Principles to Practice*. Philadelphia: Caslon.

Hamayan, E., and Freeman Field, R. 2012. *English Language Learners at School: A Guide for Administrators*. Philadelphia: Caslon.

附录 2 如何参与语言政策辩论

约翰·里克福特

    语言规划与政策问题经常成为公众讨论和辩论的焦点。有时它是由政府的行动或决定引起的，例如 1975 年特立尼达和多巴哥教育部发布了一份新的小学教学大纲，被误解为鼓励"蹩脚英语"（即克里奥尔英语），并引发了如洪水一般的当地媒体读者来信（Carrington and Borely 1975）。1996 年，加州奥克兰市学校董事会提议在标准英语教学中考虑非裔美国人的白话英语，对此人们的反应相似，引发了"黑人英语（Ebonics）争议"。几个月来，这一提议引起了国内外的关注，包括美国参议院听证会、广泛的公众在线评论，以及大量的报纸、广播和电视报道（Rickford and Rickford 2000）。有时，触发事件是一个名人出版的作品或演讲，抨击当地的方言，就像歌手乔治·多尔（Georges Dor）在 1996 年出版的书中批评魁北克的法语口语（Laforest 1999）。历史学家、广播员大卫斯塔基（David Starkey）2011 年在英国广播公司（BBC）电视上煽动性地宣称，英国的骚乱是由于牙买加土语在青年、黑人和白人中的邪恶传播引起的（Pullum 2011，也可参考 Snell 2013）。

    在这些以及类似的情况下，语言学家应该作出回应，事实上也必须作出回应，贡献我们学科的专业知识，也许还会影响决策者的意见。但参与政策辩论并不是我们要做的事情，所以我想分享我和其他人近年来学到的一些教训：

    1. 快速反应。如果记者联系你要求回应，因为他们的工作有截止日期，而且这个话题可能在一两天内就不再"热门"，更不用说一两周了。同样，如果你想写一篇博客或专栏文章，必须是及时的，或者让它看起来是及时的，例如，倾向于评论市长昨天的发言，而不是两周前的提案。把自己想象成一个截止时间为下午 5 点的报社撰稿人，而不是一个截止时间为一年的学者。

    2. 文字表述简洁、有吸引力。这很明显，但做起来并不容易。当我为普通读者共同创作《灵魂之声》时，我不断地使用语言学术语；幸运的是，我的合作作者当时是一名记者，他会指出并修正这些失误。同样地，我 1997 年在《发现》（*Discover*）杂志发表的文章最初也因为没有考虑到非专业人士的阅读习惯而被拒稿。正如里克福特（Rickford 1999：271）所说的，我"研究以前《发现》杂志的文章，看看作家们是如何以简单生动的方式涵盖复杂的主题"，我的第二次尝试便成功了。斯坦福大学生物学家罗伯特·萨波尔斯基（Robert Sapolsky 1994）的著作特别有帮助（参见 Kendall-Tackett 2007）。记住，为报纸写作时，一个段落通常不超过一两个长句。

3. 创建网站。1996 年，一位同事，伊沃特托马斯，建议我创建自己的网站（www.johnrickford.com）。因为我告诉他，记者们经常在报纸上曲解我电话采访中所说的黑人英语争议，这让我感到很沮丧。一旦我开始把我的主要观点放到网上，并让记者参考消息来源，他们的报道就变得更准确了，电话采访的时间也缩短了。

4. 准备简洁形象的话语。拉福雷（Laforest 1999：278）指出，"在媒体中，辩论的规则不是我们所习惯的。你的发言时间很少，用来提出论点的时间太少。"我在与我以前的学生约翰·麦克沃特的一次广播"辩论"中发现了这一点。当我正在讲述一个又一个学者的研究成果时，约翰在美国其他地方的一个工作室里说："用黑人英语来解决奥克兰公立学校的问题，就像用滴管去扑灭森林大火一样！"我当然不同意，但我没有同样敏捷或令人难忘的反驳。人们不能完全用妙语来论证一个案例，但在电台和电视台露面时，有一两个妙语在手边是有帮助的。

5. 使用电子新闻和社交媒体。个人博客、语言学博客（如 Language Log）、普通博客（如 SpeakOut.com）和在线新闻媒体（如 Huffington Post、Colorlines 等）如今都非常重要和有影响力，特别是对于年轻人和其他很少查阅传统新闻报纸、广播或电视的人来说。如果你不习惯使用这些媒体，问问你的学生。学生们首先教我使用社交媒体并在我的信息中加入像"Jeantel"或"Zimmermancase"这样的标签，以帮助我的帖子被寻找这些主题的人发现。

6. 从学校新闻处寻求帮助。我们大多数人都不知道，我们许多学院和大学的新闻服务或通信办公室（通常工作人员都有丰富的媒体经验和人脉）可以帮助安排对当地或国家新闻媒体的采访或报道，编辑我们的观点文章，或其他形式。例如，出席 1997 年 1 月美国语言学会会议的电视工作人员是由斯坦福新闻社安排的，在那次会上，我们通过了支持奥克兰黑人英语的决议。2013 年 7 月，我看到主流媒体没有发表我对瑞秋·杰安特尔（Rachel Jeantel）方言的评论，当时我感到有点沮丧，它们得知后给我提供了斯坦福大学开放办公时间的一个时段，这是一个社交平台上的视频功能，覆盖了广泛的观众。

7．不断重复。当公众成员对未经过充分了解的言论（例如方言或非标准变体没有"规则"）发表意见时，语言学家常常会感到恼火，而这些言论他们很久以前（也许在他们的入门语言学课程中，或者在之前的公开辩论中）就已经驳斥过了。但正如我在其他地方所说，我们必须像广告商一样，准备好一遍又一遍地说"高露洁对你的牙齿有益"，尽管我们已经用无数种方式说过这句话。请记住，这个信息对我们来说可能是旧的，但对于我们面对的许多人来说，它是新的（或被遗忘的）。

8．德尔·卡内基对待反对派。卡内基（Carnegie 1936）的经典之作《人性的弱点》（*How to Win Friends and Influence People*）对某些人来说可能已经过时，不再时尚，但其中的一些原则（例如，"真诚地从对方的角度看问题"）在日常交流中仍然受到尊重和遵循，我们也可以在公开辩论中遵循这些原则并从中获益。例如，在讨论美国黑人英语问题时，我经常强调，奥克兰学校董事会与其批评者分享了帮助学生掌握标准英语的目标，唯一的争论是关于实现的手段。一旦这一点确立了，通常会与这些批评者有更多的共同点，我们可以继续讨论现有策略为何失败，以及替代策略（如对比分析）的证据是什么。

9．预料到挫折，甚至仇恨邮件。语言学家对语言的立场往往与一般公众的立场大相径庭，他们的思想观念是由老师、家长和其他渠道灌输给他们的，因此当我们对他们的观点表达意见时，我们可以预料会遭到相当大的抵制、批评，甚至是收到表达仇恨的邮件。拉福雷（Laforest 1999）和里克福特（Rickford 1999）都谈到了这一点。我只能说，我们必须充分相信这些问题对于我们所服务的言语社区的重要性。2013 年夏天，我写了十几篇甚至更多关于乔治·齐默尔曼（George Zimmerman）一案中瑞秋·简特尔（Rachel Jeantel）的方言的专栏文章，但未能发表在报纸或电子媒体上，对此我感到非常沮丧。最后，我把其中的两个放在了网站上（一个放在语言日志上，一个放在 SpeakOut.com 上），把其他的放在了我的网站上，然后开始写会议论文，以便更详细地发展这些主题。

10．准备好成长。在撰写关于瑞秋·杰安特尔在齐默尔曼审判（Zimmerman trial）中的证词时，一名陪审员承认她认为证词既难以理解又令人难以置信，我从语言学家和其他人那里得到了反馈，他们让我接触到了我之前未曾意识到的关于言语感知、语言与法律的文献。我仍在积极地追求这一点，但我发现自己在智力上不断成长，这是一个很好的理论结果，它始于一个明显的"应用性"努力。在这方面，斯内尔（Snell 2013）提出了一个具有挑衅性的观点，即我们在公开辩论中强调方言系统性的策略可能是无效的，（在某些情况下）甚至是不准确的。

我还可以提出其他一些小观点，但这些已经足够作为一个开始了，我希望其他人可以使用一个公共论坛（也许是语言日志？）来添加其他观点。

参考文献

Carnegie, D. 1936. *How to Win Friends and Influence People*. New York: Simon & Schuster.

Carrington, L.D., and Borely, C.B. 1975. *The Language Arts Syllabus 1975: Comment and Counter Comment*. St. Augustine, Trinidad: School of Education, University of the West Indies.

Kendall-Tackett, K.A. 2007. *How to Write for a General Audience: A Guide for Academics Who Want to Share Their Knowledge with the World and Have Fun Doing It*. Washington, DC: American Psychological Association.

Laforest, M. 1999. Can a sociolinguist venture outside the university? *Journal of Sociolinguistics* 3(2): 276–282.

Pullum, G.K. 2011. David Starkey on rioting and Jamaican language. Language Log, August 14. http://languagelog.ldc.upenn.edu/nll/?p=3365 (accessed December 17, 2014).

Rickford, J.R. 1997. Commentary: Suite for Ebony and Phonics. *Discover* 18(12): 82–87.

Rickford, J.R. 1999. The Ebonics controversy in my backyard: A sociolinguist's experiences and reflections. *Journal of Sociolinguistics* 3(2): 267–275.

Rickford, J.R., and Rickford, R.J. 2000. *Spoken Soul: The Story of Black English*. New York: Wiley.

Sapolsky, R. 1994. *Why Zebras Don't Get Ulcers*. New York: Holt.

Snell, J. 2013. Dialect, interaction and class positioning at school: From deficit to difference to repertoire. *Language and Education* 27(2): 110–128.

附录3　如何与政治家和政策制定者沟通

拉瓦·阿瓦斯蒂

在进行语言政策研究的过程中，与政治领导人直接互动可能是有益的。一些学者不太熟悉政府环境以及政治家和政策制定者可能抱有的预期，对于这些学者来说这可能令人望而生畏。虽然在不同的地理、文化和政治背景下会有差异，但我根据自己在政府服务方面的经验，在这里提供一些基本和通用的建议。这些建议旨在指导研究人员准备并主持与政治领导人的会议。我把这个过程分为四个部分：早期阶段、计划阶段、互动阶段和反思阶段。

一、早期阶段

在与政治家或决策者接触之前，反思总是有用的。苏格拉底主张"认识你自己"，意思是一个人首先要在内心独白的基础上提出问题。这对研究人员也是一个很好的建议。它将帮助你确定你的研究需求，并为你提供一个激发，让你具体了解互动内容和焦点，让你更清楚地知道你需要与谁互动，以及为什么要互动。这种思考的一部分应该是确定你可能想会见的人，并评估你的选择是否合适。按照这些思路，明智的做法是制定一份潜在政治家的名册和他们的简历，以及你可能在网上找到的关于他们的其他信息。至少要准备两个选择，因为你的第一选择可能无法实现。名册应与特定政策领域有关，以确保所选人员确实了解并参与你正在探讨的问题，而不仅仅是你最容易接触的人。

二、计划阶段

一旦你决定要选哪个政治家，你就需要从个人和政治两个层面收集关于他们的详细信息。了解一个政治家的政治思想、世界观和远见是至关重要的。你还需要更多地了解他们以前的工作和成就。必须了解他们的政策议程、改革举措以及与你所关注的特定问题有关的政策意图。基于这些背景信息，你可以为你们的互动创建一个路线图，其中可以包括：制定一个时间表、指定内容、提出问题、制定在会议期间使用的沟通策略。

一旦你准备妥当,下一个合适的步骤通常是接近政治家的助手和 / 或与政治家的工作人员建立融洽的关系。如果你在这个步骤遇到困难,也可以通过你和政治家共同认识的人联系到政治家本人。经人介绍是很重要的,任何一种方式都可以。然而,你不应该忽视政治家办公室职员的重要性。他们通常会在你们的互动中扮演重要角色。

通过建立联系,你可以安排会议,并掌握一定的灵活度。会议可以在政治家的办公室、住所或他们喜欢的其他地方举行。准备好预约一个最适合政治家的时间,而不是一个适合你的时间。为该会议和你关注的主要领域提供一个大纲,以便政治家事先得到充分的信息。此外,你可以提前或在经人介绍的时候分享你的简历,这也会给对方留下积极的印象。在某些情况下,在正式会议前与政治家进行一次预先会议,以建立融洽的关系,以便在正式会议时促进更开放的交流,增加讨论的质量。你们的预先会议也可以是一个机会,让政治家认识到你的主题的重要性。即使无法召开预先会议,在会前留下笔记和相关材料供他们审阅也是很有帮助的。总的来说,让政治家感到被尊敬是个好主意。

三、互动阶段

会议开始时,请注意营造良好的互动氛围。在政治家对你感到满意并且对讨论表示兴趣之前,请不要急于提问。你也无须立即开始讨论以达到最大化利用时间,因为建立信任和融洽的关系更为重要。互动时使用的语言可能是一个重要因素,在这种情况下,你应该向政治家询问选择什么语言,以作为建立融洽关系的一部分,或者甚至在计划阶段就考虑到这个问题。在会议期间,你还应该注意政治家的性别、种族、文化和信仰体系。在讨论有争议的事情时,避免冒犯他人,谨慎行事。虽然语言政策研究人员可能会倾向于直接甚至积极地解决关键问题,但政治家们往往会更加谨慎,因为他们重视自己的公众形象以及与选民的关系。这并不是说应该避免这样的问题,但你如何谈论这些问题是一个关键的考虑因素,尤其是如果会议的结果将出版或以其他方式公开。

你可能希望录制会议记录,通常使用的是音频或视频录制,有时候也会用笔记。但请务必获得许可进行此类记录,并明确信息的用途。如果可能的话,你可能希望记录两组不同的数据,一组是给你的,另一组是给政治家的，你将把它们作为一个记录留下，如果需要的话，以后可以作为参考。如果你有助手帮忙录音，请介绍他们，并征求政治家的同意让他们参加会议。

一旦建立了信任关系，并认为时机已到开始谈论政策，一个很好的开始就是提醒政治家关于会议的目的。你可能还需要提供有关主题的一些基本信息，以及为什么你想到要专门去见他们；即使你提前留下了便条和材料，他们也可能没有时间阅读。确认政治家的立场和对政策制定过程的贡献。然后，你可以提供一个关于你希望如何组织对话的概述，然后开始提问。提问是进行此类互动成功的关键。

关于政策问题的一般性问题是一个好的开始。让政治家自发地表达他们的观点，不要在他们深入思考时打断他们。寻求澄清并在需要时提出补充问题。记录口头和非言语信号，以及讨论的要点和实质。如果谈话偏离话题，尽量在不冒犯政治家的前提下，使讨论回到正轨。即使你有具体的问题，你也应该灵活开放，让政治家有空间为确定讨论的基调和议程作出贡献。继续保持对话，并表明你在那里是为了促进和加强他们参与的政策进程。在讨论即将结束时，询问政治家是否有任何问题要向你提问。一旦会议结束，感谢政治家花时间与你交流。让他们知道，你将继续跟进其他问题、人们对政策辩论的反应以及你的研究结果。

四、反思阶段

从会议回来后，对整个过程和讨论的内容进行反思。评估会议是否按计划进行。考虑你的遭遇是否使你重新审视之前的想法。分析政策问题上出现的要点，并对整个对话进行详细审查。如有需要，转录录音。

你还应该从决策角度反思会议：此类会面对广大民众有何好处？观察互动的模式，并批判性地评估对政策辩论的宏观和微观理解。有时，与决策者互动并向他们提出具体问题的简单行为可能会对他们随后的思维产生影响。最后，你应该跟进政治家及其工作人员，以感谢他们抽出时间，为你们未来的沟通和参与建立一个积极的渠道。

附录4 如何管理媒体形象

肯德尔·金

当记者打来电话或发来邮件时，我们中的许多人都有复杂的感受：热衷于分享我们在学术界以外的研究成果和专业知识，渴望它们有助于形成围绕语言政策的公共辩论，但也担心在陌生的、有时是敌对的领域中，我们的研究、机构或我们自己有可能被歪曲（或被不实地呈现）。

有关语言政策和语言学习的研究，以及与媒体和公众的交谈，与其他学术主题（例如细胞生物学或法国历史）有所不同，因为每个人在使用语言和语言学习（如果不是第二或第三，至少是第一语言）方面都有丰富的个人经验。从某种意义上说，几乎每个人都觉得自己是语言专家。这对应用语言学家来说是一个挑战，因为尽管我们希望认识到人们的信仰和个人经历的正确性，我们的工作也是让公众知道我们通过研究了解到了什么。常识性信仰广泛存在，但它们通常与研究结果相矛盾（例如，学生的第一语言发展会支持而不是阻碍第二语言技能，"唯英语"的国家语言政策不会直接促进英语学习，混合语言并不意味着"混乱"，等等）。

"管理媒体"，或者更确切地说，与广大公众沟通，是重要的，但这并非易事。在美国、欧洲以及许多其他环境中，语言政策的制定和实施往往带有惩罚性意图或影响，这一风险很高。以下是有关"什么可行"和"什么不可行"的一些见解，总结我在过去十年左右学到的东西，有时是艰难的方法，它们是由"作者经纪人"、代理和制作人告诉我的。

一、有效之道

做一点准备对于与媒体建立富有成效的关系大有帮助。这里有一些建议，可以让你充分利用这种互动，并获得最佳的结果。

1. 了解你的受众和记者

在与记者交谈之前，做一点调查工作通常是有用的。特别是要提前了解：

- 记者想要的故事线或角度（例如大致背景、对热点问题的快速评论等）。
- 受众和读者（例如国家、地方、生活方式、政体）。
- 文章的长度和截止日期。

例如，对于一篇报纸报道，你会为一篇 24 小时内要交稿的 300 字文章和一篇四周内要交稿的 4000 字杂志文章提供截然不同的答案。在会面前可以向记者、日程安排者或制作人询问，因为这些信息将帮助你衡量回答的基调、深度和长度，并使你能够优先考虑最重要的发现或论点。我花了好几年时间才学会这一点，但现在如果有记者打来电话，在谈到具体话题之前，我会问截止日期和字数限制是多少？其他有用的问题可能是：

- 关于这个问题，记者还和谁谈过？
- 观众对多少科学细节感兴趣？
- 是什么促使记者写这篇文章的？

2. 内容聚焦

无论你的听众是谁，都要保持你的回答清晰和相对简洁。通常推荐的策略是：

- 明确提出你的观点（例如，支持双语政策对我们国家是有好处的）。
- 用一个例子、事实或插图来支持这个观点（例如，双语劳动力有助于我们国家在全球经济中获得竞争优势……）。
- 然后再重复一遍要点（例如，我们应该投资于制定支持语言学习和双语的政策和计划）。

请记住，记者的问题往往会被剪辑掉，所以你的答案要能够独立存在。出于这个原因，避免以"因为……"开始回答，这也让你有机会用自己的话重新表述问题（详见下文）。

3. 生动具体

对于许多听众来说，讲述某个特定学校或学生的故事是非常有力和有效的。作为研究人员，我们受过引用参考文献、研究和理论的培训，但一个简单的事实，加上一个真实故事作为例证，往往更有说服力。如果可能的话，分享你对主题的热情和一个能传达这点的轶事。

4. 提前准备谈话要点

你是专家，你可以在很大程度上设定谈话的议程。你不需要直接回答每个问题，甚至根本不需要回答。通过使用诸如"这里的核心问题是真正……"或"我们真正需要关注的是事实上……"之类的短语，回到你的要点上。作为学术专家，人们期望你对你的专业领域有所了解，但不是每一个细节。说"我不是那个领域的专家"或"我对那个特定主题的研究不熟悉"是完全没问题的。同样，不引用每项研究的作者和年份也是可以的，甚至更为可取。

更重要的是：利用你与记者的通话时间或面对面的时间传达你想要表达的要点，而不是让采访者完全设定和控制议程。如果你已经做好了功课（见上文），你就会对故事的议题或角度有一个很好的了解。如果你感到不安，可以通过列出几个关键论点和支持数据、发现或事实来做好准备。

5. 注重人际交往

微笑，保持眼神交流，尽可能放松，并保持静止（在镜头上小动作会被放大）。如果时间允许，提前与记者进行一些闲聊，了解他自己的背景和对该话题的兴趣，并分享你自己进入该领域的原因。你接触的大多数记者都是通才，但很多人在大学时学过与语言学相关的课程或学习过外语。提前建立一点融洽的关系会大有帮助。

6. 设置限制和进行检查

对于印刷媒体，你可能希望分享一些"非官方"的轶事、信息或见解。为此，请询问记者你是否可以提供"背景"信息，并要求记者不要引用或指出你是这些信息的来源。这通常不是记者的偏好（因为他们当然更愿意有命名的消息来源），但这是可以谈判的。你还可以要求查看故事的最终版本，也可以提出检查故事，以发现事实性错误，并更正或对信息进行扩展等。很少有记者会允许你要求批准报道，但你可以在报道付印前提出要求看一看。许多记者很乐意让你在电子邮件中修改你所说的话，如果这能使它们更有力或更准确的话。

二、什么不起作用？

最后，我们应该注意一些常见的"禁忌"。这些都是一些宽泛的注意事项，旨在温和地提醒我们，在工作场合的谈话方式并不总是能够很好地适应媒体世界。

1. 使用学术语言

大多数普通受众对学术研究的复杂性和细微差别不感兴趣，而我们经常使用的短语（例如，"有大量的实证研究……"）会使许多人（并非全部）失去兴趣，听不到句子的后半部分。从主要观点开始，根据需要将修饰语嵌入到主句中。例如，不要以"尽管在这方面有一些混合的结果，但总体而言，证据的权重表明……"这样的修饰语开头，而是在主要研究结果的总结中加入"大部分"或"可能"等词汇。这样做还可以降低你的立场被简化或断章取义的可能性，因为记者和编辑往往会完全删除开头的修饰语。

2. 尝试真诚全面地回答记者的提问

大多数学者非常认真地对待问题。我们对教学和学习感兴趣，倾向于尝试理解提问者的观点和问题的基础，并希望像在本科生的课堂或研究生研讨会上那样，完整地回答问题。这是错误的。大多数记者不是寻求全面的概述，而是寻找特定的事实或观点（用于出版），或者寻求有趣、引人入胜的评论。如前所述，准备好会面，围绕一个问题提出一系列谈话要点，并根据这些目的重新措辞和重新组织问题。记住，你的受众实际上不是记者，而是更广泛的公众，所以最好不要对记者的问题或术语吹毛求疵，只需表达你计划中的观点。

3. 没有事先练习而即兴发挥

向非专业观众谈论或撰写复杂的科研成果并不容易，对大多数人来说也不是自然而然的事情。为了达到最佳效果，我们需要思考我们到底想要传达什么信息，以及如何最好地表达我们的观点，然后（最好在镜头前）

进行练习。练习一个或多个"电梯演讲",总结你是谁,关于这个主题我们知道什么,以及就政策而言需要理解的重要事项。

4. 以受过高等教育而居高临下

通常情况下,你的头衔、学位和大学隶属关系会出现在屏幕或印刷品的最显眼位置。对于观众来说,最令人印象深刻、引人入胜和信服的是一位清晰、谦逊、热情且不居高临下的人。例如,适当的时候微笑(即使在电话中,因为这会改变你的声音质量),对问题点头回应,偶尔使用记者或提问者的名字,尝试保持轻松的语调并改变音高以强调关键点。停顿一下,注意不要说得太快。确认问题(并为自己争取一点思考时间),并以这样的方式开始:"这是一个非常有趣 / 重要的问题"或"这在辩论中是一个关键点"。

三、学者参与社会服务的责任

虽然应用语言学学者有很多,但只有少数人定期接触媒体与大众互动。我们的领域是以问题为导向的,与政治和时事有着密切的联系,可以对广大公众特别是政策制定者有很多贡献。我们的责任不是管理媒体,而是与媒体接触,帮助他们了解我们的工作与当前无数问题的相关性,例如母语教学的重要性、双语的好处、第二语言学习的速度、非标准方言的价值和系统性、土著语言丧失和恢复的紧迫性,等等。为此采取的实用步骤包括:

- 给编辑写信发表自己的意见,或者参与公共在线讨论。
- 与大学新闻办公室合作,发布我们研究的普及版或新闻稿。
- 主动联系已经报道过语言相关问题的记者,并提出另一种观点。

这是一项耗时、无偿,有时甚至令人感到不适的工作。但是,如果我们不帮助制定政策议程,并围绕这些议题引导公众思维,谁又会这么做呢?

译名表

A

abuse 虐待

academic writing 学术写作

accuracy 准确性，精确度

acquisition planning 习得规划

action research 行动研究

additive bilingualism 增益性双语现象

Afrikaans language 南非荷兰语

aggregating figures 综合数字

aims and fundamentals 主旨与基础

ambivalence 矛盾性

American Community Survey 美国社区调查

applied linguistics 应用语言学

artifact 人工制品

authority 权威

autonomous model 自治模式

B

Bakhtin, Mikail 米哈伊尔·巴赫金

Baldauf, Richard 理查德·巴尔道夫

Basque 巴斯克语

benefits 益处，收益

bilingual 双语者

bilingualism 双语制，双语现象

blogging 博客

Bosnia-Herzegovina 波斯尼亚和黑塞哥维那（波黑）

bottom-up approach 自下而上的方法

Bourdieu, Pierre 皮埃尔·布迪厄

Breton language 布列塔尼语

C

Cardinal, Linda 琳达·卡迪娜

case studies 案例研究

Catalan language 加泰罗尼亚语

census data 普查数据

citizenship 公民，公民身份

classical language planning 经典语言规划

classroom interactions 课堂互动

code-switching 语码转换

cognition 认知

college news services 大学新闻服务

Common European Framework of Reference for Languages《欧洲语言共同参考框架》

common religion 共同宗教

communicative theory 交际理论

communitarianism 社群主义

complementarity of language 语言互补性

concerns-based adoption model (CBAM) 基于关注点的采纳模型

confidence intervals 置信区间

constitutive intertextuality 构成互文性

contemporary international law 当代国际法

context choice 语境选择

contextualization 语境化

corpus building 语料库建设

corpus choice 语料库选择

corpus linguistics 语料库语言学

corpus planning 本体规划

costs 费用，成本

counterfactual 反事实的，虚拟的

criteria 标准

critical (emancipatory) 批评（解放）

critical discourse analysis (CDA) 批评话语分析

Critical Languages Act (USA)《关键语言法》（美国）

critical research paradigm 批判性研究范式

Croatian language 克罗地亚语

Cronbach's alpha 科隆巴赫系数

culture of authority 权威文化

Current Population Surveys 现时人口调查

Cyprus 塞浦路斯

topoi 论题

Toulmin method 图尔明方法

transferability 可转移性

transmigration 移民

triple vision 三重愿景

typicality 典型性

U

United Nations 联合国

untrammelled public monolingualism 不受约束的
公共单语主义

V

vertical intertextuality 纵向互文性

virtual ethnography 虚拟民族志

virtual linguistic ethnography 虚拟语言民族志

W

websites 网站

Welsh language 威尔士语

Wolcott, Harry 哈里·沃尔科特

World Language System 世界语言体系

World Wide Web 互联网，万维网

X

Xaira 凯里亚（一种语料库分析软件）

译后记

2016 年，我翻译出版了戴维·约翰逊的《语言政策》。由于该书具有语言规划学教材的特点，后来成为"语言资源与语言规划丛书"中销量最大的一个译本。当年，约翰逊先生来到南京，在多所高校讲学，内容大多涉及语言政策的基础理论和研究方法。我和约翰逊先生见面，相谈甚欢，约翰逊为我介绍了他和胡尔特正在合作编写的《语言政策与规划研究方法：实践指导》一书。我听后很感兴趣，希望早点读到这本书。确实，一个学科的发展，如果没有适合的研究方法，是很难走远的。

本书第一主编是弗朗西斯·胡尔特教授，他拥有瑞典和美国双重国籍，在宾夕法尼亚大学获得教育语言学博士学位，曾担任联合国教科文组织高级访问学者和亚洲多所大学的客座研究员，如新加坡国立教育学院和中国香港教育大学。他还是多家期刊的编委会成员，也是国际语言政策研究网络咨询委员会成员。自 2010 年起，他担任施普林格出版社（Springer）"教育语言学系列丛书"的主编，主持编写了《教育语言学的方向与前景》（*Directions and Prospects for Educational Linguistics*，2010）、《教育语言学实践》（*Educational Linguistics in Practice*，2011），并与斯波斯基（Bernard Spolsky）共同主编了《教育语言学手册》（*The Handbook of Educational Linguistics*，2008）。他在教育语言学、社会语言学、语言景观与政策话语研究领域颇有建树。

事实上，在《语言政策》一书中，约翰逊就曾多次提及语言政策研究方法的重要性。该书在美国出版后，约翰逊又多次在 SSCI 期刊发表有关语言政策研究方法的论文，并在相关学术会议上呼吁本领域研究方法的创新。

近年来，我一直在探索语言政策研究方法的创新性和有效性。从虚拟民族志、互文分析到社会网络研究和叙事学研究。其中用力最勤的当数语言政策的话语研究（不限于批评话语分析）。《语言政策与规划研究方法：实践指导》中有多篇文章涉及政策话语，例如"以课堂话语分析透视语言教育政策进程"（第 9 章）、"语料库语言学在语言政策研究中的应用"（第 10 章）、"语言政策的阐释性政策分析"（第 14 章）、"互文性与语言政策"（第 15 章）。另外，我主编的《国际语言政策研究前沿》第一辑（2022）和第二辑（2024）已由商务印书馆出版，这两本专辑选择了最近几年在语言政策与规划类 SSCI 期刊发表的有一定学术影响的创新型研究论文，其中多篇采用话语分析的路径。

目前的语言政策研究有一种偏离语言学的倾向。例如，在研究语言景观时，仅仅参照传播学的"拉斯维尔程式"（即"5W 模式"）；在研究家庭语言政策时，仅仅按照社会学的相关理论进行阐释；在研究语言服务时，仅仅考虑管理学的若干原则。这些研究似乎都忘记了语言学和语言问题本身。我认为，应该倡导通过话语分析法来研究语言政策，因为话语分析是语言学者的看家本领，只要顺着话语这条线索去考察，肯定会发现许多有价值的语料，从而可以发挥语言学学科本身的优势。为此，我在《云南师范大学学报（哲学社会科学版）》2023 年第 3 期组织"语言政策话语研究"专题，并撰写主持人语"以话语机制全景透视语言政策"。2023 年 11 月我在浙江师范大学参加第十届"当代中国新话语"国际学术研讨会时，特地邀请中国话语研究会会长辛斌教授为《中国语言战略》"语言政策与话语研究"专栏组稿，希望能在一定程度上推动语言政策研究方法的深化。

《语言政策与规划研究方法：实践指导》一书的翻译难点不在于基本术语和概念定义，而在于译者是否真正理解了书中所涉研究方法的精髓，熟悉这些方法的要点、流程和缺陷，并进行恰如其分的表述。本书中的"通过 Q 分类法研究语言问题"（第 7 章）和"使用关联分析建立跨层级的政策联系"（第 19 章）都有一定的难度。但是我们知道，以己之昏昏，焉能使人昭昭？为此，我们请教了多位专家，对其中专有名词的译名和方法流程的阐述进行了精心打磨。希望我们的这些努力能够让读者准确把握书中各章作者的意图。

在这里，我要感谢上海外国语大学赵蓉晖教授为本书译稿所做的审订工作。赵蓉晖教授熟悉社会语言学的各种研究方法，在研究生教学中也特别重视研究方法的传授。

马嫣博士是赵蓉晖教授的高徒，中英文功底都很扎实，而且思维清晰，严谨务实。在翻译过程中，我们合作非常愉快。在这里，我要对"坐得住冷板凳，下得了苦功夫"的马嫣博士道一声"辛苦了！"

　　当然，我还要感谢外语教学与研究出版社的张立萍编辑。张立萍不仅工作严谨认真，而且勤奋好学，是一位学者型编辑。在多年担任"语言资源与语言规划丛书"责任编辑的过程中，她注意收集翻译中出现的各种问题，并总结成"译丛指南"，事先发给每位译者。让新来的译者能够迅速熟悉规则，避免犯同样的错误，从而能够快速上手。

　　最后，我要感谢爱妻端木礼蕙的理解与支持，她的鼓励让我广博奋进，她的陪伴让我乐学忘忧，不断追求卓越。在我忙碌的日子里，她承担了更多的家庭责任，确保我们的日常生活井然有序，让我能够全心投入翻译工作，在喧嚣世界中找到一片宁静的港湾。她还时常成为我的第一位读者，为我提供有价值的修改意见和建议，助力译作更趋完善。

方小兵

2024 年 6 月

于南京方山陶苑